PSYCHOLOGY MODELS OF MANAGEMENT ACCOUNTING

PSYCHOLOGY MODELS OF MANAGEMENT ACCOUNTING

관리회계 연구와 심리학모형의 활용

저자 _ Joan Luft, Michael D. Shields
역자 _ 도상호 윤종철

now
the essence of knowledge

도서출판 청람

■ 역자 서문 ■

이 책은 원래 심리학적 개념과 모형을 관리회계분야에서 활용한 최근의 연구들을 Joan Luft와 Michael Shields 교수가 검토하여 정리한 논문을 단행본으로 펴낸 것이다. 이 논문을 읽다 보니 'Behavioral Accounting'이란 분야를 처음 접하고 그 매력에 반해서 몰입하던 시절로 다시 돌아간 느낌이다. Herbert Simon 교수의 Cognitive Psychology 세미나와 Alvin Roth 교수의 Experimental Economics 세미나를 들으며 이들 분야의 연구를 회계학분야의 연구와 연결할 방법을 찾기 위해 고민하던 시절에는 행동과학을 이해하거나 관심을 갖는 회계학분야의 학자들이 그리 많지 않았다. 최근 들어 우리나라에서도 이 분야에 대한 관심을 표시하는 동료 및 후배 교수들의 수가 늘어나고 있는 사실은 매우 고무적이다. 그러나 아직도 이들의 관심을 실질적인 연구성과로 이끌어 줄 수 있는 지침서나 참고문헌들을 쉽게 얻을 수 없는 점이 안타까웠다. 이러한 점에서 이 번역서가 조금이라도 심리학분야의 연구와 관리회계를 접목하려는 학자들에게 도움이 되기를 바란다.

이 논문에 사용된 용어들을 번역하면서 한국심리학회의 심리학 용어사전을 최대한 참조하였다. 다만 회계학분야에서 많이 사용하여 굳어진 용어들은 그대로 사용하였고, 일부 용어(예: framing과 heuristics)는 영어를 그대로 사용하는 것이 의미를 더 잘 전달할 수 있다고 판단하였다.

이 논문을 번역하겠다는 의사를 표시하였을 때 Joan Luft와 Michael Shields 교수는 흔쾌히 허락을 해주었다. 뿐만 아니라 번역서에 대한 서문을 부탁하였을 때, 단순한 인사말이 아니라 관리회계를 이해하기 위해서 심리학이 중요한 이유, 심리학에 기반을 둔 관리회계연구가 발전한 과정, 관리회계현상을 기술하고, 설명하며 예측하기 위하여 심리학연구가 많은 도움을 주리라는 것을 간단하게 요약한 글을 보내왔다. 이 글은 원문을 번역문과 함께 서론 앞에 붙였다. 두 분의 학문적 열정에 경의를 표한다. 번역에 오류가 있다면 전적으로 역자들의 부족함에서 비롯된 것이다. 이 논문을 읽는 분들의 제안을 무엇이든 그리고 언제든지 환영할 준비가 되어 있다.

한국어판 번역서의 판권에 대한 서류작업을 무리 없이 처리해 준 **now** 출판사의 Zac Rolink에게 고마움을 표한다. 그리고 부록에 대한 조언을 해준 황인덕 교수, 초벌 번역을 읽어 준 계명대학교 대학원 회계학과 학생들, 그리고 심리학을 전공한다는 이유로 아빠의 뜬금없는 질문에 성실히 답해준 딸 현정에게도 고마움을 표한다. 특히 상업적인 이해타산 없이 이 번역서를 출판해 주시겠다고 나선 청람의 이수영 사장님에게도 감사를 드린다.

2016년 여름

도상호 · 윤종철

■ 감사의 글(Acknowledgments) ■

우리들은 Stefan Reichelstein(편집위원장)과 Wim Van der Stede(검토위원)께서 이 논문이 더 좋은 논문이 될 수 있도록 건설적인 제안을 주신 것에 대하여 고마움을 표한다. 연구 조교인 Eric Marinich와 Tyler Thomas가 이 논문의 초안을 읽어 보고 도움이 되는 논평을 주었음을 고맙게 생각한다. 그리고 이 논문의 초안에 논평을 해준 Eddy Cardinaels와 Rob Chenhall, Annie Farrell, Neale O'Connor, Casey Rowe, Alan Webb에게도 고마움을 표한다. 이 논문은 2009년도 6월에 멜버른에서 열린 Monash University Forum for Research in Management Accounting (MONFORMA), 그리고 2009년도 6월에 열린 The Global Management Accounting Research Symposium (GMARS)의 총회에서 발표되었다.

■ 차례 ■

Chapter 04 | 비화폐적 보상의 가치평가(Valuation of Non-monetary Payoff) 61

Chapter 05 | 의사결정의 구조, 변수 및 관계 형태의 선택에 관한 모형(Models of Decision Structure, Variable, and Relation-Form Choice) 113

관리회계연구와 심리학모형의 활용
(Psychology Models of Management Accounting)

초록(Abstract)

이 논문은 관리회계분야의 논문을 검토하여 주관적 의사결정과정을 다룬 이전의 연구를 파악하고, 이러한 검토과정을 활용하여 심리학에 기초하여 관리회계의 주제를 다룬 연구들을 체계화하기 위한 기반으로 삼으려 한다. 우리는 의사결정의 각 과정과 관련 있는 심리학분야의 모형을 파악하였는데, 이 모형들은 이론과 부합하는 강건한 실증적 결과로 뒷받침되고 있다. 관리회계분야에서 과거의 연구문헌들은 네 가지 주요 주제를 다루고 있다.

첫째, 개인이 화폐적 보상을 주관적으로 평가하는 것이 종종 관리회계가 만들어 놓은 준거의 틀(준거점)에 의존하며, 이러한 준거의 틀은 관리회계정보를 의사결정에 활용하는 데에 영향을 미칠 수 있다. 둘째, 공정성, 정직성, 호혜성, 사회적 정체성 또는 감정과 같은 원천에서 생겨나는 비화폐적인 (사회적) 보상에 대한 주관적 가치가 개인들의 관리회계와 관련 있는 의사결정에 영향을 주고, 또 의사결정이 주관적 가치에 영향을 준다. 셋째, 관리회계와 관련 있는 의사결정에 대한 개인들의 주관적 모형은 종종 예측이 가능한 단순화를 포함하고 있는데, 이처럼 예측가능하도록 단순화된 모형은 관리회계에 영향을 주기도 하고 받기도 한다. 넷째, 개인들이 모수와 변수의 값 또는 그 값을 주관적으로 추정하기 위한 정보를 획득하면서 관리회계는 개인의 학습에 영향을 주고 — 때로는 학습을 편향시키거나 제한하고 — 학습은 관리회계에 영향을 준다. 이 논문에서는 특히, 새로이 떠오르는 연구주제 두 가지, 그리고 심리학에 기초한 관리회계연구문헌에서 아직 충분히 다루지 못한 내용을 세 가지로 파악하여 검토하기로 한다.

■ 저자 서문 ■

관리회계는 성과(예: 원가, 이익)를 측정하는 활동, 성과를 예측(예: 예산)하는 활동, 이러한 활동에서 얻은 측정치와 예측을 이용한 의사결정(예: 제품의 가격결정, 자원의 배분), 그리고 판단(예: 종업원, 책임중심점 및 제품의 성과평가)을 형성하는 데 활용된다. 이러한 활동의 본질에 비추어 볼 때, 관리회계의 심리학모형의 가치는 무엇일까? 심리학 분야의 연구는 결론적으로, 특정한 시장구조 안에서 이익을 극대할 수 있는 방법을 알려주는 원가예측모형이나 가격결정모형을 제공하지는 않는다.

심리학이 할 수 있는 역할을 이해하기 위해서는 관리회계의 가장 중요한 활용법 중 하나를 생각해 보아야 한다. 즉, 종업원들에게 동기를 부여하여 조직의 목표를 달성하기 위하여 성과를 측정하고 보상하는 시스템을 말한다. 복수의 심리학분야는 언제 그리고 왜 특정한 관리회계통제시스템이 성과를 향상시키려는 의도가 효과적이었는지 — 혹은 효과가 없었는지 또는 반대로 역효과가 있었는지 — 를 설명하고 예측하는 역할을 해왔다.

- *사회심리학*은 개인들 사이의 충성심과 경쟁심을 파악하고 설명하는 데 도움이 되는데, 이러한 충성심과 경쟁심은 관리회계통제시

스템이 개인과 조직의 목표를 일치시키는 효과를 향상시키기도 하고 방해하기도 한다. 예를 들면, 구성원들 사이에 팀의 정체성이 강력하게 형성되어 있으면 일부 통제시스템의 효과를 증가시키지만, 전통적인 경제학적 관점에서 보면 동등하게 효과적일 것이라고 예상하는 다른 시스템의 효과는 감소시킨다(Towry, 2003). 그리고 통제시스템을 설계하는 것 자체만으로도 팀 정체성의 강화에 영향을 미칠 수 있다(Chen, Williamson, and Zhou, 2012). 통제시스템을 설계하는 것은 경쟁적인 개인 간의 비교를 강화시킬 수도 있는데, 이러한 비교는 종종 종업원의 행동을 유발할 수 있으며 공식적인 보상시스템의 효과를 배가하거나 제한할지를 결정할 수도 있다(Tafkov, 2013; Hannan et al., 2014).

- *동기심리학*은 인간의 동기유발이 복합적임을 이해하는 데 도움이 된다. 종업원들은 항상 동기부여가 되어 있어서 비용을 뺀 순보상 기대액을 최대화하는 행동을 선택할 것이라는 가정에 기초한다면, 관리회계통제시스템이 최대의 효과를 발휘하지 못할 수도 있다. 행동을 취하는 것이 효익과 비용을 발생시킬 때 — 따라서 상충되는 동기가 부여될 때 — 종업원들이 항상 효익에서 비용을 뺀 순액을 계산하여 가장 높은 순기대효익을 초래할 행동을 취하는 것은 아니다. 그 대신 그들은 대안의 선택을 한꺼번에 회피하는 반응을 보일 수도 있다(상충되는 자본예산 의사결정을 연기하는 행동에 대한 증거를 제시한 Sawers(2005)의 연구를 참조할 것). 혹은 맞교환하기 위한 계산과정에서 '보호'되어야 할 가치로 취급할 수도 있다(Baron and Spranca, 1997). 예를 들면, 예산의 상황에서 일부

의 개인들은 정직성이 보호되어야 할 가치이기 때문에 더 많은 급여를 받기 위해 사적인 정보를 오도하는 것과 맞교환을 할 수 없는 것으로 취급한다(Evans et al., 2001). 더구나 기대보상액이 일정하다면 일부 동기부여는 전혀 기대되는 결과를 계산한 것에 근거하지 않고, 오히려 종업원들을 활기차게 하거나 열정에 찬물을 끼얹는 매개환경의 요소에 근거하고 있다(관리회계의 예를 들자면, Thomas(AOS)를 참조할 것).

- *인지심리학*은 개인들이 중요한 판단과 의사결정을 내릴 때 겪는 인지적 부담에 대처하는 전략을 검증한다. 여러 사람들이 여러 기간에 걸쳐 등장하는 역동적 환경에서 활용가능한 정보의 수준과 남아 있는 불확실성이 모두 높을 때, 이 같은 인지적 부담은 매우 강력할 수 있다. 그리고 관리회계통제시스템은 종업원들이 이러한 부담을 어떻게, 또 얼마나 잘 헤쳐나가는지에 영향을 미칠 수 있다. 예를 들면, 관리회계통제시스템은 개인들이 행동-결과의 관계를 학습하는 방식 — 따라서 자신들의 직무를 잘 수행하는 방법의 학습 — 에 영향을 미칠 수 있는데 그 이유는 이 시스템이 학습에 필요한 정보를 부각시키는 데에 영향을 미치기 때문이다(Kelly, 2010). 또는 화폐적 보상을 일정하게 유지한다면, 이 시스템이 이러한 정보의 획득에 주관적으로 느끼는 매력에 영향을 미친다(Frederickson and Waller, 2005). 또는 이 시스템이 개인들이 활용가능한 정보를 편견 없이 해석하려는 태도에 영향을 미친다(Tayler, 2010). 통제시스템의 속성은 중요한 정보가 종업원들의 기억 속에 얼마나 잘 저장되어서 필요한 시기에 얼마나 정확하게

인출되는지에도 — 예를 들면, 활동기준 원가계산과 같이 정교한 원가시스템에 관한 정보를 제공하는 정기적인 활동보고서를 작성하기에도 — 영향을 미친다(Cardinaels and Labro, 2008).

최근 수십 년간 관리회계분야에서 수행된 심리학에 기반한 연구들의 대부분은 실험연구방법을 활용하여 왔다. 그러나 다른 연구방법들도 관리회계의 맥락에서 심리학이론에 의한 예측을 검증하기 위하여 활용될 수 있고, 또 활용되어 왔다. 심리학에 기반한 연구에 대한 초기의 자극제는 Argyris(1952)의 현장연구인데, 이 연구는 예산이 관리자들의 사회적 행동에 어떻게 영향을 미치는가를 살펴보았다. 이 연구는 사회심리학이론에 의하여 영향을 받았다. 그 뒤를 이어서 1970년대와 80년대에 걸쳐 예산과 관련하여 사회심리학적 주제를 다룬 많은 연구들이 이루어졌는데, 실험실연구, 현장연구 및 설문조사 연구방법을 병행하여 예산과 관련된 리더십의 형태, 예산을 대하는 태도, 예산에의 참여, 예산 몰입, 그리고 성과평가 등을 검증하였다(이러한 연구문헌을 요약하여 정리한 Luft and Shields(2007)의 Map A와 Map B를 참조할 것. 그리고 이 분야의 연구에서 채택한 다양한 연구방법의 역할에 관하여 논의하고 있는 Birnberg, Shields, and Young(1990)을 참조할 것).

관리회계분야의 연구에서 분석적인 소유주-대리인모형을 경제학분야에서 1970년대 말부터 도입하면서 중대한 변화가 일어났다(예: Demski and Feltham, 1978). 이 분야의 연구들은 실험실연구, 현장연구, 그리고 설문조사연구에서 제기된 여러 주제들(예를 들면: 참여, 예산 목표의 난이도, 예산에 기반한 보상)을 검토하였으며, 상충되는 동기부여, 불확실성, 그리고 조직 내 정보의 불균형과 같은 문제에 대한 해법으로서의 통제시스템을 설명해 나갔다. 비록 이러한 분석적 대리인모형이 관리회계와 관련하여 많은 흥미로운 예측을 제안하기는 하였지만, 초기에는 연구자들이 이러한 예측을 실증적으로 검증할 방법을 고안해 낸다는 것의 어려움을 알았다. 일부 중요한 변수들을 현실화(측정 또는 조작화)하기 어려웠으며, 자연스러운 환경에서는 어떤 점에 있어서 모형에서 사용된 단순화한 가정과는 분명한 차이를 보였다. 따라서 실증연구의 결과가 대리인모형의 예측과 차이가 날 때, 이러한 차이 중 얼마만큼이 측정의 문제 때문에 발생하였는지, 얼마만큼이 잘못 설정된 연구상황 — 즉, 비록 모형의 가정과 잘 어울리는 상황이 현장연구에서 발견되거나 실험연구에서 구성될 수도 있었음에도 불구하고 모형의 가정과 일치하지 않는 상황 — 때문에 발생하였는지, 그리고 얼마만큼이 모형의 가정과 일치하는 상황이 아무것도 없다는 사실 때문인지를 확실히 파악할 수 없었다(대리인모형에 근거한 예측을 실증적으로 검증한 획기적인 연구의 예는 Chow(1983)와 Chow and Waller(1985)의 실험연구, 그리고 시장에서 수집된 자료를 이용하여 분석한 Antle and Smith(1986)의 연구를 참조할 것).

실험연구는 예측과 실증적 증거 사이의 차이에 대한 이유를 분별해 내는 데 있어 특히 유용하다. 그 이유는 자연스러운 환경에서보다는 실험실에서 상황을 만들어 내고, 매우 다양하게 그리고 체계적으로 변화를 주는 것이 가능하기 때문이다. 이렇게 해서 축적된 연구문헌은 일부 대리인모형의 예측을 실증적 증거를 이용하여 잘 지지하고 있으며, 조금 더 강력한 대리인모형의 가정(예: 완전한 합리성)까지 충족시킬 수 있는 일부 상황에서도 그러하였다. 반면에 대리인모형의 다른 예측들은 지지되지 않았으며, 심리학의 이론들은 대부분 그 차이(가 나는 이유)를 설명할 수 있었다.

예를 들면, 일부 대리인모형은 종업원들이 복수의 과업을 수행한 상황을 다루고 있으며 (예: 회계처리방법이 변화하여) 복수의 성과측정치의 정확도가 변화하였을 때 이러한 측정치들에 대한 가중치가 어떻게 바뀌어야 하는지를 예측하고 있다(Feltham and Xie, 1994; Datar, Kulp and Lambert, 2001). Krishnan, Luft & Shields(2005)는 실험연구에서 이러한 예측들 중 일부가 (최소한 방향성의 측면에서) 견고하게 지지되고 있음을 발견하였다. 그러나 동일한 대리인모형에 기반한 다른 예측들은 지지되지 않았다. 그리고 인지심리학의 이론들을 이용하여 대리인모형에 기반한 예측들 중 실제 행동과 더욱 일치할 예측과 그렇지 못할 예측을 파악할 수 있다. Evans et al.(2001)의 실험연구는 개인들이 정직성에 대하여 아무런 선호가 없다는 가정을 하고 있는 자본예산의 통제에 관한 대리인모형이 개인들의 보고 행태를 예측할 수 있는 능력이 일정 부분 있다는 증거를 보고하였다. 그러나 사회심리학과 동기부여심리학분야에서 보고된 것처럼, 매우 중요한 추가적인 예측력은 정직성에 대한 개인들의 선호를 고려하였을 때 발휘되었다. 더구나 이러한 선호를 보상계약의 설계에 포함하였을 때 대리인모형이 제안한 '최적'의 계약을 적용하였을 때보다 소유주가 더 큰 이익을 누리는 결과가 나타났다.

최근 여러 해 동안, 심리학에 기반을 둔 실험연구에서 얻은 증거들은 관리회계를 포함한 여러 분야에서 행동경제학적 접근법을 채택한 학술

연구[01]가 성장하는 계기가 되었다. 행동경제학은 경제학과 다른 사회과학(주로 심리학, 그러나 때로는 사회학과 인류학도 포함한다.)을 통합한 분야이다. 관리회계분야의 연구에서는 경제학과 심리학을 종합한 접근법이 앞에서 언급한 많은 실험연구뿐만 아니라 시장에서 수집된 자료를 이용한 연구(예를 들면, Bol, 2011; Chen and Sandino, 2012)와 분석적 모형연구(Fischer and Huddart, 2008; Heinle, Hoffman, and Kunz, 2012)에서도 중요한 역할을 수행하였다.

비록 관리회계분야에서 심리학에 기반한 연구가 이 논문에서 자세히 설명한 대로 관리회계를 이해하는 데 많은 공헌을 하였지만, 많은 중대한 연구기회가 아직 열려 있다. Luft(2016)가 지적한 대로 심리학에 기반한 연구는 관리회계의 영향에 대한 중요한 통찰력을 제공해 주지만, 상대적으로 그 원인 — 즉, 특정한 관리회계실무가 왜 채택되고 있는지, 변화가 있었는지 또는 버려졌는지 — 에 대한 통찰력을 많이 제공하지 않았다. 또한 기존의 연구는 관리회계의 의사결정이 쉽게 이루어지도록 도와주는 측면(예를 들면, 제품가격의 결정, 원가 또는 수익의 예측)보다는 관리회계를 활용하여 의사결정에 영향을 미치는 측면(예를 들면, 보상시스템)에 더욱 많은 정보를 제공하고 있다. 이 논문에서는 기존의 연구문헌과 새롭게 떠오르는 연구주제 사이에 존재하는 몇 가지 괴리를 추가로 파악하고 있다. 새로이 떠오르는 것으로 분류된 연구주제들은 심리학이론을 잘 적용하면 관리회계를 새롭게 이해할 수 있는 잠재력을 갖고 있는 것으로 파악된 주제들이다.

---

01 예를 들면, 미국에서 2000~2012년 사이의 법학연구를 검토한 결과 학술지에 실린 문헌에서 '행동경제학'을 참조한 경우가 5배 증가한 것을 발견하였다(*Le Concurrentialiste*, 2014).

■ Preface ■

Management accounting is used for activities like measuring performance(e.g., costs, profits), predicting performance(e.g., budgeting), and using the resulting measures and predictions for making decisions(e.g., product pricing, resource allocation) and formulating judgments(e.g., performance evaluations of employees, responsibility centers and products). Given the nature of these activities, what is the value of psychology models of management accounting? The psychology literature does not, after all, provide cost-forecasting models or product-pricing models that show how to maximize profits in specified market structures.

To understand the role that psychology can play, consider one of the most important uses of management accounting: systems that measure and reward performance in order to motivate employees to achieve organizational goals. Multiple fields of psychology have played important roles in explaining and predicting when and why particular management accounting control systems have the intended performance–enhancing effects — or have no effects or even adverse effects.

- *Social psychology* helps to identify and explain interpersonal loyalties and rivalries that can enhance or block goal–congruent effects of management accounting control systems. For example, a stronger sense of team identity among employees increases the effectiveness of some control–systems but decreases the effectiveness of others which, from a conventional economic standpoint, would be expected to be equally effective(Towry 2003); and the design of the system itself can affect the strength of team identity(Chen, Williamson, and Zhou 2012). Control–system design can also affect the strength of the competitive interpersonal comparisons that often motivate employee actions, and can determine whether these comparisons leverage or limit the effects of the formal reward system(Tafkov 2013; Hannan et al. 2014).
- *Motivation psychology* helps to understand the complexities of human motivation. A management accounting control system may not be maximally effective if it is based on the assumption that employees will always be motivated to choose actions with the highest expected rewards, net of their costs. When actions have both benefits and costs — thus

creating conflicting motivations — employees do not always net out the benefits and costs and choose the action with the highest expected net benefit. Instead, they may respond by avoiding choices altogether(cf. the deferral of conflicted capital budgeting decisions in Sawers 2005). Or they may treat some values as "protected" from tradeoff calculations (Baron and Spranca 1997): for example, in a budgeting setting, some individuals treat honesty as a protected value that cannot be traded off against higher payoffs arising from the misrepresentation of private information(Evans et al. 2001). Moreover, some motivation is not based on an expected-outcome calculation at all, but on factors in the immediate environment that energize or de-energize employees, holding expected rewards constant(for a management accounting example, see Thomas, forthcoming).

• *Cognitive psychology* examines individuals' strategies for dealing with the cognitive demands of important judgments and decisions. In multi-period, multi-player dynamic settings with high levels of both available information and residual uncertainty, these demands can be overwhelming; and management accounting control systems can influence how, and how well, employees cope with these demands. For example, these systems can affect how individuals learn action-outcome relations — and thus learn to do their job well in changing environments — because the systems affect the salience of the information needed for learning(Kelly 2010); or they affect the subjective attractiveness of acquiring this information, holding monetary rewards constant (Frederickson and Waller 2005); or they affect individuals' readiness to interpret the available information in an unbiased way(Tayler, 2010). Control-system properties can also affect how well important information is stored in employees' memory and thus how accurately it can be retrieved when needed — for example, to make the periodic activity reports that provide the information for sophisticated cost systems such as activity-based costing(Cardinaels and Labro 2008).

Most of the psychology-based research in management accounting in recent decades has used experimental methods, but other research methods also can be, and have been, used to test the predictions of psychology theories in management accounting contexts. An early stimulus to psychology-based research came from Argyris'(1952) field studies of how budgeting affects managers' social behavior, which were influenced by social psychology theory. A large literature on social-psychological issues related to budgeting followed in the 1970s and 80s, investigating budget-related leadership styles, attitudes toward the budget, participation in budgeting, commitment to the budget, and performance evaluation by using a mix of experimental, field, and survey research methods. (See Luft & Shields 2003, Maps A and B, for a summary representation of this literature, and see Birnberg, Shields, and Young(1990) for a discussion of the roles that different research methods played in this literature.)

A major change in management accounting research occurred with the introduction of analytical principal-agent models from economics, beginning in the late 1970s(e.g., Demski and Feltham 1978). This literature investigated a number of the issues raised by experimental, field and survey studies of budgeting(e.g., participation, budget goal difficulty, budget-based compensation) and set out to explain control systems as solutions to problems of conflicting motivation, uncertainty, and asymmetric information within organizations. Although these analytic agency models put forward many interesting predictions about management accounting, researchers initially found it difficult to devise ways of empirically testing the predictions. Some important variables in the analytic models were difficult to operationalize(measure or manipulate), and natural settings clearly diverged in some respects from the simplifying assumptions of the models. Thus, when empirical results diverged from the agency models' predictions, it was difficult to be sure how much of the divergence was due to measurement problems, how much was due to poorly chosen research settings — that is, settings that did not match the assumptions of the model, although better-matched settings could have been found in the field or constructed in the laboratory — and how much was due to the fact that no setting was likely to match some assumptions of the model. (For early, path-breaking examples of empirical tests of predictions based on agency models, see experiments by Chow(1983) and Chow and Waller(1985), and an archival study by Antle and Smith(1986)).

Laboratory experiments have been particularly useful in sorting out these reasons for divergence between predictions and empirical evidence, because settings could often be created and varied more extensively and systematically in the laboratory than in natural environments. The resulting literature tended to show that some agency-model predictions were well supported by empirical evidence even in settings where some of the more demanding model assumptions(e.g., perfect rationality) could not be met. But other predictions of the agency models were not supported, and psychology theories could often explain these divergences.

For example, some agency models address settings where employees perform multiple tasks and predict how the weights on multiple performance measures should change in these settings when the precision of the measures changes(e.g., through changes in accounting methods)(Feltham and Xie 1994; Datar, Kulp and Lambert 2001). An experiment by Krishnan, Luft & Shields(2005) finds that some of these predictions are well supported(at least directionally) in a laboratory setting, but other predictions from the same agency models are not; and theories from cognitive psychology can be used to identify which of the agency-model predictions will be more consistent with actual behavior and which will be less so. Similarly, Evans et al.(2001) report experimental evidence that an agency model of capital-budgeting control that assumes individuals have no preference for honesty has some ability to predict their reporting behavior; but significant additional predictive power is provided by taking into account their preference for honesty, as documented in social and motivational psychology. Moreover, incorporating these preferences into compensation-contract design results in larger profits for principals than the "optimal" contract specified by the agency model.

In recent years, this psychology theory-based experimental evidence has stimulated the growth of behavioral economics approaches in many fields of scholarly study,[01] including management accounting. Behavioral economics integrates theories from economics and other social sciences(often psychology, but sometimes also sociology or anthropology). In management accounting research, approaches that combine economics and psychology have played a significant role not only in many experimental studies like those cited above, but also in archival research(e.g., Bol 2011; Chen and Sandino 2012) and analytical modeling(Fischer and Huddart 2008; Heinle, Hoffman, and Kunz 2012).

Although psychology-based research in management accounting has made many contributions to understanding management accounting as elaborated on in this monograph, many major research opportunities remain open. As Luft(2016) points out, the psychology-based literature has provided important insights into the effects of management accounting but less insight into its causes – that is, why particular management accounting practices are adopted, changed or abandoned in organizations. Also, the existing research has been more informative about decision-influencing uses of management

---

01 For example, an examination of legal research in the US in the period 2000–2012 finds more than a five-fold increase in references to "behavioral economics" in the scholarly literature (*Le Concurrentialiste* 2014).

accounting(e.g., in reward systems) than about decision-facilitating uses(e.g., product pricing, cost or revenue forecasting). The present monograph identifies a number of additional gaps in the literature and emerging themes that have the potential to yield new understandings of management accounting through the application of psychology theories.

Chapter

01

서론
Introduction

Chapter 01

서론(Introduction)

관리회계실무(예: 예산, 원가추정, 성과측정과 평가)는 인센티브계약의 설계, 자원의 배분 그리고 권한의 정당화 등 조직의 다양한 활동을 지원한다(Chapman et al., 2007a, b, 2009). 많은 연구들이 문제를 해결하고, 판단을 형성하고, 의사결정하는[01] 개인에게 관리회계가 정보를 제공하는 역할에 초점을 맞추어 왔다(이후로는 의사결정 또는 판단이라고 특정하지 않은 한 이 세 가지의 모든 인지과업을 의사결정이라고 부르기로 한다.). 본 논문에서는 개인이 관리회계와 관련된 의사결정을 내리는 행태를 설명하는 데 심리학에 기반한 연구가 공헌한 점을 분석하기로 한다.

심리학은 인간의 정신(즉, 감정(affect), 태도(attitudes), 인지

01 *문제(problem)*란 목표를 가진 개인이 그 목표를 어떻게 달성할지를 모를 때 생겨난다(Newell and Simon, 1972). *판단(judgment)*은 자극(stimulus)과 또 다른 자극의 비교 또는 기준과 관련하여 자극을 평가하는 것이다(예: 관리자 A의 성과가 관리자 B의 성과보다 우월하다. 관리자 A의 성과는 조직 내의 평가기준에 비추어 훌륭하다.). *의사결정(decision)*은 여러 자극들 중 하나의 대안을 선택하는 것이다(예: 관리자가 제품 B나 C가 아닌 A를 생산하기로 결정하다.).

(cognition), 동기부여(motivation), 사회적 상호작용(social interactions))과 행동(즉, 행위(action), 의사소통(communication))과 관련된 과학이다(Birnberg et al., 2007). 심리학은 시장이나 조직이 아닌 개인이나 소집단의 행동에 초점을 맞추며 심적 표상(mental representation)과 같은 주관적 (인지적) 현상에 초점을 맞추고 있다. 주관적 인지 현상은 관리회계에서 매우 중요한 역할을 맡고 있는데, 그 이유는 관리자들의 의사결정을 지원하기 위한 정교한 계량적 기법이 다양하게 존재함에도 불구하고 조직 내에서 주관적 의사결정이 일상적으로 일어나기 때문이다.[02]

예를 들면, 제품의 가격설정에 관한 연구에 따르면 일부 기업은 수요함수를 계량경제학적으로 추정하기도 하지만 다른 기업들은 제품의 가격과 수량의 관계에 대한 관리자의 주관적인 판단에 따르기도 하고, 또 다른 기업들의 경우에는 수요를 명시적으로 고려함이 없이 경험법칙에 따라 제품의 제조원가와 경쟁기업의 가격을 기준으로 삼아 가격을 설정하기도 한다(Blinder et al., 1998).

주관적 의사결정방식을 계량적 의사결정기법 대신 활용하거나 계량적 의사결정기법에 추가하여 활용하는 것은 매우 광범위하게 퍼져 있는 실무관행이다. 이러한 사실은 세계적으로 오랜 시간 동안 실무관행을

02 주관적 의사결정(subjective decision making)은 다양한 형태로 이루어진다. 여러 가지 계량적 기법 중 어느 것을 활용할지 주관적으로 결정하거나, 경험적 의사결정모형의 각 단계를 깊이 있게 고려하는 것(예를 들면, "대부분의 주요 경쟁자들보다 조금 낮게 판매가격을 설정하기") 등을 포함한다. 또는 의사결정자가 어느 한 대안이 "옳은 것처럼 느껴지고", 다른 대안은 그렇지 않은 것처럼 느껴지는 이유를 완전히 지각하지 않는 순수하게 직관적(자동반사적) 의사결정을 포함한다. 순수하게 직관적 의사결정까지도 일관된 행태를 지니는 것이 보통이고, 그러므로 모형화할 수 있다.

살펴본 조사에서 밝혀졌다(Green et al., 1977; Kathawala, 1988; Lam, 1993; Naude et al., 1997; Francis and Minchington, 1999).[03] 2008년도에 Accenture가 기업의 경영자들을 조사한 바에 따르면 기업의 주요 의사결정 중 40%가 계량적 기법에 바탕을 두지 않은 주관적인 것이었다고 한다(Wailgum, 2009). Einhorn and Hogarth(1981)가 지적한 대로 주관적 판단을 대신하여 서로 다른 단순화[04]된 가정을 하고 있는 계량적 기법을 사용해야 하는 경우라고 하더라도, 다양한 계량적 기법들 중에 당면한 상황을 해결하기에 마땅히 어울리는 기법이 없다면 그 중 어느 기법을 사용할 것인지를 선택하기 위하여 주관적 의사결정을 내릴 필요가 있다.

이 논문에서 검토하는 이전의 연구들에서 활용한 심리학이론들은 주관적인 의사결정은 자신들의 환경에 대한 개인의 심적 표상(mental representation)에 의존한다고 가정한다(March, 1994; Markman, 1999; Markman and Gentner, 2001; Weber and Johnson, 2009). 심적 표상은 의사결정자의 믿음뿐만 아니라 선호를 이해하는 데 적합하다. "우리가 생각하는 방식 때문에 우리는 우리가 원하는 (즉, 선호하는) 것을 원한다(We want what we want [i.e., prefer] because of

03 이러한 조사에서는 주관적 의사결정에 의존하는 이유도 밝히고 있다. 일부의 경우에는 계량적 기법이 아직 발전되어 있지 않아서 관리자들의 의사결정에 적절하지 않았다. 적절한 모형이 존재하는 경우에도 그 모형의 효과가 불확실하거나, 모형이 요구하는 입력자료를 얻는 비용이 지나치게 비싸거나, 그러한 기법을 사용하기에는 계량적으로 숙련되어 있지 않는 — 분석적 역량의 부족 — 경우가 많았다(Wailgum, 2009).

04 의사결정자 역시 다양한 모형에서 도출된 결론을 종합하기 위하여 주관적으로 결정한다. Karmin(2008)은 세계 최대의 외환 거래회사 중 하나의 회사에서 경영진은 대략 20개의 계량적 모형에서 도출된 제안을 종합하여 주관적으로 비틀어 사용한다(tweak)고 설명하였다.

the way we think about it.)"(Wendt, 1999, p. 119). 심리학이론에서는 심적 표상이 "동기와 감정을 일으키는 *효과적인 환경(the effective environment)*으로서 작용하여 목표 또는 목적을 달성하기 위한 행위를 명시적으로 유발한다"고 한다(Baldwin, 1969, p. 326).

그러므로 심리학에 기반한 연구들은 의사결정에서 관리회계의 역할에 관하여 폭넓은 관점을 제시하고 있다. 좁은 관점으로 관리회계의 역할을 해석하게 되면 단지 모수(parameter)와 변수(variable)의 값(예를 들면, 제품배합 의사결정의 경우 각 제품의 단위당 변동원가와 예상판매가격 또는 성과평가 및 보상모형이 산출한 다양한 성과측정치의 실현가치)을 가진 의사결정모형에만 머무르게 된다.

이와 반면에 심리학의 연구들이 지지하는 폭넓은 관점을 따르면 관리회계도 의사결정 목표에 대한 개인들의 선택과 평가에 영향을 주며, 개인들의 주관적 의사결정모형의 구조에 영향을 준다. 즉, 어떤 변수를 포함시키는가에 대한 선택에 영향을 주며 주관적 의사결정모형 내의 모수와 변수의 크기와 관계의 형태에 대한 판단에 영향을 준다. 예를 들면, 관리회계의 통제시스템은 조직 내 사회적 관계를 정의하는 데 도움을 줄 수 있다. 따라서 의사결정자가 자신들의 보상을 극대화하기 위하여서만 행동할 것인지 또는 자신들의 사회적 정체성을 규정해 주는 타인들과 협동하는 사회적 규범도 따를 것인지에 영향을 미친다(Rowe, 2004; Rowe et al., 2008).

관리회계가 제공하는 모수와 변수들의 준거(초기)값(예: 단위당 원가)은 개인마다 준거점 설정 후 조정(anchoring-and-adjustment)모형을 활용하여 의사결정을 내리는 것을 지원할 수 있으며, 이는 복합적인 동적 문제를 더욱 완전하게 모형화하는 데 도움을 줄 수 있다(Sterman, 2000). 회계에서 사용하는 분류방식과 보고서의 양식이 개인들의 주의를 특정한 방향으로 유도하고 그들의 심적 표상을 자극하여 적합한 예측변수를 파악하거나 주관적 의사결정모형의 모수를 추정하는 성과를 향상시키거나 감소시킬 수 있다(Vera-Muñoz, 1998; Luft and Shields, 2001).

관리회계분야에서 심리학의 이론과 연구방법은 오랜 역사를 지니고 있다(Birnberg et al., 2007). 1950년대부터 몇몇 심리학분야, 특히 인지심리학(cognitive psychology), 동기심리학(motivational psychology), 조직심리학(organizational psychology) 그리고 사회심리학(social psychology)은 관리회계가 개인의 동기부여(예를 들면, 목표예산의 설정을 통하여)와 사회적 상호작용(예를 들면, 예산의 협상)에 어떻게 영향을 미치는지와 개인과 소집단이 계획 및 통제의사결정(예를 들면, 원가기준 가격설정, 성과평가)에 관리회계를 어떻게 활용하는지에 관한 주제에 통찰력을 제공하기도 했다. 최근의 관리회계연구는 행동경제학모형(behavioral-economic model)을 이용하여 개인이 화폐적 보상의 효용을 공정성(fairness), 정직성(honesty) 그리고 호혜성(reciprocity)과 같은 사회심리적 목표에서 유래된 비화폐적 보상의 효용과 어떻게 맞교환하는지 살펴보고 있다.

행동경제학(behavioral economics)은 심리학이론과 신고전주의 경제학 이론을 결합하여 이론의 설명력과 예측력을 높이고자 하였다(Rabin, 1998; Camerer et al., 2004; Camerer, 2006; Della Vigna, 2009). 심리학을 경제학 및 회계학과 결합할 때 연구자들이 겪는 어려움 중 하나는 선택의 과부하(choice overload)이다. 다시 말하면 "행동이론이 너무 많다(Fudenberg, 2006, p. 697)." 심리학이론은 그 수가 많고 다양하며 서로 다른 이론 사이에 일관성이 없는 경우도 있다. 관리회계연구자들이 이와 같은 선택의 어려움을 줄이는 방법은 관리회계와 관련된 행동을 강건하게 예측하는 것으로 판명된 심리학이론에 초점을 맞추는 것이다.

여기에서 검토하는 심리학에 기반한 관리회계연구는 두 가지 측면에서 강건하다. 첫째, 이 연구들은 다수의 구체적이고 관련성 있는 심리학적 모형에서 공통적으로 발견되는 기본적인 통찰력에 근거하여 진행된다. 따라서 이러한 기본적인 통찰력은 모형의 세부적인 사항이 변화하여도 강건하다. 둘째, 이 연구들의 실증적 결과는 실험에서 부여된 과업, 실험참가자, 그리고 보상액의 크기와 같이 연구방법을 선택적으로 변화시켰음에도 불구하고 강건한 결과를 제시하고 있다.

여기서 자세히 검토하는 연구분야는 네 가지 주요 연구주제에 관하여 설명하고 있다. 두 가지 추가적인 연구주제는 반복해서 등장하지만 항상 예측하거나 관찰할 수 있는 것은 아니다. 이 여섯 가지 연구주제는 [도표 1-1]에 요약되어 있다.

| 도표 1-1 | 심리학에 기반한 관리회계연구의 주제

A. 기존의 연구에서 다룬 주요 연구주제

1. *프레이밍(framing)과 준거점(reference point): 관리회계와 관련된 화폐적 보상의 주관적 가치평가*

   화폐적 보상의 주관적 가치평가는 보상이 어떻게 프레이밍되는가(예: 개인의 주관적 준거점이 보상보다 높은가 낮은가)에 따라 달라질 수 있다. 예를 들면,

관리회계보고서와 예산은 보상을 프레이밍할 수 있는 준거점(예: 예산목표)을 만들어 내고, 이러한 프레이밍은 관리회계정보를 활용하여 주관적 의사결정을 내리는 데 영향을 미친다.

2. *관리회계에 미치는 사회적 영향: 비화폐적 보상의 주관적 가치평가*
   개인들이 어떻게 관리회계와 관련된 의사결정을 내리는가는 그들이 공평성, 정직성, 호혜성 또는 사회적 비교와 같은 목적으로부터 도출되는 비화폐적(사회적) 보상의 가치를 어떻게 평가하는가에 달려 있다. 예를 들면, 정직성과 공평성에 대한 의식은 그들이 예산과 관련된 사적인 정보를 정확하게 보고하는가에 영향을 미친다. 역으로 관리회계의 특성은 개인이 정직성과 공평성을 가치 있게 여기는 정도에 영향을 미친다.
3. *예측가능한 만큼 단순화시켜 관리회계와 관련된 과업을 해결하기 위하여 사용하는 주관적 의사결정모형*
   주관적 의사결정모형은 예측가능할 만큼 단순화된 요소를 포함하는데, 이러한 단순화는 관리회계에 영향을 주기도 하고 받기도 한다. 예를 들면, 성과를 평가하는 개인은 성과의 다면적 특성별 측정치를 서로 맞교환하는 것을 회피하기 위해서 일부 정보를 생략하거나 과소사용하는 등 주관적인 의사결정모형을 이용해서 단순화하는 경향이 있다. 이러한 경향은 많은 양의 정보를 생산하는 관리회계에 의하여 악화되기도 한다.
4. *제한된 학습: 관리회계와 관련된 의사결정모형의 모수와 변수를 획득하고 주관적으로 추정하기*
   개인이 관리회계와 관련된 모수와 변수들의 값을 획득하거나 그 변수들을 주관적으로 추정하기 위한 정보를 획득할 때 관리회계는 개인의 학습에 영향을 미치고 — 때로는 제한하거나 편향시키기도 한다 — 학습은 관리회계에 영향을 준다. 예를 들면, 관리회계의 특성(예: 분류, 집약, 보고서의 형태)은 개인의 주의(attention)와 기억(memory)에 영향을 미침으로써 개인이 원가동인(cost driver)과 이익동인(profit driver)의 관계를 학습할 때 영향을 미친다. 역으로 관리회계의 일부로 편입되는 변수(예: 활동시간의 추정)와 모수를 개인이 학습함에 따라 관리회계 또한 영향을 받는다.

B. **새로이 떠오르는 연구주제**

5. *주관적 의사결정모형의 제한된 이질성(limited heterogeneity)*
   관리회계와 관련된 개인의 의사결정행동은 두세 개의 특징적인 주관적 모형으로 설명할 수 있다. 주관적 모형은 예측이 불가능할 정도로 다양하지도 않으며 하나로 통합할 만큼 서로 비슷하지도 않다. 전체적인 행동은 이처럼 제한된 숫자의 주관적 의사결정모형의 상대적 비율과 상호작용에 따라 달라진다.

6. *신중한(deliberative) 의사결정과 직관적(intuitive)인 의사결정*
관리회계와 관련된 의사결정은 항상 신중한(의식적으로 통제된) 것은 아니다. 개인은 종종 직관적(자동반사적 또는 본능적 감각에 의한) 의사결정을 내리기도 한다. 의사결정이 신중한가 또는 직관적인가에 따라 관리회계가 주관적 의사결정에 미치는 영향이 달라진다.

첫째, 관리회계에 의하여 종종 만들어지는 *프레이밍(framing)*과 *준거점(reference point)*에 의하여 화폐적 보상에 대한 개인의 주관적인 평가가 영향을 받을 수 있다. 예를 들면, 인센티브계약에서 화폐적 보상을 회피된 손실이 아니라 이득으로 프레이밍하는 것이 소유주(principal)가 제안하고 대리인(agent)이 받아들이는 보상의 크기를 변화시킬 수 있다. 또한 화폐적 보상을 일정하게 유지한 상태에서 예산상의 목표는 개인이 노력하고 위험을 받아들이려는 의지에 영향을 미치기도 하는 준거점을 제공할 수도 있다(Sprinkle et al., 2008).

둘째, 개인의 *비화폐적 (사회적) 보상에 대한 평가*가 관리회계에 영향을 미치고, 개인의 비화폐적 보상에 대한 평가는 다시 관리회계에 의하여 영향을 받는다. 예를 들면, 일부 구성원들이 정직한 의사소통이나 사회적 정체성을 중시하는 조직에서 가장 효과적인 관리회계통제시스템은 아무도 이러한 가치를 중시하지 않는 조직에서의 효과적인 관리회계통제시스템과는 다를 것이다(Evans et al., 2001; Towry, 2003). 역으로, 예산(계획)절차와 보상과 같은 관리회계통제시스템의 특성은 개인이 정직성 또는/그리고 공정성에 높은 가치를 부여하는 정도에 영향을 미칠 수도 있다(Rankin et al., 2008; Zhang, 2008).

셋째, *주관적 의사결정모형*은 관리회계와 관련된 복합적인[05] 의사결정을 예측할 수 있는 방식으로 단순화시킨다. 이는 주로 변수를 생략하거나 인과관계의 기다란 사슬을 일부 끊어 내거나 변수 간의 맞교환을 생략하는 방식으로 이루어진다. 예를 들면, 성과를 평가하는 작업을 수행하는 개인은 주관적인 의사결정 모형을 이용하는 경향이 있는데, 이 모형은 성과의 다면성 사이에서 맞교환을 회피하기 위하여 일부 정보를 생략하거나 과소 활용하는 방식으로 단순화된다(Lipe and Salterio, 2000). 많은 양의 정보를 이용할 수 있게 해주는 관리회계시스템에 의하여 이러한 경향은 더욱 심해지기도 한다.

넷째, 개인이 관리회계와 관련된 모수와 변수의 값을 획득하거나 이들을 추정하기 위한 정보를 회계보고서 또는 경험에서 획득하는 과정에서 발생하는 *학습의 제한(limitations on learning)*이다. 의사결정환경과 의사결정자뿐만 아니라, 관리회계의 속성(예: 분류, 집적, 보고서의 양식)도 때로는 개인의 주의, 기억과 기타 학습과 관련된 주관적 정보처리에 영향을 미친다. 즉, 학습을 제한하거나 편향시키기도 한다. 예를 들면, 무형자산에 대한 지출을 내부보고서에 자본화하여 보고하는지 또는 비용으로 처리하는지는 의사결정자가 어느 것에 초점을 맞추어 주의를 기울이는지에 영향을 미치게 된다. 이는 또다시 의사결정자들이 지출과 이익에 대한 정보를 검토함으로써 두 변수 사이의 관계를 얼마나 잘 파악하는지에 영향을 미치게 된다. 즉, 개인의 학습은 그들이 미래의 이익을 예측하는 성과에 영향을 미치게 된다(Luft and Shields,

05 의사결정의 복합성에 관하여는 Bonner(1994)를 참조할 것.

2001). 역으로, 관리회계 스스로도 활동시간과 같은 변수와 모수에 대한 개인의 학습에 의하여 영향을 받는다.

이러한 네 가지 주제는 관리회계분야의 문헌에서 광범위하게 검토되어 왔으며 특정한 관리회계의 의사결정, 의사결정자 그리고 의사결정상황 등 여러 영역에 걸쳐 매우 강건한 결과를 보여주고 있다. 앞으로의 연구에 중요한 시사점을 제시해 줄 두 가지 추가적인 연구주제가 추가로 부상하고 있는데 이들은 이전의 연구문헌에 반복적으로 (때로는 예상치 못하게) 등장한다.

새롭게 부상하는 연구주제 중 첫 번째는 *주관적 의사결정모형의 제한된 이질성(limited heterogeneity)*이다. 이 분야의 연구문헌에 등장하는 다수의 관리회계적 의사결정에 관한 연구를 살펴보면 두세 가지의 모형이 대부분의 개인적 행동을 설명하고 있다(예: Lewis et al. 1983; Ball et al., 1998). 그러므로 개인적 행동은 극도의 다양성 때문에 예측 불가능하지도 않으며, 그렇다고 해서 하나의 대표적 모형으로 충분히 설명할 수 있다고 보지도 않는다. 오히려 제한된 수의 주관적 의사결정 모형들간의 상호작용과 그 비율에 따라 집합적 행동이 결정된다고 본다.

두 번째는 주관적 의사결정이 동질적인 구성개념이 아니라는 것이다. 주관적 의사결정을 다르게 만드는 한 가지 중요한 차원은 그러한 의사결정이 *신중하게 결정한* (의식적으로 통제된) 것인지 또는 *직관적인* (자동반사적인 또는 본능적 감각에 의한) 것인지이다. 주관적 의사결정에 영향을 미치는 요소들은 신중한가 또는 직관적인가에 따라 달라진다. 직관적 의사결정은 개인이 그 영향력을 미리 의식하였더라면 의사결정모형에 포함시키지 않았을 수도 있는 동기 그리고/또는 정보에 의해 체계적인 영향을 받을 수 있다. 예를 들면, 많은 의사결정사들은 자신들의 경제적 성공에 일정부분 자존심을 걸기 때문에 자신들이 경제적으로 성공하고 있지 않다는 것을 뜻하는 정보는 제외시키거나 재해석하는 경향이 있다(Bloomfield and Luft, 2006; Tayler, 2010). 이처럼 편향된 정보처리는 열등한 의사결정(Bloomfield and Luft, 2006)에 이르게 하여 경제적 성과를 감소시킬 수도 있다. 그러므로 의식적으로 선택하지는 않을 것이지만, 결과적으로는 편향된 태도를 경감시키기가 (불가능하지는 않겠지만) 어려울 수 있다(Taylor, 2010).

전반부의 네 가지 주요 주제는 앞으로 각 장별로 나누어 3장에서 첫 번째 주제를 설명하고, 4장에서 두 번째 주제, 5장에서 세 번째 주제, 그리고 6장에서 네 번째 주제까지 다룰 것이다. 다섯 번째와 여섯 번째의 (새롭게 부상하는) 주제는 다양한 연구에서 반복적으로 등장하므로 3~6장에서 그때그때 설명하기로 한다. 이러한 주제들을 자세히 설명하기 전에 2장에서 이 논문에서 사용할 구조적 틀을 설명하기로 한다.

Chapter

02

구조적 틀
Organizing Framework

Chapter 02

구조적 틀(Organizing Framework)

이 장에서는 심리학에 기반한 관리회계의 문헌들을 주관적 의사결정과정에 따라 구성하는 이유를 설명하기로 한다. 이 장의 2.1에서는 의사결정과정을 어떻게 구분하였는가를 설명할 것이다. 그 다음에는 2.2에서 의사결정과정을 간단하게 서술한 후에 의사결정과정을 설명하는 심리학적 모형을 분류하기로 한다.

2.1 관리회계과업의 모형화(Modeling MA Tasks)

예산, 이전가격의 결정, 또는 성과측정 및 보상시스템의 설계와 같은 관리회계과업은 복수의 상호의존적인 특정 의사결정이 복합된 것이다. 예를 들면, 성과측정 및 보상시스템을 설계하는 개인은 시스템의 목표(예: 시스템이 조직구성원의 어떤 행동에 대한 동기부여를 할 것인가)에 관한 제반 사항을 결정하여야 하고, 성과평가의 대상으로서 성과가 측정되어야 하는 개별 구성원의 선호와 외부에서의 기회를 추정하여야 한다. 또한 활용가능한 성과측정치의 통계적 속성(예: 정확도, 복수 측정치의 상관관계)도 추정하여야 하며 이러한 추정치를 종합하여 성과측정치를 선정하고 보상시스템에서 가중치를 어떻게 부여할 것인지 결정하여야 한다.

인과관계가 명확히 규정된 가설의 타당성을 검증하기 위하여 심리학에 기초한 관리회계연구들은 한정된 영역에 초점을 맞춘다. 대부분 하나의 의사결정에 초점을 맞추고 가설의 검증과정에서 잡음을 발생시키거나 복합적인 영향을 만들어 낼 나머지 과업/환경의 요소들은 제거하거나, 일정하게 유지하거나 자동화시키는 것이 보통이다. 그래서 예를 들면, 예산이라는 과업 전체보다는 예산 중 하위관리자가 상급자에게 전달하는 의사소통에만 초점을 맞추어 검증한 연구(Hannan et al., 2006)나 이전가격의 결정이라는 전체 과업 대신에 이전가격에 대한 협상 중 한 가지 판단에만 초점을 맞춘 연구(Luft and Libby, 1997)도 있다.

이론적으로는 이처럼 부분적인 연구들의 결과를 종합하여 좀 더 완전하고 심리학적으로 의미 있도록 관리회계와 관련된 과업들을 연구하여 이 과업들(예: 예산, 이전가격 등)에 대한 일반화된 모형을 제공할 수 있다면 매우 흥미로울 것이다. 그러나 현재까지의 연구들은 아직 이러한 임무를 충분히 수행할 만큼 발전되어 있지 않으며 그 이유는 두 가지 측면에서 살펴볼 수 있다. 첫째, 이전의 문헌에서 연구가 크게 부족한 분야들이 있다. 예를 들면, 예산업무에서 하위관리자가 사적인 정보를 상급자와 어떻게 의사소통할지에 관한 의사결정을 살펴본 여러 연구들이 있다. 이와 반면에, 똑같이 중요한 예산관련 주제임에도 불구하고 하위관리자들이 사적인 정보를 어떻게 획득하는지와 같은 예산 업무상의 의사결정(예: 하위관리자들이 사적으로 예측을 하기 위하여 투입하는 노력의 수준과 방법에 대한 의사결정) 또는 받아들인 정보의 신뢰성을 상급자가 어떻게 판단하는가에 관한 연구는 거의 없다. 둘째, 앞에서 든 예의 경우와 같이 일부 연구결과들 간의 차이는 쉽게 파악할 수도 있지만 그렇지 않은 경우도 있다. 그 이유는 관리회계관련 연구에서 아직 인지적 과업분석(cognitive task analysis)에 관한 문헌이 없기 때문이다.

인지적 과업분석은 심리학 연구의 한 분야인데 특정한 과업에 대하여 높은 성과를 내기 위한 지식과 인지활동을 설명하고 분석한다(Baron, 1988; Peters, 1993; Schraagen et al., 2000). 관리회계와 관련된 과업에 대한 인지적 과업분석은 과업과 관련된 특정한 의사결정의 확인목록(checklist)를 제공하는 것이다. 이렇게 함으로써 관리회계분야의 연구자들은 특정한 의사결정 중 집중적으로 연구된 것과 그렇지 않은 것을 파악할 수 있다. 또한 자주 연구된 의사결정이 실제로는 관리회계관련 과업에서 차지하는 역할이 적거나 없는 경우도 파악할 수 있다. 추가로, 인지적 과업분석은 단지 과업을 구성하는 상호의존적인 다수의 의사결정 중 하나만이 아니라 전체적으로 훌륭하게 수행하는 데 필요한 정보와 의사결정자의 특성(예: 지식, 선호, 인지능력)도 파악한다. 그럼에도 불구하고 우리는 Bonner and Pennington(1991)이 회계감사분야에서 구축해 놓은 인지적 과업분석[01]에 필적할만한 관리회계분야의 인지적 요구사항, 예를 들면 예산 또는 이전가격 결정에 대한 요

01 인지적 과업분석은 회계감사분야보다 관리회계분야의 과업의 경우에 더욱 힘들 수 있다. 그 이유는 회계감사분야의 경우, 감독 당국의 규제에 의해 어느 정도의 통일성이 유지되지만, 관리회계분야의 경우에는 그렇지 않기 때문이다.

구사항을 분석한 연구를 알지 못한다.

경제학(그리고 통계학과 계량경영학)분야에서는 일부 관리회계와 관련된 과업을 잘 수행하기 위하여 정보를 체계화하고 처리하는 방법에 관한 모형을 제공한다. 또한 경제학은 최소한 과업을 해결하는 데 필요한 인지적 요구가 개인의 인지적 한계를 초과하는 때가 언제인지에 관한 모형도 제공한다. 그래서 우리는 관리회계와 관련된 과업을 경제학적으로 모형화한 두 개의 대표적인 모형을 출발점으로 활용하여 관리회계와 관련 있는 중요한 과업을 수행하면서 효과적인 성과를 내기 위해 필요하리라 여겨지는 의사결정과정을 파악하려고 한다(Balakrishnan and Sivaramakrishnan, 2002; Feltham and Xie, 1994). 이러한 모형들은 심리학에 기반한 연구들이 부족한 부분을 보완해 준다. 즉, 성과평가시스템을 설계하거나(Feltham and Xie, 1994) 상호의존적인 설비의 획득, 제품의 가격 설정 그리고 제품 배합(Balakrishnan and Sivaramakrishnan, 2002) 등의 의사결정과 같은 관리회계적 과업을 수행하기 위하여 여러 의사결정을 어떻게 조합할 것인지를 명시하는 구조를 제공한다.

비록 경제학적 모형이 출발점을 제공해 주기는 하지만 인지적 과업분석을 완전히 대체하지 못하는데, 그 이유는 두 가지이다. 첫째, 경제학적 모형은 의사결정자가 비용을 들이지 않고 무제한적으로 정보를 처리할 능력을 갖추고 있다고 가정한다. 개인의 인지활동은 사실 비용이 들고 제한적이기 때문에 실제의 과업수행 성과와 최적의 과업수행 성과는 경제학적 모형이 예측하는 것과 다를 수 있다. 가끔씩 개인은 경제학적 모형에서 규정된 의사결정을 다른 방식으로 수행하여 관리회계와 관련된 과업을 단순화시키기도 한다(예를 들면, 비용이 적게 드는 방식으로 정보를 검색하여 편향된 결과를 낳기도 한다). 또 어떠한 경우에는 다른 종류의 의사결정을 한꺼번에 내리기도 한다(March 1994). 예를 들면, 현실에서 관찰되는 성과평가시스템은 논리적 분석의 결과가 아닌 관성적이고 모방적이거나 거의 무작위적인 시행착오의 결과일 수도 있다.

경제학적 모형이 인지적 과업분석의 완전한 대체품이 되지 못하는 두 번째 이유는 경제학적 모형이 자연스러운 생태환경을 극단적으로 단순화시키기 때문에 높은 성과를 내기 위하여 필요한 지식과 인지활동을 언제나 정확하게 파악하는 것은 아니기 때문이다. Lambert(2007, p. 244)가 주장한 바와 같이 경제학적 모형의 목적은 "'지나치게 많은 요소들이 뒤섞여 있어 엉망인 상태'에서 파악하기 어려운 핵심 구조를 밝히기 위한" 것이다. 핵심 구조를 밝히기 위해서는 단순화가 필요하고, 모형을 수학적으로 다루기 쉽도록 만들기 위해 단순화시킨다면 자연스러운 환경에서는 최적이 아닌 해법을 낼 수도 있다.

우리가 활용할 수 있는 경제학적 모형과 적절히 일치시키지 못하는 환경(예: 다수의 기간, 비선형 인센티브 그리고 부와 여가가 아닌 다른 효용을 선호하는 복수의 대리인이 있는 환경)에서는 효용함수가 어떠한 다양한 단순화 과정을 거쳐 의사결정을 내릴지 알기 어렵다(Hemmer, 2004; Demski, 2007). 한편, 단순화된 경제학적 모형이 제공하는 해법이 의사결정자의 단순화된 인지적 의사결정모형의 해법보다 복합적인 자연스러운 환경에서 실제로는 더 좋을지 우리는 모른다.

지금부터 우리가 검토하는 이전의 연구문헌들은 관리회계분야의 특정한 주관적 의사결정이 어떻게 내려지는지 그리고 주관적 의사결정의 성과가 개인의 인지적 단순화와 다양한 선호에 의하여 어떻게 영향을 받는지에 관하여 풍부한 정보를 제공해 준다. 여기에서는 관리회계와 관련 있는 과업에 관한 대표적 경제학적 모형에서 도출된 다섯 단계의 개략적인 의사결정과정에 따라 이러한 정보를 분류하여 정리하도록 한다. 심리학에 기반하여 인지적인 과업의 분석을 하고 싶어하는 연구자들은 다섯 단계의 의사결정과정을 잠재적인 구조화 도구 또는 확인목록으로 활용할 수 있다. 추가로 이들 연구자들은 분석대상인 과업에 사용되는 주관적 의사결정과정의 각 단계마다 높은 수준의 의사결정성과를 내기 위하여 요구되는 정보와 개인적 속성에 관하여 심리학에 기반한 연구들이 지금까지 무엇을 배웠는지를 알아낼 수 있다. 다양한 선호 또는 값비싼 인지와 같은 변수들을 모형에 포함시키려 한 경제학적 모형들은 적절한 실증 증거를 요약한 내용을 발견할 수 있으며 이를 지침으로 활용하여 모형 내 특정한 요소를 결정하는 데 도움을 받을 수 있다. 다양한 이론과 연구방법을 활용한 실증연구자들은 이 다섯 단계의 의사결정과정 중 어느 것이 자신들의 연구주제에 포함되는지를 생각할 수 있다. 그리고 이 논문에서 검토하고 있는 심리학에 기반한 연구들이 제공해 주는 통찰력이 관리회계와 관련된 행동을 설명하고 예측할 수 있는 능력에 더 추가할 수 있는 것이 무엇인지를 생각할 수 있다.

2.2 관리회계의 주관적 의사결정과정 다섯 단계(Five Subjective Decision Processes in MA)

관리회계분야의 과업은 계획과 통제의 두 종류로 나누어진다. Demski and Feltham(1976)이 정의한 바에 따르면 계획은 회계정보를 활용하여 의사결정을 돕는 역할이고 통제는 의사결정에 영향을 미치는 역할이다. 부록에서는 관리회계분야의 계획과 통제 의사결정의 대표적인 경제학적 모형을 설명하고 있다. 하나는 제품의 원가정보에 기초하여 설비의 획득, 제품의 가격 설정, 제품의 배합에 관한 의사결정을 하는 모형(Balakrishnan and Sivramakrishnan, 2002)이고, 또 다른 하나는 복수의 과업을 수행하는 관리자에게 인센티브를 제공하는 보상시스템을 설계하는 모형(Feltham and Xie, 1994)이다.

경제학적 모형에서 암묵적으로 가정하고 있는 분석에 해당되는 주관적 분석을 위하여 필요한 정보와 특정한 의사결정에 관한 설명을 부록에서 기술하고 있다. 이들 경제학적 모형을 상세하게 묘사한다면 심리학에 기초하여 이처럼 복합적인 과업에 포함된 많은 수의 구체적인 의사결정을 정의하려는 연구자들에게 가치 있는 것이기는 하지만(따라서 부록에서 자세히 설명하고 있다.), 이러한 요구사항들은 주관적 의사결정의 다섯 단계로 크게 나누어 일반화하기로 한다.

첫 번째 과정은 의사결정자의 목표에 포함되어 있는 보상의 주관적인 *가치평가*이다. 경제학적 모형에서는 의사결정자의 목표가, 예를 들면 부에서 얻는 효용의 극대화(Balakrishnan and Sivaramakrishnan, 2002)이거나 부와 여가(Feltham and Xie, 1994) 또는 부, 여가와 사회적 규범의 준수(Fischer and Huddart, 2008) 등이다. 일반적으로 의사결정에 관한 심리학적 모형에서는 엄격하게 최대화라는 관점을 고집하지는 않는다. 그러나 의사결정자가 가치 있게 평가하고 달성하고자 하는 목표가 있다는 가정을 한다. 그러므로 의사결정을 설명하려는 연구자들은 의사결정자들이 잠재적 보상(화폐적 보상과 비화폐적 보상)을 어떻게 평가하는지 이해하여야 한다. 예를 들면, 현재의 보상을 미래의 보상보다 조금 더 높게 평가하는가? 아니면 매우 높게 평가하는가? 화폐적 보상만큼이나 정직성을 가치 있게 생각하는가? 그리고 그들이 정직성에 대하여 부여하는 가치는 안정적이고 외생적인가 아니면 상황에 따른 영향을 받는가? 등이다.

두 번째 과정은 주관적 의사결정모형의 *구조화*이다. 예를 들면, 이런 것이다. 의사결정자들이 의사결정문제를 1인의 문제로 개념화하는가 또는 다수인의 문제로 개념화하는가? 의사결정자들은 최적화를 목표로 하는가 아니면 타협적 만족(즉, 일정한 수준을 초과하면서 첫 번째로 활용가능한 대안을 선택하기, Simon, 1979; March, 1994; Goldstein and Hogarth, 1997)을 목표로 하는가? 그들은 만일 존재한다면 어떤 것을 제약조건으로 파악하는가? 주관적 의사결정모형은 바람직한 속성을 대표하는 변수들을 서로 맞교환하는가(보상적 의사결정모형, compensatory decision model) 아니면 맞교환을 허용하지 않는가(비보상적 의사결정모형, non-compensatory decision model)?

세 번째와 네 번째 과정은 서로 개념적으로 분리되어 있고 두 번째 과정과도 분리되어 있지만, 의사결정모형의 구조에 종속되어 있는데 그렇기 때문에 이 논문에서는 같이 묶어서 설명하기로 한다. 세 번째 과정은 주관적 의사결정모형에 포함시킬 *특정 변수*의 선택이다. 예를 들면, 기회원가를 주관적 의사결정모형에 포함시키는가이다. 네 번째 과정은 주관적 의사결정모형에 포함된 변수들 간의 *적합한 관계의 형태*에 대한 선택이다. 예를 들면, 이러한 모형들이 부가적(additive) 관계를 담은 모형인지 복합적(configural) 관계를 담은 모형인지, 그리고 선형(linear) 관계인지 비선형(curvilinear) 관계인지에 대한 선택이다(Luft and Shields, 2007; Karelaia and Hogarth, 2008).

다섯 번째 과정은 주관적 의사결정모형을 *모수와 변수의 특정한 값*(예를 들면, 평균값, β값, 당기 판매액)으로 채우는 것이다. 조직이 보관하고 있는 기록이나 기억에 의존하여 이러한 값을 주관적으로 추정할 수 있다. 개인이 변수의 값을 획득하는 과정을 이해하기 위해 연구자들은 다음과 같은 주관적 의사결정에 관한 이해를 높여야 한다. 즉 개인들이 모수와 변수의 값을 얻기 위하여 조직이 보관하고 있는 자료를 어떻게, 얼마나 오랫동안 검색하는가? 관리회계분야의 경험을 얼마나 그리고 얼마나 잘 활용하여 모수와 변수의 특정한 값을 찾아내는가? 등이다.

제3장의 3.6에서 우리는 관리회계분야의 연구문헌에 등장하는 주관적 의사결정과정과 이러한 과정에 영향을 미치는 요소들 그리고 그 결과로서의 의사결정을 설명하는 세 가지 심리학적 모형을 제시할 것이다. 이러한 모형들은 다음과 같이 요약할 수 있다.

① *가치*에 관한 모형(3장과 4장): 의사결정자들은 잠재적 의사결정 목표의 가치를 어떻게 주관적으로 평가하는가? 즉, 화폐적 보상 또는 공평성, 정직성, 호혜성, 사회적 정체성 그리고 자존감과 같

은 비화폐적 보상의 가치를 어떤 과정을 거쳐 평가하는가? 그리고 이러한 주관적 평가는 관리회계에 어떻게 영향을 미치는가? 역으로 관리회계는 이러한 주관적 평가에 어떻게 영향을 미치는가?

② *의사결정 구조, 변수 및 관계 형태의 선택*에 관한 모형(5장): 주관적 의사결정모형의 어떤 구조를 가졌는가? 서로 다른 구조를 가진 주관적 의사결정모형이 성과에 미치는 영향은 무엇인가? 의사결정자가 의사결정모형에 포함시키려는 변수의 선택에 영향을 미치는 것은 무엇인가? 주관적으로 판단하는 관계는 선형인가, 보상적인가 또는 다른 것인가? 관리회계는 이러한 선택에 어떻게 영향을 받고 또 영향을 미치는가?

③ *모수 및 변수의 획득과 주관적 추정*에 관한 모형(6장): 의사결정자들은 의사결정모형에 포함되는 모수와 변수에 관한 정보를 어떻게 획득하는가? 또는 주관적인 추정을 어떻게 하는가? 관리회계는 이러한 주관적 추정과 정보획득 의사결정에 어떻게 영향을 미치고 영향을 받는가?

위의 세 가지 분류는 다양한 형태의 개인적 모형을 포함하고 있다. 이러한 모형의 개념은 심리학에 근원을 두고 있으며 관리회계적 실무 또는 관리회계정보의 원인과 결과를 설명하기 위하여 활용된다. 제3~6장에 포함된 도표는 이 논문에서 검토하고 있는 심리학적 개념과 그러한 개념에 의하여 설명이 가능한 관리회계의 구성개념을 도표를 이용하여 표시한 것이다. 심리학에 다양한 이론이 존재하듯이 이전의 연구에서도 광범위한 개념들이 거론되었지만, 하나의 일반이론에 맞추어 개인의 의사결정모형을 구성하려는 노력은 별로 없었다. 우리는 이처럼 다양한 문헌을 포괄적으로 다루려는 노력을 하지는 않았다. 다만 다양한 문헌을 통하여 강건한 결과를 도출하고 있는 공통적인 주제를 검토해 보려고 한다.

Chapter

03

화폐적 보상의 가치평가
Valuation of Monetary Payoff

Chapter **03**

화폐적 보상의 가치평가 (Valuation of Monetary Payoff)

심리학분야의 연구자들은 개인의 선호가 최소한 일정한 정도는 외생적으로 결정되고 안정적이지 않으며 선택이 이루어지는 과정에 의하여 *구축된다*고 주장한다(Slovic, 1995; Ariely et al., 2006). 그렇기 때문에 동일한 결과일지라도 다른 형태로 (때로는 관리회계적 방식으로) 표현하거나 프레이밍하는 것이 개인이 자신들의 목표를 구성하는 보상을 정의하고 가치를 부여하는 과정에 영향을 미칠 수 있다. "우리가 생각하는 방식 때문에 우리가 원하는 것을 우리는 원한다(We want what we want because of the way we think about it)"(Wendt, 1999, p. 119). 그리고 관리회계는 우리가 생각하는 방식에 영향을 미칠 수 있다.

관리회계는 준거점(reference-point) 또는 프레이밍을 제공함으로써 개인이 화폐적 보상을 평가하는 데 영향을 미칠 수 있다. 가장 익숙한 프레이밍의 예 중 하나는 프로스펙트이론(prospect theory)에서 설명하는 손실회피(loss-aversion)의 경향이다(Kahneman and Tversky, 2000). 즉, 미래에 부의 차이가 발생하리라는 전망을 (더 낮은 준거점과 비교하여) 놓쳐버린 이득으로 프레이밍하기보다는 (더 높은 준거점과 비교하여) 손실로 프레이밍하면 더욱 회피하려는 경향이 나타난다[01]는 것이다. 이 장에서는 프로스펙트이론에 기초한 관리회계의 연구들(3장의 3.1과 3.2에서 설명)을 먼저 살펴보고 나서 대안이 될 수 있는 심리학적 이론인 준거점(reference-point)의 영향에 근거한 연구들(3.3에서 설명)을 살펴보기로 한다. [도표 3-1]은 관리회계의 구성개념과 이 논문에서 거론된 심리학적 개념의 연계를 도형화하여 요약한 것이다.

3.1 프로스펙트이론(Prospect Theory)

기대효용이론은 인간의 선호가 외생적으로 주어지며 결과를 여러 가지로 달리 표현하여도 안정적으로 유지된다고 가정함으로써 선호의 모형을 단순화한다. 이와 반면에 프로스펙트이론은 0의 값을 부여받는 중립적인 결과로부터 양 또는 음(이득 또는 손실, gains or losses)의 방향으로 벗어나는 행태로 결과를 표시하는 가치함수를 제시하고 있다.

01 결과에 대한 개인의 평가는 준거점과 비교하여 정해진다는 견해는 프로스펙트이론에서만 등장하는 것은 아니다. 소망수준이론(aspiration-level theory) 또는 목표설정이론(goal-setting theory)과 같은 동기부여이론들 역시 개인이 주어진 수준의 성과를 달성하려는 동기는 성과가 개인의 목표 또는 소망하는 수준보다 높은지 또는 낮은지에 의하여 결정된다고 설명한다. Birnberg et al.(2007)의 연구는 이러한 이론들에 기초하여 대부분 예전에 이루어진 문헌들을 검토하였다.

| 도표 3-1 | 화폐적 보상의 가치평가

관리회계의 구성개념 : 독립변수		심리학적 개념		관리회계의 구성개념 : 종속변수
프로스펙트이론(Prospect Theory)				
인센티브: 보너스 혹은 불이익	1, 2	프로스펙트이론의 프레이밍	1, 2	인센티브 계약의 선택
제품원가: 전부 (매몰) 원가	3		3	제품가격 의사결정
시차 프레이밍(Intertemporal Framing)				
인센티브 (보너스 · 불이익)의 시점	— 4 —	시차 프레이밍	— 4 —	투자 의사결정
복수의 준거점(Multiple Reference Points)				
예산목표 달성의 난이도	— 5 —	복수의 준거점	— 5 —	프로젝트의 선택

[도표 3-1], [도표 4-1], [도표 5-1]과 [도표 6-1]은 이 논문에서 검토한 연구문헌에 등장하는 관리회계적 변수(왼쪽과 오른쪽)들의 원인과 결과를 설명하기 위해 활용된 심리학적 개념(중앙)을 정리하고 있다. 연결선에 표시된 숫자는 심리학-관리회계의 연계성을 탐구한 연구에서 이론과 일치하는 증거를 제시하는 연구를 가리키는 숫자이다. 분석의 단위는 연구문헌이 아니라 심리학-관리회계의 연계이다. 그러므로 어떤 연구는 하나 이상의 연계에 등장할 수도 있으며, 연구에서 취급한 모든 연구가설들이 이 도표에 나타나는 것은 아니다. 여기서 연결선은 관리회계적 변수들 간의 관계를 설명하기 위하여 특정한 심리학적 개념을 활용하였다는 점을 의미하는 것이지 변수들 간의 인과관계를 표시하기 위한 것은 아니다. 도표에 표시된 일부 관리회계 변수들과 심리학적 개념들은 반복하여 등장하기도 하는데 이 경우에는 굵은 수평선으로 구분하였다. 반복되는 변수나 개념은 기울임꼴로 구분하였다.

1. Luft(1994)
2. Frederickson and Waller(2005)
3. Buchheit(2004)
4. Shelley and Omer(1996)
5. Sprinkle et al.(2008)

준거점의 위치는 의사결정자의 규범과 기대 그리고 결과에 대한 정보를 표현하는 방식(프레이밍, framing)에 따라 달라진다. 가치함수의 기울기는 양(+)의 영역보다 음(−)의 영역에서 더 가파르고(손실의 회피), 가치함수는 양의 영역에서 오목한 형태를, 음의 영역에서 볼록한 형태를 갖는다. 그 결과 이득이 전망될 때는 위험을 회피하는 경향을 보이고, 손실이 전망될 때는 위험을 추구하는 경향을 보인다(Kahneman and Tversky, 2000).

프로스펙트이론이 설명하는 프레이밍효과는 실험실 또는 경영 현장과 같은 다양한 환경에서 입증되어 왔다. 최근의 현장실험연구는 이러한 프레이밍효과의 강건함과 한계를 동시에 제시하고 있다(Gächter et al., 2009). 이 연구에서는 학술회의에 등록하고자 하는 경제학자들을 무작위적으로 두 가지 상황 중 한 상황에 할당하였다. 즉, 학술대회의 등록비용의 조기예약에 따른 할인(이득)의 상황과 기한이 임박해서 등록하는 데 따른 벌칙금(손실)의 상황이다. 경제학을 가르치는 교수들은 이득의 상황으로 프레이밍(88%)되었거나 손실의 상황으로 프레이밍(81%)된 것과 상관없이 대체로 조기 예약하려는 경향을 보였다. 그러나 (아마도 자신들의 부 중 상당부분을 차지하는 학술대회 등록비용에 보다 민감할 것으로 예상되는) 박사과정 재학생들은 프레이밍에 따라 유의미한 영향을 받았다. 손실로 프레이밍되어 있는 경우에는 93%가 조기 등록하였으나 이득으로 프레이밍된 경우에는 67%만이 조기 등록하였다.[02]

02 이 연구에서 전문성효과(expertise effect)도 나타난 (즉, 박사과정 학생들은 교수들보다 더 프레이밍의 영향을 받았다.) 것으로 볼 수 있으나, 전문성은 일반적으로 프레이밍효과를 신뢰성

관리회계는 다양한 방식으로 준거점을 제공한다. 예를 들면, 예산목표가 준거점의 역할을 할 수 있다. 실제 성과와 화폐적 보상이 일정한 상태에서 (높은) 목표달성에 실패할 때보다 (낮은) 목표를 초과할 때에 개인은 주어진 화폐적 보상을 더 가치 있게 평가하는 경향이 있다. 더구나 원가배분을 변경시킴으로써 개별 제품 또는 사업부서의 이익을 내부적으로 보고하는 것도 준거점을 변경시킬 수 있다. 특정한 제품의 이익이 감소하였기 때문에 순이익이 '0'이 되는 준거점 이하로 감소하는가에 따라 이 같은 특정 제품의 이익 감소는 놓쳐버린 이득이거나 회피하여야 할 손실로 간주될 수 있다. 이처럼 이익이 감소하여 순이익이 0보다 적어지는가는 제품에 배부하는 공통원가 또는 고정원가의 크기에 따라 결정된다. 다음에서 검토하는 연구들은 관리회계가 유도할 수 있는 준거점이 의사결정에 미치는 영향에 대한 증거를 보여주고 있다.

Luft(1994)는 실제 결과와 성과 표준을 비교하고, 이러한 비교에 근거하여 이득과 손실로 서로 달리 프레이밍하는 것이 의사결정에 미치는 효과를 프로스펙트이론을 이용하여 검증하였다. 실험에서 참가자들은 고정급여계약과 인센티브계약의 두 가지 중 하나를 선택하도록 하였는데, 인센티브는 보너스(성과가 표준보다 높으면 고정급여에 보너스를 추가하여 급여를 지급함)로 프레이밍되거나 벌금(성과가 표준보다 낮으면 높은 고정급여에서 벌금을 차감하여 급여를 지급함)으로 프레이밍되었다. 예를 들면, 실험에서 참가자에게 제시한 인센티브계약은 다음과 같다. ① 표준을 달성하거나 초과하면 기본급 3달러에 보너스 8달러를

있게 제거하지 못한다. 보다 더 세밀한 증거를 보기 위해서는 Camerer(2000)의 현장연구를 참조할 것.

추가하는 계약 또는 ② 표준을 달성하지 못하면 11달러의 기본급에서 벌금 8달러를 차감하는 계약이다.

기대효용이론에 따르면 이와 같은 두 종류의 인센티브계약에 대하여 개인의 선호에는 차이가 없어야 한다. 왜냐하면 두 계약의 화폐적 보상은 표준을 달성하면 11달러, 그렇지 못하면 3달러의 급여가 지급되어 동일하기 때문이다. 이와 반면에 프로스펙트이론은 보너스로 프레이밍된 계약을 선택할 가능성이 높을 것으로 예측한다. 왜냐하면 벌칙은 손실로 취급되어, 놓친 보너스(감소한 이득)보다 더 회피하려는 경향이 강하기 때문이다.

프로스펙트이론이 예측한 대로 실험의 결과는 보너스상황의 참여자 중 71%는 6달러의 고정급을 받기보다는 3달러 또는 11달러를 받을 수 있는 계약을 선택하였다. 그러나 벌칙상황에서는 6달러의 고정급계약을 포기하고 3달러 또는 11달러의 인센티브계약을 선택한 참여자는 아무도 없었다. 이 실험처럼 계약의 선택에 관한 결과는 비슷하다. 벌칙이 포함된 계약을 받아들이게 하기 위해서는 상응하는 인센티브계약보다 매우 높은 예상급여를 참여자들에게 제시하여야 한다. 더구나 단일기간이 아니라 여러 기간을 반복하여 경험한 실험참가자들에게 두 계약이 무차별하기 위해서는 예상급여의 차이가 더 감소하는 것이 아니라 증가한다.

Frederickson and Waller(2005)는 Luft(1994)의 연구를 더욱 발전시켜서 실험 참가자들에게 소유주(principal)와 대리인(agent)의 역할을 맡기고 반복하여 계약을 맺도록 하였다. 실험에서 대리인들은 고정된 금액의 연봉에 실제 성과에 따른 급여와 외부적 상황에 따라 정해지는 급여를 추가하여 수령한다. 고정된 급여와 실제 성과에 따른 보너스는 연구자에 의하여 특정한 값을 갖도록 정해 놓았는데, 그 이유는 실험참가자들이 외부의 상황에 따라 정해지는 급여에 얼마나 주의를 기울이는지에 대해서만 연구자가 초점을 맞추기 위해서이다.

외부의 상황에 대한 신호는 통제불가능한 상황의 측정치이며, 이렇게 주어진 외부적 상황과 대리인의 노력이 결합하여 성과를 창출하게 된다. 그러므로 연구자는 관찰불가능했던 대리인의 노력 수준 선택에 대한 정보를 얻을 수 있다. 이 실험에서 소유주는 40회 반복되는 동안 대리인에게 인센티브계약을 제시하고 대리인은 그 계약을 수락하거나 거절한다. 대리인이 계약을 수락하면, 다음 단계에서 대리인은 주어진 외부적 상황의 불확실성에 따라 노력 수준을 선택하게 된다. 한 집단의 대리인들은 외부적 상황에 따라 결정되는 급여가 보너스로 프레이밍된 실험상황에서 의사결정을 하고, 다른 대리인들은 벌칙으로 프레이밍된 상황에서 의사결정을 하도록 실험이 설계되었다. 보너스로 프레이밍된 상황에서는 낮은 연봉에서 시작하고, 벌칙으로 프레이밍된 상황에서는 높은 연봉에서 시작한다. 이 실험에서는 대리인모형(agency model)에 따라 보너스계약과 벌칙계약이 경제학적으로 동일한 가치를 갖도록 최적으로 설계하였다.

Frederickson and Waller(2005)는 프로스펙트이론의 손실회피 개념(Kahneman and Tversky, 2000)을 이용하여 대리인이 보너스계약만을 제안받았을 때보다 벌칙계약만을 제안받았을 때 더 높은 기대급여액을 요구한다(그러므로 소유주도 더 높은 기대급여액을 제시할 것이다)는 것을 예측하였다. Frederickson and Waller(2005)의 실험에서 얻은 결과는 다섯 가지 예상과 일치하였다.

① 대리인이 벌칙으로 프레이밍된 계약을 수락하기 위해 요구하는 무차별점(indifference point)이 보너스로 프레이밍된 계약의 경우보다 더 높다는 점에서 손실회피경향을 보인다.

② 소유주는 대리인의 손실회피경향에 맞추어 벌칙으로 프레이밍된 계약의 경우에 보너스로 프레이밍된 계약보다 더 높은 급여 기대액을 제시하는 방식으로 계약을 조정한다.

③ 계약이 벌칙으로 프레이밍된 경우에 높은 급여를 기대하는 것은 대리인에게는 벌칙상황에서 높은 기대이익을 초래하고, 소유주에게는 보너스상황에서 높은 기대이익을 초래한다.

④ 소유주는 벌칙상황과 보너스상황 모두에서 초기에는 외부적 상황에 관한 신호를 과소평가하는데, 이는 통제불가능한 외부적 상황에 대하여 근로자들에게 책임을 지우기를 꺼린다는 것을 뜻한다.

⑤ 그러나 시간이 흐른 후에는 체결된 계약에서 외부적 상황 신호에 대한 가중치가 대리인모형에서 예측한 가중치의 값에 수렴하지만 이는 보너스계약에만 해당되고, 벌칙으로 프레이밍된 계약에서는 그렇지 않았다. 초기 이후에는 예측된 가중치에 수렴한다는 사실은 외부적 상황 신호에 따른 가중치(즉, 보너스 또는 벌칙)를 증가시킨다는 것이다. 그러므로 회피경향이 존재하는 벌칙의 경우에는 참가자들의 저항이 증가하는 것이다.

Luft(1994)의 연구와 Frederickson and Waller(2005)의 연구 모두에서 기준급여에 대한 성과표준은 개인의 준거점이 되어 자신들의 보너스

급여에 대한 주관적 가치평가에 영향을 미치게 된다. 가치평가의 차이는 결국 단기적으로 그리고 그 후에도 손실회피가 학습에 미치는 영향에 따라 인센티브계약의 선택에 영향을 미치게 된다. 관리회계는 다른 방식으로도 준거점을 설정할 수 있다. 예를 들면, 매몰원가(sunk costs)를 예상이익의 계산에 포함시켜 화폐적 이득을 내는 대안에 대하여도 손실이 발생하도록 회계장부를 설정할 수 있다.

Buchheit(2004)는 의사결정자들이 — 화폐적 이득을 포기하면서까지도 — 장부상의 손실을 회피하는 것은 객관적이라고 간주하는 경향을 조사하였다. 이 연구에서 실험참가자들은 2개사가 시장을 점유하고 있는 상황에서 제품의 원가보고서에 기초하여 제품의 시장가격을 결정하는 과업을 수행하였다. 참가자들은 벌어들인 이익에 비례하여 보상을 받게 되어 있었고, 공헌이익을 극대화함으로써 보상을 최대화할 수 있었다. 공헌이익을 최대화하는 전략은 고정(매몰)원가의 크기에 영향을 받지 않으며, 따라서 참가자들의 목표가 보상의 극대화라면 그들의 의사결정은 이러한 고정원가에 영향을 받지 않아야 한다. 그러나 Buchheit(2004)는 프로스펙트이론에 따라 의사결정자들이 손익분기점을 자신들의 가치함수(value function)의 준거점으로 삼기 때문에 매몰원가와 준거점이 변화하면 이익에 대한 가치평가도 변화하게 될 것이라고 예측하였다. 회계적 이익이 이득으로 프레이밍되어 있을 때에는 (즉, 매몰원가가 낮을 때) 손실로 프레이밍되어 있을 때보다 (즉, 매몰원가가 높을 때) 주어진 공헌이익이 매력적으로 보이게 된다. 실험실에서 재현된 시장에서 제품가격이 높으면 단위당 공헌이익이 높아지지만, 만일 경쟁자가 가격을 공격적으로 책정하면 적은 판매수량에 따른 위험

(따라서 매몰원가가 높을 때에는 장부상의 손실이 나타날 위험)을 감수하여야 한다. 제품가격이 낮으면 반대의 상황이 벌어지게 된다.

Buchheit(2004)의 실험에서 얻어진 증거는 의사결정자들이 공헌이익을 희생하더라도 손실이 발생할 빈도를 줄이려 한다는 예측과 일치한다. 비교적 낮은 고정원가가 증가하면서 판매자들은 가격을 낮추고 따라서 공헌이익이 줄어들지만 손실을 보고할 빈도 역시 줄어들게 된다. 그러나 손실을 보고할 빈도의 감소를 더 이상 경감시키지 못할 정도로 판매가격이 감소하게 되면, 판매자는 가격설정 전략을 바꾸어 고가를 선택한다.

3.2 시차 프레이밍(Intertemporal Framing)

앞에서 살펴본 프로스펙트이론에 관한 연구들에서는 의사결정과 보상 사이의 시간의 경과는 최소한의 수준으로 유지된다. Loewenstein (1988)은 의사결정 사이클의 시야가 길고 의사결정자가 서로 다른 시점에 제공되는 보상을 목표함수에 통합해야 할 때에는 프로스펙트이론에 따른 프레이밍이 기존에 알려진 효과 이외에 추가적인 효과가 있다는 이론적 주장을 펼치고 이를 뒷받침하는 증거를 제시하였다. 목적함수가 단지 미래 기대보상액의 현재가치를 극대화하는 것이라면 즉시 주어질 보상과 미래의 보상에 대한 맞교환을 어떻게 프레이밍하더라도 의사결정자들은 이러한 맞교환을 실행한다. 이때 즉시 보상과 미래의 보상은 각기 미래의 보상을 앞당기거나 즉시 보상을 지연시키는 것으로 프레이밍한다. 개인이 사용하는 할인율이 각각의 프레이밍에서 동일하다면 보상을 앞당길 때의 프리미엄과 지연시킬 때의 이자비용이 동일하여야 한다. 즉, 5%의 이자를 포기하고 연말이 아닌 연초에 현금을 지급(시간 단축의 프리미엄)받으려는 사람은 현금의 지급을 연초에서 연말로 미룰 때 5%의 이자(지연비용)를 요구하여야 한다.

그러나 프로스펙트이론은 미리 지급하는 경우의 프리미엄과 지연시키는 비용이 다를 것이라고 예측한다(Loewenstein, 1988). 미래에 받을 것으로 예상되는 양(+)의 보상액을 의사결정자가 현재 시점으로 옮길 기회가 있다면, 이는 양의 보상을 받지 못하는 현재의 상황(준거점)과 비교하여 이득으로 프레이밍된다. 반면에 즉시 받을 것으로 예상되는 양의 보상을 지연시키는 것은 손실로 프레이밍되어 더욱 회피하게 된다, 그러므로 지연을 수락하기 위하여 요구하는 화폐적 보상은 동일한 기간만큼 보상을 앞당겨 받음으로써 포기하는 프리미엄보다 훨씬 더 클 것이다. 이러한 시차 효과는 음(−)의 보상에 대해서는 반대로 영향을 미친다. 즉, 개인으로 하여금 벌금을 이른 시간에 집행하도록 하게 만드는 보상액의 차이가 동일한 시간만큼 벌금의 지연을 받아들이도록 만들 보상액의 차이보다 더 크다.

Lowenstein(1988)의 시차 프레이밍이론에 따라 Shelley and Omer(1996)는 의사결정자가 당기의 이익을 감소(따라서 당기의 보너스 역시 감소)시키는 대신 미래의 이익을 증대(따라서 미래의 보너스 역시 증가)시키는 것을 고려해야 하는 투자의사결정상황을 조사하였다. 보너스의 지연상황에서 실험의 참가자들은 보너스를 즉시 받을 것으로 예상하고 있는 경영자의 역할을 맡았다. 이들은 지금 투자를 하게 되면

당기에 포기하여야 하는 보너스를 보상하기 위해서는 투자 때문에 증가할 미래의 보너스 금액이 얼마나 될 것인지를 결정하여야 한다. 보너스의 조기지급상황에서는 실험의 참가자들이 미래에 지연된 보너스를 받을 것으로 예상하는 경영자의 역할을 맡았다. 이들은 투자를 하지 않기로 결정하고 보너스를 조기에 지급받을 경우에 감소될 보너스의 금액을 얼마나 될 것인지를 결정하여야 한다.

마찬가지로 이와 비슷한 두 종류의 벌금상황이 존재한다. 당기에 벌금을 예상한 실험참가자들이 투자를 하지 않기로 결정함으로써 벌금을 지연시키는 경우에, 자신들이 승복할 수 있을 만큼의 벌금 증가액을 결정하여야 하는 것이 벌금의 지연상황이다. 벌금의 조기집행상황에서는 벌금이 나중에 부과될 것으로 예상하는 참여자들이 당장 투자하기로 결정하여 벌금을 조기에 실현하는 경우에, 조기집행의 가치만큼 감소하는 벌금을 결정하여야 한다.

실험의 참가자들은 거시경제적 위험의 수준을 달리 한 세 종류의 상황에 배정되었다. 보상의 지연비용은 보상의 조기화 프리미엄보다 클 것이라는 예상은 거시경제위험이 높은 경우에 전적으로 지지되었다. 보너스를 즉시 받을 것으로 예상하는 의사결정자들은 투자의사결정을 하여 보너스의 지급이 미루어지는 것을 보상받기 위하여 훨씬 더 많은 보너스를 요구하였다. 이는 그들의 목표함수에서 할인율이 높은 것임을 의미한다. 그러나 보너스가 나중에 지급될 것으로 예상했던 참가자들은 보너스를 조기에 지급받는 대신 보너스 감소액을 매우 적게 산정하였다. 즉, 할인율이 낮음을 의미한다. 그러므로 시점에 따라 준거점이 이동하면서 현재의 보상과 미래의 보상을 맞교환하는 실질할인율이 변화한다. 벌칙의 보상에서는 그 효과가 역전된다. 즉, 지연비용은 조기화를 위한 프리미엄보다 낮아진다. 거시경제의 위험이 낮은 경우에는 연구자들의 예측이 부분적으로만 지지되었다.

3.3 복수의 준거점(Multiple Reference Points)

앞의 절에서 설명한 연구들은 하나의 준거점에 의하여 성과를 비교하고 가치를 평가한다고 가정한다. 심리학에 기반하여 위험에 대한 태도와 위험의 감수를 살펴본 연구들은 준거점의 개념을 위험에 관한 의사결정에 영향을 미치는 두 개의 준거점을 파악하는 데까지 확장하였다. 즉, 안도점(security point) 또는 생존점(survival point)인 저점과 소망점(aspiration point)인 고점의 두 가지이다. 두 부류의 연구 흐름에서 복수의 준거점과 위험에 관한 증거를 제공하고 있다. March and Shapira(1987, 1992)는 실태조사와 면접조사 자료를 이용하여 경영의 사결정을 분석하였고, Lopes(1987, 1990, 1995)와 Lopes and Oden(1999)은 실험을 이용하여 안도감-잠재력/소망이론(SP/A: security-potential/aspiration)을 검증하였다.

경영진을 면접하고 실태를 조사한 자료(MacCrimmon and Wehrung, 1986; Shapira, 1986)[03]를 기초로 경제학 및 심리학에서 이루어진 위험한 의사결정연구들을 분석한 March and Shapira(1987)는 경영자의 위험에 대한 선호와 의사결정은 두 개의 준거점에 따라 달라

03 이 연구는 후에 학술지에 발표되었다(Shapira, 1995).

진다고 예측하였다. 자원이 바닥나는 생존점은 고정되어 있고 소망 수준은 경험에 따라 조절된다. 성과가 두 준거점 중 하나라도 겨우 달성하게 되는 경우에 경영자들은 위험회피적이 된다. 왜냐하면 (특히 생존 준거점(survival reference point)의 경우에) 준거점 아래로 추락할 위험이 그들의 주의를 지배하게 되는 반면, 이득을 위한 기회는 그다지 현저해 보이지 않기 때문이다.

성과가 생존점을 큰 차이로 초과할 경우에 경영자들은 덜 위험회피적이다. 그리고 성과가 증대되면서 아래로부터 소망 준거점(aspiration reference point)에 접근하는 경우에는 특히 위험추구적인 태도를 보이게 된다. 왜냐하면 소망 준거점에 도달하고자 하는 욕구가 이득의 기회에 대한 그들의 주의를 지배하기 때문이다(March and Shapira, 1987). (이러한 형태를 따르는 의사결정의 수학적 모형에 대하여는 March and Shapira(1992)를 참조할 것.)

안도감-잠재력/소망이론(Lopes, 1987)은 개인이 두 개의 준거점(안도점과 소망점) 사이에서 주의를 이동시키고 결과적으로 성과에 대한 가중치를 달리하는 것도 모형화하였다.[04] 개인이 투자 후 생존가능성에 주의를 집중할 때에는 최악의 결과에 초점을 맞추고 의사결정을 할 때에도 이에 대한 가중치를 높게 부여한다. 그 결과 자신들의 안도 준거점 이하의 성과가 나올 가능성이 있는 투자안은 최선의 경우와 평균적인 예상치가 높다고 하더라도 이를 거절한다. 반면에 소망 수준에 주의

04 The SP/A이론과 March and Shapira(1992)의 모형은 몇 가지 측면에서 차이가 있다. 예를 들면, March and Shapira(1992)는 위험추구성향의 상황적인 차이에 더욱 집중하였고, Lopes(1987)는 개인적 차이에 더욱 집중하였다.

를 집중할 때에는 (즉, 안도 준거점은 이미 충족되었을 때) 가능한 최선의 결과에 초점을 맞추고 의사결정을 할 때에도 이에 대한 가중치를 높게 둔다. 결과적으로는 고위험 · 고수익 투자안을 감수하고자 한다.

Sprinkle et al.(2008)은 예산 목표가 개인의 소망 수준이라고 가정하고 안도감-잠재력/소망이론을 이용하여 예산 목표가 어떻게 위험한 의사결정에 영향을 미치는가를 예측하였다(이 연구에서는 안도 준거점 혹은 생존 준거점의 역할은 다루지 않고 있다.). Sprinkle et al.(2008)은 예산 목표가 매우 낮은 수준일 때에 개인은 목표를 달성하리라는 것을 거의 확신하게 된다고 예측하였다. 그 결과 성과차이가 크게 날 수 있는 투자안을 선택하고 불확실한 보상을 얻기 위하여 비용이 들더라도 노력을 더 투입함으로써 위험을 감수하려 든다고 예측하였다. 이와 반면에, 예산목표가 높은 수준에 설정되어 있을 때에는 개인들이 이러한 목표를 달성하리라는 확신이 줄어든다. 따라서 위험회피적인 방식으로 행동하여 성과차이가 적게 날 수 있는 투자안을 선택하고 노력을 적게 투입한다고 예측하였다. 그 이유는 미래의 불확실한 보수가 노력을 투입하는 비용을 보상할 만큼 충분하지 않기 때문이다.

Sprinkle et al.(2008)의 실험에 따른 증거는 SP/A이론에 근거한 예상과 일치한다. 예산목표의 수준에 따라 비용이 드는 노력과 위험 간의(즉, 위험과 예상보수 간의) 개인적 맞교환방식이 서로 다르게 결정되는 것이다. 즉, 예산목표를 달성하기 쉬울 때에는 좀 더 위험추구적으로 행동하고 예산목표가 어려울 때에는 좀 더 위험회피적으로 행동한다.

3.4 요약(Summary)

더 많이 투입하여야 하는 노력, 위험의 증가 또는 흡족하지 못한 보상시점 등을 정당화할 만큼 화폐적 보상이 충분히 높은 수준인가를 결정할 수 있도록 한다는 측면에서 개인이 화폐적 보상을 얼마만한 가치로 평가하는지를 파악하는 것은 쉽지 않은 일이다. 비교의 표준을 제공한다는 점에서 프레이밍과 준거점이 가치평가작업을 도와준다. 따라서 (다른 상황을 고정시킨 채로) 준거점을 이동시키면 보상금액을 시점, 위험 또는 노력과 맞교환하는 개인적 방식에 변화를 일으킬 수 있다. 왜냐하면 준거점의 이동이 화폐적 보상에 대한 주관적 가치평가를 변화시키기 때문이다.

비록 대리인분야의 관리회계연구가 소유주에게 유리한 방향으로 프레이밍효과가 작용하는 것으로 제시하고 있지만 — 예를 들면, 위험에 상응하는 프리미엄을 지급하지 않으면서 대리인으로 하여금 위험을 감수하도록 유도함 — 소유주가 특정한 행동을 유도하기 위하여 프레이밍효과를 활용한다는 것을 대리인이 알게 되는 경우에도 그 효과가 지속될 것인지에 대한 의문은 여전히 남아있다. 한편으로는 Tversky and Kahneman(1986)에서처럼 일부 프레이밍효과가 신중한 의사결정의 결과가 아니라 직관적인 의사결정의 결과이며, 그렇기 때문에 프레이밍에 의해 영향을 받을 것인지 결정할 수 있도록 충분히 투명하게 공개된다면 그 효과는 사라질 것이라고 주장하기도 한다. 또 다른 한편으로는 위험을 회피하는 경향 때문에 발생하는 많은 프레이밍효과는 관리회계의 문헌에 자주 등장하는데 투명한 경우나 신중하게 결정하는 경우를

불문하고 매우 강건하다고 주장한다. Luft(1994)의 실험연구에 참가한 개인들은 경제적으로 동등한 상황이 분명하게 전달되었음에도 벌칙보다는 보너스 인센티브에 대한 선호가 더 강하게 지속되었다.

우리는 프레이밍에 대한 개인적 반응이 서로 이질적인지에 대하여 더 많은 것을 알아야 한다. Kahneman(2003a)은 일부의 사람들은 의사결정대안의 장기적 가치에 근거하여 선택하는 것을 배우는 반면, 다른 사람들은 보상을 포기하거나 받을 것으로 예상할 때 즉각적인 감정에 더 영향을 받는다고 주장한다. 이들 중 후자의 사람들이 프레이밍에 더 강력하게 영향을 받는다.

심리학에 기초하여 프레이밍효과를 다룬 관리회계연구 대부분은 성과표준과 성과급을 준거점을 조작하기 위하여 활용하였다. 그러나 관리회계분야에서는 화폐적 보상을 지금까지 주목을 받지는 않은 다양한 다른 방식으로 프레이밍할 수 있다. 예를 들면, Buchheit(2004)의 실험에서처럼 손익분기점도 준거점으로 작용할 수 있으며 관리회계보고서의 변화(예: 전부원가와 변동원가 또는 다른 원가배부방법의 변화)는 이익이 0인 점으로 보고되는 경제적 성과를 변경시킴으로써 경제적 의사결정을 현저하게 변화시킬 수 있다.

Chapter

04

비화폐적 보상의 가치평가
Valuation of Non-monetary Payoff

Chapter 04

비화폐적 보상의 가치평가 (Valuation of Non-monetary Payoff)

인간들은 가끔 부(wealth) 이외의 다양한 목표를 추구한다. 그 이유는 자존감(self-esteem), 공정성(fairness), 정직성(honesty), 그리고 사회적 정체성(social identity)과 같은 사회심리적 목표에서 보상적 효용을 얻기 때문이다(Camerer, 2006; Della Vigna, 2009). 이러한 목표들을 파악하고 인간들이 이러한 보상과 화폐적 보상을 맞교환(trade-off)하는 과정에서 가치를 어떻게 평가하는가를 이해하는 것은 의사결정을 이해하는 데 중요하다. 최근의 연구들은 관리회계가 개인의 비화폐적 보상에 대한 가치평가에 어떻게 영향을 주고받는지 검증하였다.

이 주제와 관련하여 네 가지의 관점이 관리회계문헌에 반복해서 등장한다. 첫째, 인간은 타인에게 어떻게 보여지는가와 타인과의 비교에 가치를 두고 있으며, 관리회계는 화폐적 보상에 영향을 주는 것과는 별도로 이같은 사회적 현상에 영향을 미침으로써 행동에 영향을 줄 수 있다(사회심리적 동기유발에 관해서는 Gilovich et al. 2006과 Taylor et al. 2006을 참조할 것).

둘째, 공정성(fairness), 정직성(honesty) 및 호혜성(reciprocity)과 같은 사회적 규범은 관리회계가 개인의 행동에 미치는 영향을 파악하는 데 도움이 된다. 그 결과 이 같은 사회적 규범을 고려한 관리회계통제가 단순한 부의 극대화를 가정하여 설계된 인센티브계약과 같은 관리회계통제보다 더 많은 부를 창출할 (또는 불확실성을 줄이면서 동일한 부를 창출할) 수 있다(Evans et al., 2001; Kuang and Moser, 2009).

셋째, 사회적 규범과 사회적 선호의 영향은 배경적 상황에 따라 달라진다. 개인이 화폐적 보상을 희생하는 대신 정직하거나 공정하게 행동할 것인지는 이러한 행동에 대한 안정적인 개인적 선호뿐만 아니라 의사결정상황을 어떻게 해석하는가에 달려있으며(예를 들면, 윤리적 딜레마인가 또는 전략적 상호작용인가?(Rankin et al., 2008)), 타인의 동기유발에 대한 해석에 따라 달라지기도 한다(예를 들면, 제안된 보상금액이 '친절한 호의'에서 비롯된 것인가, 아닌가?(Hannan, 2005)).

넷째, 가끔씩 사회적 규범, 이기심 그리고 관리회계 사이의 복합적인 상호작용이 직관적으로 이해불가능한 결과를 낳기도 한다. 예를 들면, 상급자가 비교적 정확하게 원가에 관한 정보를 갖고 있기 때문에 하급자가 보고할 수 있는 원가의 범위를 한정시킬 수 있는 경우에는 원가에 관한 사적인 정보를 가진 하급자가 해당 원가를 정직하게 보고할 것이라는 것은 직관적으로 가정할 수 있다. 그러나 Hannan et al.(2006)에 따르면 역설적으로 자신들의 상급자가 더욱 정확한 정보를 가지고 있을 때 하급자들은 *덜* 정직해졌다(결과에 대한 설명은 다음을 참조할 것). [도표 4-1]은 이 분야에서 활용되는 관리회계의 구성개념과 심리학적 개념들 사이의 연계를 요약하였다.

| 도표 4-1 | 비화폐적 보상의 가치평가

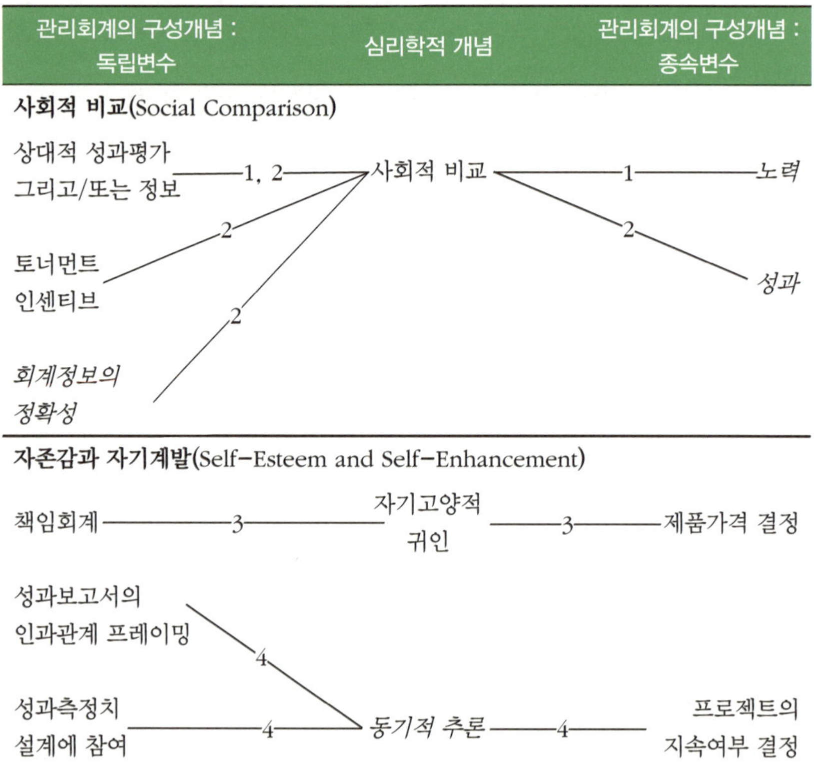

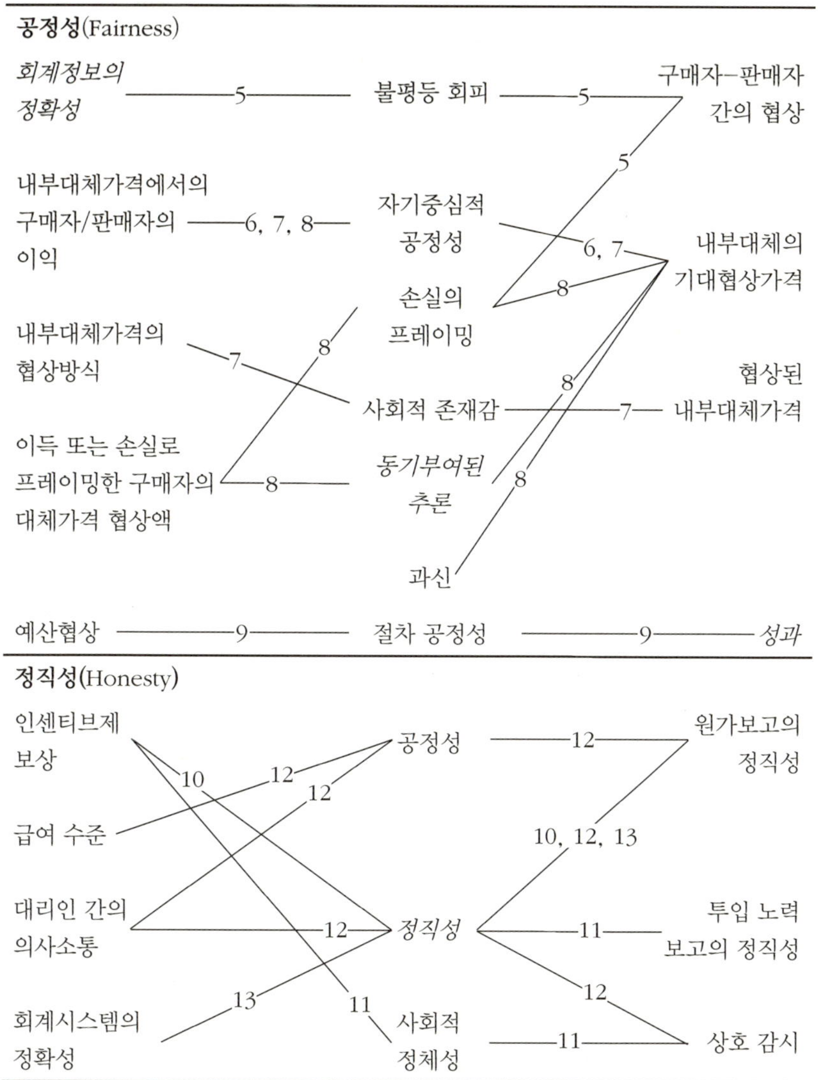
공정성(Fairness)
회계정보의 정확성
불평등 회피
구매자-판매자 간의 협상
5
5
5
내부대체가격에서의 구매자/판매자의 이익
6, 7, 8
자기중심적 공정성
6, 7
내부대체의 기대협상가격
손실의 프레이밍
8
8
내부대체가격의 협상방식
7
사회적 존재감
7
협상된 내부대체가격
8
이득 또는 손실로 프레이밍한 구매자의 대체가격 협상액
8
동기부여된 추론
8
과신
예산협상
9
절차 공정성
9
성과
정직성(Honesty)
인센티브제 보상
10
공정성
12
원가보고의 정직성
급여 수준
12
12
10, 12, 13
대리인 간의 의사소통
12
정직성
11
투입 노력 보고의 정직성
회계시스템의 정확성
13
11
사회적 정체성
12
11
상호 감시

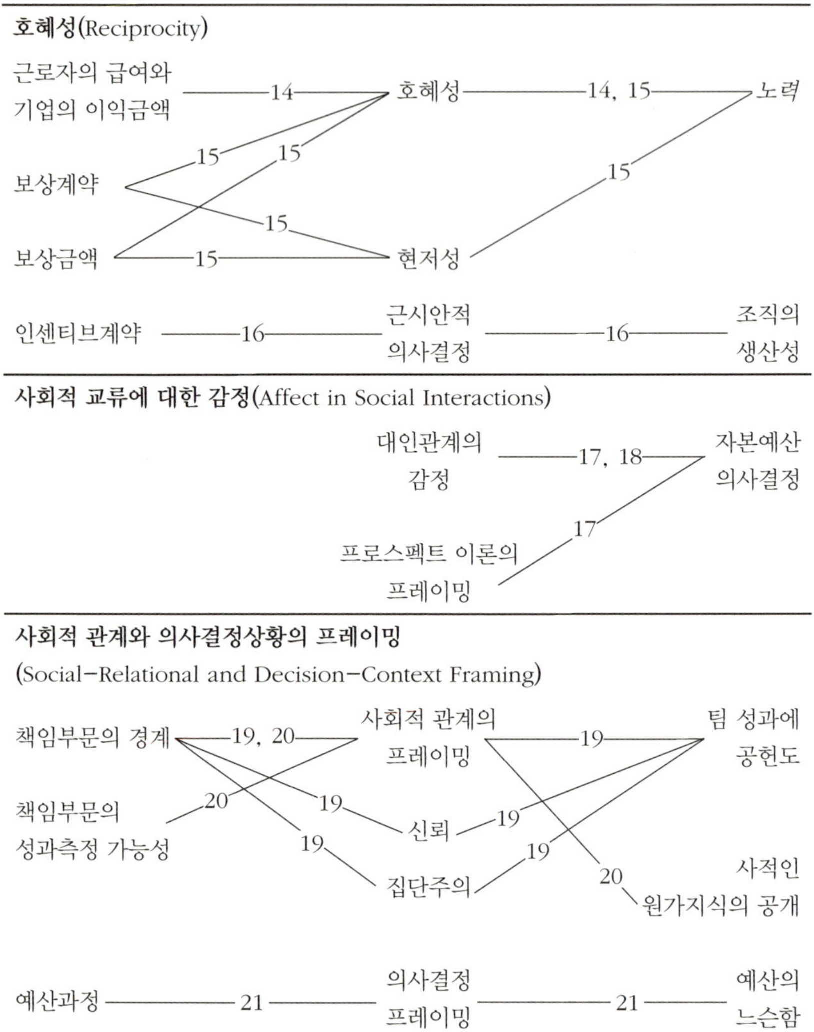

도표를 해석하는 방법에 관한 설명은 앞 장의 [도표 3-1]을 참조할 것.

1. Frederickson(1992)
2. Hannan et al.(2008)
3. Bloomfield and Luft(2005)
4. Tayler(2010)
5. Drake and Haka(2008)
6. Luft and Libby(1997)
7. Kachelmeier and Towry(2002)
8. Chang et al.(2008)

9. Fisher et al.(2002)
10. Evans et al.(2001)
11. Towry(2003)
12. Zhang(2008)
13. Hannan et al.(2006)
14. Hannan(2005)
15. Kuang and Moser(2009)
16. Hales and Williamson(2010)
17. Kida et al.(2001)
18. Moreno et al.(2002)
19. Rowe(2004)
20. Rowe et al.(2008)
21. Rankin et al.(2008)

4.1 사회적 비교(Social Comparison)

사람들은 정확한 자기평가, 자기발전, 능력, 정서 의견 및 성과의 개선과 같은 다양한 목표를 성취하려고 종종 자신들과 타인을 비교하려는 동기부여를 하곤 한다(Taylor et al., 2006; Greenberg et al., 2007). 관리회계는 사회적 비교 정보의 원천이 될 수 있다. 예를 들면, 상대적인 성과에 관한 피드백을 제공하는 것이다. 불리한 사회적 비교를 회피하려는 — 최소한 타인과 비슷한 정도의 성과를 내려는 — 욕구는 화폐적 보상이 동일하다면, 사람들이 노력하게 만드는 매우 중요한 인센티브를 제공할 수 있다.

Frederickson(1992)은 실험실에서 만들어낸 소유주-대리인(principal-agent) 상황에서 대리인이 상대적 성과에 따라 보상을 받을 때 대리인이 선택한 노력을 살펴보는 방법으로 사회적 비교의 효과를 검증하였다. Frederickson(1992)의 실험에서는 대리인이 공통적으로 불확실성을 마주하지만 불확실성의 비중을 대리인별로 서로 다르게 조작하고, 대리인의 행동에 관한 두 가지의 예측을 비교하였다. 첫 번째 예측은 대리인이 부와 노력만을 소중히 평가한다는 가정 아래 대리인들이 처한 공통적인 불확실성(common uncertainty)의 차이는 그들이 선택하는 노력의 투입 수준에 영향을 미치지 않는다는 것이다. 공통적인 불확실성은 계약상의 보상에 영향이 없었다. 그리고 주어진 계약조건, 확률의 분포, 실험실에서 유도된 효용함수 등의 조건하에서 불확실성 수준을 세 가지로 서로 다르게 변화시켜도 대리인이론에 따라 예측된 노력의 투입수준은 동일하다.

사회적 비교이론에 근거한 Frederickson의 두 번째 예측은 공통적 불확실성이 증가하면 대리인이 선택하는 노력의 수준도 높아진다는 것이다. 상대적 성과에 근거한 급여는 경쟁적 행동을 유발하는 동기이고, 불확실성의 증가가 보편적일수록 그리고 특이성이 적을수록 (즉, 대리인이 공통적 환경을 좀 더 공유하고 그들의 성과가 좀 더 비교가능할수록) 상대적인 성과가 더 두드러져 보일 것이다. 이는 대리인이 경쟁을 위해 더 많이 노력하려는 성향을 강화시킬 것으로 예상된다. 실험의 결과는 두 번째 예측과 일치하였다.[01]

Frederickson(1992)의 실험에 참여한 개인들의 행동은 자신들이 투입할 노력의 수준을 결정하고 최종성과가 결정된 후에 성과를 비교한 정보를 받을 것이라는 예상에 따라 영향을 받았다. 관리회계는 최종성과가 확정되기 *이전*에 조직구성원들의 성과가 절대적 그리고/또한 상

01 Frederickson(1992) 역시 대리인이 이익공유계약에 따라 보상을 받는 상황에서 비슷한 예측을 하였다. 대리인들은 상대적 성과에 관한 정보를 받았는데 그들의 급여에 영향을 미치지 않았다. 이익공유계약하에서는 공통적인 불확실성은 대리인이 노력을 투입하는 결정에 중요한 영향을 미치지 않았다.

대적 목표에 얼마나 근접했는가를 알려주는 중간보고서를 제공할 수도 있다. Hannan et al.(2008)의 연구에서는 경제학적 이론과 심리학적 이론에 따라 예측 근거를 개발하였다. 실험의 결과도 성과를 비교한 정보를 중간에 제공한 회계보고서의 영향도 이들 이론의 예측방향과 일치하였다. 이 실험에서 상위 10%의 이익성과를 올리는 참여자들만 보너스를 받는 토너먼트 인센티브제도와 이익공유제도 모두 중간 회계보고서의 영향은 동일하였다.

Hannan et al.(2008)의 실험에서 참여자들은 5기간에 걸쳐 각 기간마다 12번씩 생산계획에 관한 불확실성하의 의사결정을 하는 것이 실험과업이었다. 모든 참여자들은 자신들의 성과(생산계획 의사결정에 따른 이익)에 관한 정보를 각 기간 말에 받았으며, 그들 중 일부는 3번의 의사결정이 끝날 때마다 성과를 비교한 정보를 담은 중간보고서를 받았다. 참여자들이 비교적 어려운 과업을 배우기 위한 노력을 기울이도록 동기유발된 경우에는 실험이 이루어진 60번의 기회에서 성과를 향상시킬 수 있었다.

Hannan et al.(2008)의 연구가설 대부분은 성과를 비교한 정보를 담은 중간보고서가 60번의 기회에 걸쳐 성과향상의 크기에 얼마나 영향을 미치는가에 관한 것이다. 사람들이 단지 부와 여가만을 가치 있게 여긴다고 가정하는 모형은 성과를 비교하는 정보를 담은 중간보고서가 개인적 인센티브(이익공유)계약을 맺은 경우에는 성과가 향상되는 정도에 영향을 미치지 않을 것이라 예측한다. 왜냐하면 성과를 비교한 정보는 개인에 대한 동기를 부여하는 역할을 하는 보상에 적합한 정보가 아니기 때문이다.

이와 반면에 Hannan et al.(2008)의 연구에서 근거가 되는 사회적 비교에 관한 이론은 성과를 비교한 정보를 담은 중간보고는 시간이 흐름에 따라 성과를 더 크게 향상시킬 것이라고 예측하고 있다. 그 이유는 사람들은 자신의 정체성을 잃는 것을 회피하기 위하여 타인과 비교하여 좋은 성과를 내려는 동기를 부여받기 때문이다. 이러한 예측대로 개별적 인센티브계약을 맺은 상황에서는 실험참가자들이 성과를 비교한 정보를 담은 중간보고를 받는 경우에는 받지 않는 경우보다 여러 기간에 걸친 성과가 통계적으로 유의하게 향상되었다.

토너먼트 승부제에 따라 인센티브를 받는 상황에서 성과를 비교한 정보를 담은 중간보고의 효과는 그 정보가 진행되는 토너먼트에서 나의 처지가 어떤가에 대한 개인적 믿음에 영향을 미치는 정도에 따라 달라진다고 심리학과 경제학분야의 이론들이 예측하고 있다. 경제학이론은 토너먼트를 이길 확률이 증가하면, 투입하는 노력에 대한 기대한계이득이 증가하고, 따라서 추가로 노력을 투입할 동기를 부여한다고 예측한다. 마찬가지로 목표설정에 관한 심리학이론(Locke and Latham, 2002)은 성과를 비교한 정보를 받으면 목표에 대한 헌신이 더 생기고 이에 따라 토너먼트에서 승리할 가능성이 비교적 높다는 정보를 받을 때 더 많은 노력을 한다고 예측한다. 성과를 비교한 정보를 제공하여 자신들이 토너먼트에서 이길 확률이 적다는 것을 알 수 있는 경우에는 노력의 수준을 줄이고(극단적인 경우에는 포기하기도 한다), 결과적으로 성과가 감소할 것이라고 경제학이론과 심리학이론들이 모두 예측하고 있다.

Hannan et al.(2008)은 토너먼트식으로 보너스를 지급하는 제도하에서 성과를 비교한 정보를 담은 중간보고의 효과는 회계정보의 정확성(개략적인가 또는 세밀한가)에 따라 달라진다고 예측하였다. 이 실험연구에서 개인은 개략적인 회계정보를 받거나 세밀한 회계정보를 받는다. 개략적인 회계정보란 참가자들이 이전에 과업을 수행한 동료들의 성과와 비교하면 현재까지 자신들의 성과가 상위 또는 하위 50%의 범위 중 어느 범주에 속하는가에 관한 정보를 받는다. 세밀한 회계정보란 참가자들이 이전에 과업을 수행한 동료들의 성과와 비교하여 현재까지 자신들의 성과가 10분위 중 어디에 속하는가에 관한 정보를 받는다(과거의 표본에 비교한 개인의 성과는 현재의 경쟁자와 비교한 성과에 대한 유용한 예측자료라고 가정한다.).

성과를 비교한 정보가 개략적일 때에는 시간이 경과함에 따른 평균적인 성과의 향상에 영향을 미치지 않는다고 Hannan et al.(2008)은 예측하였다. 왜냐하면 개략적인 정보는 실험의 참가자 절반에게 토너먼트 승부에서 이길 확률이 상대적으로 높다고 알려주는 것이다. 따라서 그들의 노력과 성과의 향상은 증가할 것으로 예상되는 반면, 나머지 절반의 참가자들은 자신들의 성과를 비교한 정보를 받는 순간 토너먼트에서 이길 확률이 낮다는 것을 알게 되어 노력을 줄이고 성과의 향상도 줄어들 것으로 예상되기 때문이다. 그러므로 성과향상의 증가와 감소가 상쇄되어 개략적인 정보가 성과의 향상에 미치는 영향은 평균적으로 없는 것이다.

이와 반면에 Hannan et al.(2008)은 성과를 비교한 중간보고정보가 세밀한 경우에는 개략적인 정보를 제공하거나 정보를 전혀 제공하지 않는 경우보다 성과의 향상이 평균적으로 *적을* 것이라고 예측하였다. 왜냐하면 상위 10%에 속하지 않는 참가자들은 토너먼트에서 이길 확률이 충분히 높지 않다고 생각할 것이기 때문이다. 그 결과 노력을 줄이거나 — 목표설정이론(Locke and Latham, 2002)이 예측하고 실험에서 공통적으로 관찰되는 것과 같이 — 성과를 크게 향상시키기 위한 시도의 일환으로 다른 전략을 개발하여 시험해 보기도 한다. 단기 또는 중기의 기간에는 이러한 현상이 이익 성과를 감소시킨다. 그 이유는 시행착오 과정에서 전략을 개발하고 시험하는 데 시간을 소비하고 부적절한 전략이 실행에 옮겨질 가능성 때문이다.

사회적 비교는 이처럼 어느 정도는 회계정보의 비직관적인 영향을 초래할 수 있다. 부와 여가만을 가치 있게 여기는 개인이라면 투입할 노력의 선택에 영향을 미치지 않아야 할 정보(Frederickson(1992)의 연구에서 언급하는 공통적인 불확실성 정보와 Hannan et al.(2008)의 실험에서 주어진 개인의 인센티브와 관련된 성과를 비교한 중간보고 정보)가 실제로 노력의 선택에 *영향을 미친다*. 더욱이 토너먼트식 인센티브계약하에서 성과를 세밀하게 비교한 중간보고서에 포함된 정보가 그랬던 것처럼 '더 나은'(세밀한) 정보는 더 열악한 결과를 초래할 수도 있다.

4.2 자존감과 자기계발(Self-esteem and Self-enhancement)

인간은 잠재적으로 불리한 사회적 비교에 다양한 방식으로 대응할 수 있다. 좀 더 노력하거나(Frederickson, 1992) 새로운 의사결정 전략을 적용하여(Hannan et al., 2008) 실제 성과를 향상시키려고 시도하는 것은 물론, 이미 존재하는 비교된 성과를 높은 수준의 성과라고 판단할 수도 있도록 용인하는(Dunning et al., 1989) 방식으로 — 예를 들면, 선택적으로 동료 집단이나 성과를 정의하여 — 정보를 선택하고 해석하기도 한다. 그래서 자신들의 미래 성과를 향상시키려고 노력할 때, 그리고 자신들이 현재 좋은 성과를 내지 못하고 있다는 것은 인정해야만 하는 상황에서는, 이기심의 한 가지 속성(성과에 기반한 미래의 보상액을 증가시키려는 욕심)이 이기심의 다른 속성(현재의 자존감을 유지하려는 욕심)과 충돌한다.

사회심리학의 귀인이론(attribution theory)에 따르면 현재 성과에 관하여 아전인수식 자기고양적 귀인(self-serving attribution)이 성과가 낮은 이유를 정확히 파악하는 개인적 능력을 제한할 수 있으며, 따라서 성과향상에 장애가 될 수 있다고 한다.[02] 귀인이론에 의하면 개인은 자신들의 성공을 스스로 통제할 수 있는 내적인 요인 탓으로 돌리고, 자신들의 실패는 통제불가능한 외적 요인의 탓으로 돌린다고 한다(Miller and Ross, 1975; Zuckerman, 1979). 이러한 편향은 기존에 자존감이 매우 높고 도전적이고 기술의존적인 과업을 경쟁적인 환경에서 수행하는데 경쟁자들이 동등한 지위에 있을 때 그리고 실패가 자신들의 자아

02 심리학자들은 자기고양적 귀인의 편향과 자신의 성과에 대한 과신이 실제로 (자존감에 대한 욕구에서 초래되는) 동기부여와 (자신과 타인에 관한 정보의 차별적 이용가능성에서 초래되는) 인지에 미치는 영향이 어느 정도인가, 동기부여의 요소가 자존감과 얼마나 관련있는가 그리고 타인에게 주는 인상을 관리하는 것과 얼마나 관련있는가에 관하여 토론을 벌여왔다 (Brown and Rogers, 1991; Metcalfe, 1998; Schlenker and Pontari, 2000). 이 모든 요소들의 상대적인 영향을 정확하게 파악하기는 힘들지만, 일정한 역할을 하는 것으로 보인다.

개념에 심각한 위협을 의미하는 상황에서(Campbell and Sedikides, 1999), 즉 관리회계적 의사결정이 이루어지는 많은 상황에서 특히 두드러지게 나타난다.

Bloomfield and Luft(2006)는 제품원가정보가 불완전하고 이익의 성과가 불확실한 환경의 다양한 요인들 때문이라고 생각될 때 조직 내 책임의 배분이 귀인(attribution)과 학습(learning)에 미치는 영향을 검증하였다. 이 실험에서 모든 참가자들은 경매시장에서의 제품가격을 결정할 책임을 지는 데 얼마나 공격적으로 제품의 가격을 매길지 결정하기 위하여 최근 시작한 원가관리계획의 성공가능성을 판단하여야 한다. 실험참가자들 중 절반에게는 원가관리와 제품가격결정의 책임을 지웠다. 따라서 이들은 원가관리계획을 스스로 선택하여야 한다. 나머지 절반의 실험참가자들은 제품가격결정만 책임지도록 하였고 다른 관리자들이 원가관리계획을 선택하였다고 알렸다. 제품의 원가추정이 불확실하기 때문에 제품이 판매될 경매시장은 승자의 저주(winner's curse)에 빠질 수 있다. 원가를 가장 과소추정하는 판매자가 판매가격을 가장 낮게 설정할 것이다. 따라서 거의 모든 판매계약을 맺겠지만 실제 실현된 원가는 예상보다 매우 높을 것이기 때문에 손실을 보게 될 것이다. 따라서 판매자는 원가추정의 오류를 감안하여 충분히 입찰가격을 부풀려야 할 필요가 있다.

원가를 관리할 책임이 없는 참가자들은 경험에 의해 불완전한 원가정보를 이용하여 제품가격을 더 잘 결정하는 방법을 습득한다. 이들은 실험이 42회차까지 진행되면서 입찰가격을 60% 이상 증가시켜서야 더 이상 손실을 보지 않게 되었다. 이와 반면에, 원가관리 계획까지 선택할 책임이 있었던 참가자들은 입찰가격의 증가 추세를 계속 유지하지 않았으며 손실금액이 통계적으로 유의하였다. 실험 후의 설문지를 통한 조사 결과 이들의 반응은 아전인수식으로 자기고양귀인하는 편향과 일치하였다. 원가관리의 책임을 맡은 판매자들은 자신들이 원가관리 책임이 없는 판매자들보다 더 강력한 원가경쟁력(즉, 낮은 원가의 제품 생산능력)을 보유하고 있다고 잘못 믿고 있었다. 그리고 원가경쟁력에 대한 믿음이 강력할수록 입찰가격을 부풀리지 않았다. 실험의 회차별로 참가자들의 행동을 분석한 결과 원가관리 책임을 지고 있는 판매자들은 손실에도 불구하고 이러한 책임이 없는 판매자들에 비하여 학습이 적었다. 그러므로 이 상황에서 실험참가자들은 *마치* 자신들의 목표가 능력 있는 관리자로서의 자아상을 유지하거나 돋보이도록 하는 것처럼 행동하였다. 그 결과 자신들의 빈약한 성과를 시사하는 이익정보를 충분히 고려하는 것을 막은 것이다.

Tayler(2010)는 개인이 프로젝트와 관련하여 보고된 성과를 해석하는 데에 있어서 책임이 편향된 영향을 미친다는 것을 입증했을 뿐만 아니라 이러한 판단의 편향을 경감시킬 수 있는 성과-정보시스템(performance-information systems)을 구축하는 방법을 검증하였다. 동기적 추론(motivated reasoning)에 관한 이론에 근거하면 사람들은 이익을 증가시키기 위한 의도로 프로젝트를 선택하여야 하는 책임을 지는 경우에는 그러한 선택의 책임을 지지 않는 사람들보다 프로젝트가 더 성공할 것이라고 믿는다고 Tayler(2010)는 예측하였고 그 증거를 보고하였다. 동기적 추론에 관한 이론(Kunda, 1990)에 따르면 특정한 결론(예: 자신들이 훌륭한 프로젝트를 선택하였다는 결론)에 도달하기 위하여 스스로 동기를 부여하는 사람들은 완전히 의식하지 못하는 방식으로 자신들의 인지처리과정(주의, 기억, 증거의 평가 등)을 편향시킨다. 동기적 추론은 Tayler(2010)의 실험에서 책임을 진 개인으로 하여금 균형성과표에 기록된 고객만족(customer-satisfaction)의 측정치에 과다한 가중치를 부여하도록 유도하였다. 이렇게 함으로써 그들은 자신들이 선택한 프로젝트가 성공적으로 보이도록 만들었다. 그리고 고객만족도가 실질적으로 증가하고 그 영향이 발생한다면, 짧은 영업순환주기 때문에 당기의 재무적 성과를 향상시켰어야 한다. 그럼에도 불구하고 실험참가자들은 재무적 측정치에는 과소한 가중치를 부여하여 해당 프로젝트가 더욱 부정적으로 반영되도록 만들었다.

Tayler(2010)는 프로젝트의 성공 가능성의 판단에 적용되는 동기적 추론을 경감시킬 두 가지 제도를 검증하였다. 첫째, 인과관계의 사슬로 표현하거나 특정한 인과관계를 암시하지 않은 채로 네 가지 관점을 제시하는 방식으로 균형성과표의 제시방법을 조작하였다. 인과관계의 사슬로 제시하면 실험의 참가자들로 하여금 고객만족도의 향상이 재무적 성과의 향상으로 이루어져야 하며, 만일 그렇지 않다면 그에 대하여 의문을 제기하여야 한다는 것을 상기시킴으로써 프로젝트의 성공에 관하여 좀 더 회의적으로 만들 것으로 예상된다.

둘째, Tayler(2010)는 실험참가자들이 성과측정치시스템(performance measurement system)의 구축에 참여하는 정도를 조작하였다. 즉, 참가자들이 균형성과표에 사용될 특정한 고객만족 측정치를 직접 선택하거나 타인이 선택한 측정치를 사용하도록 하였다. 인과관계의 표시 *그리고* 성과측정치의 선택에 참가한 경우에만 동기적 추론의 영향을 경감시키는 데 성공할 수 있었다.

Taylor는 두 가지 조건이 동시에 만족되어야 한다고 주장하였다. 왜냐하면 인과관계로 표시하여야 프로젝트의 성공가능성이 떨어진다는 것을 파악하는 데 필요한 인지작용을 촉발시키기 때문이고, 성과측정치의 선택에 참여하여야 이러한 인지작용을 활용하려는 동기가 제공되기 때문이다. 성과측정치시스템을 잘 고려하고 이에 의존하도록 만들고, 자신들이 선택한 프로젝트만을 고려하여 프로젝트가 성공하지 않을 것이라는 성과측정치시스템에서 제공하는 증거를 불충분하게 활용하도록 만드는 동기를 제어하도록 개인에게 동기를 부여함으로써 "불로써 불을 다스리게 (it fights fire with fire)" 된다.

4.3 공정성(Fairness)

앞에서 검토한 이전의 연구들에서 개인은 때로 자신들이 받는 보상(예: 이익)을 타인의 보상과 비교해서 자신들의 성과를 평가하여 이를 향상시키기 위해 노력을 할 것인지 또 어떻게 향상시킬 것인지 결정한다. 다음에 검토할 연구들에서 개인은 실제 혹은 제안된 결과의 공정성 또는 형평성(fairness or equity)을 평가하기 위하여 자신들의 보상과 타인의 보상을 비교한다. 개인들은 불평등한 공헌 때문에 정당화되지 않는 불평등한 보상을 회피하는 경향이 있으며, 이러한 회피성향은 관리회계와 관련된 의사결정에서 중요한 역할을 한다(Kahneman et al., 1986; Luft, 1997).

예를 들면, Drake and Haka(2008)는 불평등의 회피는 구매자-판매자의 협상상황에서 더욱 정확한 원가회계정보의 가치에 영향을 미칠 것이라고 예측하였고, 예측과 일치하는 결과를 발견하였다. 시장에서 거래되고 있는 제품의 다양한 특성의 원가를 파악하게 할 세밀한 정보는 거래에서 발생할 공동의 잉여(surplus)를 잠재적으로 증가시킬 수 있다. 왜냐하면 이러한 정보가 개략적인 (집적된 원가) 정보보다는 구매자와 판매자에게 교환거래를 성사시킬 파레토 최적의 점을 파악할 수 있는 좀 더 나은 기회를 제공하기 때문이다.

그러나 Drake and Haka(2008)는 세밀한 정보를 갖고 있는 협상의 당사자들이 개략적인 정보를 갖고 있는 협상 당사자들보다 정보를 공유하려 들지 않기 때문에 잠재적 기회가 실현되지 않을 때가 종종 있다고 주장한다. 세밀한 정보를 갖고 공격적으로 협상하면 거래의 잉여를 공평하게 나누는 것으로 동의하기보다는 상대방의 유보가격(reservation price)에 근접한 가격을 강요할 수 있는 더 좋은 기회를 잡을 수 있다. 이러한 주장과 일치하는 증거를 Drake and Haka(2008)가 실험에서 제공하였다. 이 실험에서 세밀한 정보를 공유한 참가자들은 개략적인 정보를 공유한 참가자들보다 잠재적으로 발생할 공동의 잉여 중 더 많은 부분을 차지하는 데 성공하였다. 그러나 세밀한 정보를 공유하는 일은 개략적인 정보를 공유하는 경우보다 자주 발생하지 않았는데, 그 이유는 세밀한 정보를 소유한 참가자들이 불평등한 결과가 발생할 가능성을 더 많이 걱정하였기 때문이었다.[03]

03 실험실실험의 '시장의 압력(market pressure)' 조건에서 협상당사자들이 이득보다는 손실이 전망되는 상황에 직면하고는 정보를 공유하는 위험을 무릅쓰려는 의지를 강화시키는 것은

공정성 또는 형평성에 대한 우려가 관리회계와 관련된 의사결정에서 차지하는 역할은 복합적이다. 그 이유는 공정하다는 것이 애매모호한 용어이기 때문이다. 개인은 종종 공동의 잉여를 어떻게 분배할 것인지에 관하여 *개략적으로* — 균등하게 혹은 차등적으로 공헌한 비율에 따라 — 합의하곤 하지만 여기서 개략적(approxinations)이 뜻하는 바는 조금씩 다를 가능성이 많다. 예를 들면, 판매가가 공정하다고 정의한 가격이 구매자가 공정하다고 정의한 가격보다 높을 가능성도 있다. 이는 '공정한 가격'이 거래에 따른 잉여를 똑같이 나누는 가격에 근접한 경우에도 그러하다(Luft and Libby, 1997). 마찬가지로 공동작업에 투입하는 시간이 다른 경우에 더 많은 시간을 투입하는 사람이 더 많은 보상을 받는 것이 공정하다는 것에 동의하는 경향이 있다. 그러나 실제로 더 많이 일한 사람들은 더 적게 일한 사람보다 보상액의 차이가 더 많이 나기를 기대한다(Messick and Sentis, 1979).

이렇게 공정성에 관한 자기중심적인 정의는 이기적으로 보이지만 종종 경제적 이해에 불리하게 작용하는 경우가 있다. 자신의 이기심을 공정하다고 정의하면 다른 사람들이 *그들 나름*의(서로 다른) 이기심을 공정하다고 정의할 것이라는 것을 알아차리는 데 방해가 된다. 이러한 자기중심주의는 다른 사람들이 무엇을 할지에 대한 예측을 왜곡시키고 경제적 상황에서 값비싼 의사결정의 오류를 초래하게 된다.[04] Thompson

---

프로스펙트이론과 일치한다.

04 공정성(fairness)에 대한 자기중심적 정의가 어느 정도나 신중하게 고려한 것인지는 불분명하다. 이러한 자기중심주의가 개인의 경제적 이기심에 부정적 영향을 미치는 것은 사람들이 자신들이 내린 정의가 얼마나 편향되어 있는지 자각하지 못하기 때문이거나, 편향된 것을 자각하기는 하지만 그것이 가져올 경제적으로 부정적인 결과를 자각하지 못하거나, 또는 자신들

and Loewenstein(1992)은 자기중심적으로 편향되어 있는 공정성에 대한 정의 때문에 협상의 교착상태라는 비싼 대가를 치른다는 증거를 제시하였다. 협상에 적합한 정보의 복잡성이 증가할수록 자기중심적 편향성(egocentric bias)의 크기(예: 서로 상반된 이해관계를 가진 사람들의 공정성에 대한 판단의 차이)가 커진다. 그 이유는 복합적인 정보일수록 무엇이 공정한 결과를 구성하는가에 대하여 달리 (자기중심적으로) 해석할 여지를 더 많이 제공하기 때문이다.

Luft and Libby(1997)는 자기중심적인 공정성의 정의가 협상을 통해 결정되는 대체가격의 기대치에 미치는 영향에 대한 증거를 수집하였다. 구매자와 판매자 모두 외부의 시장과 자유롭게 거래할 수 있는 실험상황에서 판매자와 구매자가 (협상 상대방과 비교한 자신들의 이익이 어떤지보다는) 자신들의 이익의 크기만을 소중하게 생각한다면 내부거래를 하는 경우에 절약할 거래비용을 조정한 후의 시장가격 이외의 다른 가격으로 대체가격을 정할 아무런 이유가 없다.

그러나 Luft and Libby(1997)는 이익을 개략적으로 동등하게 나누어 차지하는 것이라고 정의된 공정성의 개념에 영향을 받는 관리자들은 Bolton(1991)의 공정성의 행동경제학적 정의와 일치하고 내부거래로부터의 이익을 똑같이 나누어 갖는다는 관리자의 신념에 관한 Eccles(1985)의 현장조사연구에서 발견한 증거와 일치하는 행동을 보일 것이라고 예측하였다. 결과적으로 관리자들은 내부대체가격이 시장가격뿐만 아니라 구매자와 판매자에게 균등한 이익을 제공하는 가격에

이 선호하는 정의를 고수하기 위하여 그러한 결과를 의도하기 때문일 것이다.

의해서도 영향을 받을 것으로 기대한다. 그러나 공정성의 정의가 자기중심적이라면, 이러한 잠재적으로 설정된 이러한 두 개의 준거값(시장가격과 이익을 반분하는 가격)이 각각 자신들의 협상대체가격에 미치는 영향이 *어느 정도*나 될지에 대하여 구매자와 판매자는 서로 다른 기대치를 갖게 될 것이다.

Luft and Libby(1997)는 이러한 예측을 실험적으로 검증하기 위하여 한 쌍의 내부대체가격에 관한 시나리오를 중견관리자들에게 제공하였다. 첫 번째 시나리오에서는 구매자와 판매자에게 이익을 동일하게 제공하는 시장가격으로 대체가격을 설정하였고, 다른 시나리오에 따르면 판매자에게 더 많은 이익을 제공하는 시장가격에 맞추어 대체가격을 설정하였다. 실험참가자들에게는 무작위로 구매자 또는 판매자의 역할이 맡겨졌으며, 유보가격과 최종협상 대체가격에 대한 판매자의 예상을 적어내도록 하였다. 예측한 대로 동등한 이익을 제공하지 않는 시장가격에서는 유보가격과 최종가격에 대한 기대값과 시장가격의 격차는 더욱 벌어졌다. 이는 공성성의 효과를 시사하는 결과이다. 그러나 구매자의 경우 판매자의 유보가격을 유의하게 저평가하였으며, 판매자보다도 최종대체가격을 더 낮게 예상하였다. 구매자와 판매자의 예상이 이처럼 차이가 나는 것은 공정성에 대한 자기중심적 정의와 일치하는 것으로 협상의 비용을 증가시킬 수 있는 잠재적 요소이다.

Kachelmeier and Towry(2002)는 Luft and Libby(1997)의 연구를 확장시켰는데 실험설계에 네 가지 변화를 주어서 되풀이하였다. 즉, 실험참가자들은 중간관리자들이 아닌 학생들이었으며 그들은 기대치를 적어내는 것만이 아니라 협상을 끝까지 진행하였다. 또한 한 번만 협상을 하는 것이 아니고 반복하였다. 참가자들에세는 무보수로 자원하는 것이 아니라 협상의 결과에 따른 이익의 크기에 따라 보상을 지급하였다. Kachelmeier and Towry(2002)의 연구는 부를 극대화하려는 인센티브가 공정성에 대한 기대를 결국에는 압도하고 만다는 이전의 실험결과(Franciosi et al., 1995)가 일정 부분 동기를 유발하였다. 이전의 연구에 의한 결과는 의사소통이 제한된 익명의 실험실 시장에서 얻어진 것이라서 실제 대체가격협상의 다양한 속성을 반영하지 못했기 때문에 Kachelmeier and Towry(2002)는 협상의 방식이 미치는 영향을 검증하였다.

사회심리학이론에 근거하여 시장가격과 대체가격의 차이가 지속되는가는 협상의 방식, 특히 경매입찰, 요구 그리고 수락만이 가능한 익명의 전산화된 협상인가 아니면 무제한적인 의사소통이 이루어지는 대면협상인가에 따라 결정될 것이라고 예측하였다. 이러한 방식은 사회적 존재를 표시하는 연속선상의 양 극단에 위치하는데 다른 협상방식은 협상당사자들에게 다른 사회적 압력을 행사한다(Bazerman et al., 2000). 익명의 전산화된 협상방식에 비해 대면협상은 협상당사자들이 좀 더 동등하게 이익을 나누도록 선호하는 현상을 증가시킬 것으로 예측된다. 왜냐하면 대면협상방식은 협상의 상대방과 정체성의 동질감(Kachelmeier and Towry(2002)는 인간화(humanization)라고 지칭하였다.)을 증대시키며 설득력 있는 의사소통의 기회를 제공하는 반면, 전산화된 시장의 협상방식은 그렇지 못하기 때문이다.

Kachelmeier and Towry(2002)의 실험에서 초기에는 참가자들의 대체가격결정에 대한 기대치는 Luft and Libby(1997)의 실험참가자들의 기대치와 매우 비슷하였다. 그러나 Kachelmeier and Towry(2002)가 예상한 대로 전산화되어 의사소통을 제한한 협상방식이 적용된 경우 실제 협상된 대체가격은 빠르게 시장가격으로 수렴되었다. 반면에 대면협상방식이 적용된 경우 대체가격은 지속적으로 시장가격과 차이를 벌려 이익을 동일하게 양분하는 가격에 접근하여 갔다.

상대적인 보상에 관한 우려를 갖고 있는 협상당사자의 행동은 프로스펙트이론의 프레이밍효과로 추가적인 변동성을 설명할 수 있다. Drake and Haka(2008)의 연구에서 손실로 프레이밍된 경우('시장의 압력'의 상황), 정보의 공유가 더욱 촉진되었고 그 결과 정보가 얼마나 세밀한가에 관계없이 거래에 따른 이익이 증가하였다. 정보를 공유하는 것은 위험하다. 왜냐하면 협상당사자들은 상대방이 얼마나 공격적으로 정보공유의 이점을 활용할지 알 수 없기 때문이다. 그리고 손실로 프레이밍된 경우 위험추구경향을 증가시킨다.

반면에 Luft and Libby(1997)의 연구에 기초하여 대체가격에 관한 실험을 수행한 Chang et al.(2008)의 연구에서는 손실로 프레이밍한 것이 협상에 임하는 협조적인 태도를 *적게* 유도하였다. Drake and Haka(2008)의 실험과는 달리 Chang et al.(2008)의 실험에서는 정보를 추가로 공유하여도 공동의 잉여를 증대시킬 가능성이 전혀 없었다. 이러한 상황에서 위험회피성향(Kahneman and Tversky, 2000)을 보이는 협상당사자는 이득을 취하기보다는 손실을 피하기 위하여 한층 더 노력하게 된다(Neale and Bazerman, 1985). 동기적 추론(Kunda, 1990)과 협상당사자의 과신(Neale and Bazerman, 1985)에 관한 연구에 따르면 협상당사자들도 자신들의 협상상대방이 이러한 손실상황에서 더욱 열심히 협상하려는 경향을 과소평가할 것이라고 예측한다. Chang et al.(2008)은 이러한 이론과 일치하는 결과를 제시하고 있다. 즉, 협상의 목표를 이득보다는 손실로 프레이밍하였을 때 구매자와 판매자 사이에서 자기중심적 공정성 때문에 만들어지는 최종가격에 대한 '기대 차이(expectation gap)'가 더 커진다는 것이다.[05]

대체가격을 이용한 연구가 검증한 결과에서의 공정성(분배적 공정성(distributive justice))에 더하여, 개인은 종종 과정에서의 공정성 또는 절차적 공정성을 고려하며 화폐적 보상을 포기하고 절차적 공정성이라고 간주하는 것을 유지하려 든다(Greenberg, 1990b). Fisher et al.(2002a)은 절차적 공정성에 대한 고려가 예산과정에서의 협상에 어떤 영향을 미치는지를 실험을 통해 검증하였다. 그들의 실험에서 하급자에 대한 보상은 예산의 목표 대비 생산가능한 액수에 따라 달라지고, 상급자에 대한 보상은 생산량과 하급자에 지급하기로 동의한 금액에 따라 달라진다. Fisher et al.(2002a)은 상급자들이 하급자와 예산협상에 동의하지 못하고 협상에 진전이 없어 일방적으로 예산을 강제할 때에 하급자들은 절차적 공정성이 훼손되었다고 믿을 것이라고 예측하였다. 그래서 하급자들은 성과를 낮추어 기업의 이익을 줄이고 따라서 상급자의 보상액을 줄임으로써 상급자들의 훼손행위를 벌한다. 하급자의 보상

05 Chang et al.(2008)의 연구에서도 협상의 상대방이 자신만의 이익을 극대화시키는 데에 관심을 갖는가 또는 타인에 대한 염려(concern)를 표시하는가에 대한 지표를 조작하였다. 타인에 대한 염려와 호혜성의 개념에 기초한 Chang et al.(2008)의 연구는 협상의 당사자들 중 한편이 (자신만의 이익을 우선적으로 극대화시키기보다는) 협상상대방에 대한 염려를 표시할 때에는 협상당사자들이 시장가격과는 매우 다르며 이익을 동일하게 배분하는 대체가격에 합의할 것이라 예측하였고, 협상상대방도 호혜적이 되어 공통 이익을 대략 반씩 나누는 것에 동의하기에 이른다는 연구결과는 이러한 예측과 일치하였다.

금액 또한 줄어들지만, 그들은 불공정하다고 간주하는 상급자의 행동을 벌하기 위하여 이러한 비용의 발생을 감수하려 든다. Fisher et al.(2002a)의 실험 결과는 이러한 예측을 지지하였다.[06]

4.4 정직성(Honesty)

관리회계통제시스템은 조직 내 많은 구성원들에 의한 사적 정보의 소통에 의존하고 있다. 예를 들면, 고객들과 가까이 교류하는 판매사원들이 예측한 매출액 또는 복수의 활동 집합별로 개인의 보상액을 배분하기 위한 기초자료로 활용되는 다양한 활동에 개인이 소비한 시간의 추정 등이 있다. 노력과 마찬가지로, 정직한 소통은 관리회계시스템의 일부인 화폐적 인센티브에 의하여 최소한 어느 정도까지는 유도될 수 있다. 그러나 불완전한 정보, 점차 다르게 부여되는 동기, 그리고 정직성에 대한 선호가 없는 세상에서는 완전히 정직한 소통이란 지나치게 비싼 비용을 요구하기 때문에 화폐적 인센티브를 이용하여 유도하기 힘들다. 그러나 사람들이 정직성을 가치 있게 평가한다면, 사적인 정보를 정직하게 보고하는 것이 자신들의 화폐적 보상을 극대화하지 않을지라도 그렇게 할 수도 있다.

06 이 연구는 예산절차를 연속적으로 다룬 연구(Fisher et al., 2000, 2002a, 2002b, 2006)들 중의 하나이다. 이 세 연구에서 나타난 연구결과의 대부분은 동일한 방향성을 갖는 예측을 지지하는 경제학적 이론과 심리학적 이론으로 설명할 수 있다. 따라서 그 연구들은 이 논문에서는 검토하지 않기로 한다. 이 논문은 심리학이 관리회계의 이해에 추가적으로 공헌하는 내용에 초점을 맞추기로 한다.

관리회계통제시스템에 관한 여러 연구들은 개인의 정직성에 대한 선호와 이러한 선호에 영향을 미치는 것으로 보이는 상황적 요인이 인센티브계약(특히, 예산)에 미치는 영향을 살펴보았다. Evans et al.(2001)은 소유주-대리인모형의 예산활동의 상황을 설정한 실험에서 대리인의 역할을 맡은 참가자들이 화폐적 보상을 희생하면서도(보상액이 높은 조건에서는 거의 300달러까지 포기하고) 자신들의 사적인 원가정보를 정직하게 보고한다는 증거를 제시하였다. 낮은 보상조건과 높은 보상조건에서 화폐적 보상의 차이를 다섯 배로 증가시켰음에도 정직한 보상의 분포에는 거의 아무런 영향을 미치지 않았다. 두 조건 모두에서 보고서의 1/4 정도는 완전히 정직한 보고였고, 약 1/4은 정보의 왜곡을 이용하여 화폐적 보상을 극대화하였다. 나머지 1/2은 자신들의 사적인 정보를 일부 왜곡하였지만 화폐적 보상을 극대화할 만큼 충분히 왜곡하지는 않았다. 이처럼 대리인들의 행동이 이질적인 결과에 비추어 볼 때, 대리인들 사이의 정직성을 어느 정도 가정하는 인센티브계약이 대리인들이 한결같이 부정직하다고 가정하는 계약에 비하여 소유주를 위하여 평균적으로 더 많은 이익을 창출한다.

Evans et al.(2001)의 연구 역시 인센티브계약이 소유주와 대리인 사이에 보상을 불평등하게 분배하는 경우에는 보고서의 정직성이 낮아진다는 것을 발견하였다. 그들의 연구에서 이러한 결과를 예측하지는 못하였지만 인지된 불평등에 따라 부정직성이 증가한다는 견해(Greenberg, 1987, 1990a; Murphy, 1992)와 일치하는 증거이다. 이후의 연구에서는 개인들이 화폐적 보상을 희생하더라도 정직하게 보고하려는 의지가 안정적인 개인적 특성이 아니라 다양한 상황에 의하여 영향을 받는다는 증거를 추가로 제공하였다.

Towry(2003)의 실험에서는 작업 팀에 제공한 두 가지의 인센티브 보상계획을 비교하였는데, 보상계획에는 독특한 내쉬 균형전략(Nash equilibrium strategy)이 동일하게 적용되었다. 이 전략에 따르면 대리인은 자신의 노력과 동료들의 노력을 정직하게 보고(즉, 서로 감시하는 활동에 참여)하는 것이다. 첫 번째 보상계획에 따르면 같은 작업 팀에 속한 대리인들은 서로 감시한 내용을 정직하게 보고하는 것보다는 소유주에 맞서서 담합하여 한 통속이 되는 것이 더 많은 보상을 받을 수 있다. 그러나 담합하는 것은 내쉬 균형전략이 아니어서 같은 작업 팀에 속한 대리인들이 화폐적 보상만을 중시하는 경우에는 계속 유지될 수 없다. Towry(2003)의 실험에서 사회적 정체성을 강력하게 유도한 실험집단은 미약한 사회적 정체성을 유도한 실험집단보다 소유주에 맞선 담합을 더 많이 하였다. 동일한 내쉬 균형이 적용되지만 담합을 하기 위하여 비균형점 전략을 채택하는 것에 대하여 보상이 주어지지 않는 실험조건하에서는 사회적 정체성의 부정적 효과가 나타나지 않았다.

Zhang(2008)은 사람들은 보상이 공정하다고 믿을 때 더 정직하게 보고할 것이라는 Evans et al.(2001)이 자신들의 실험 후에 제시한 주장을 검증하였다. 이를 위하여 Zhang(2008)은 Towry(2003)의 상호감시 상황을 적용하였다. 사람들이 불공정한 취급을 받고 있다고 믿을 때, 그들은 정직하게 보고하지 않는 것을 이른바 불공정한 대접을 수정하는 수단으로 합리화한다(Greenberg, 1987, 1990a; Murphy, 1992).

Towry(2003)의 연구에서와 마찬가지로 Zhang(2008)의 실험에서도 Ma(1988)가 제시한 경제학적 모형을 원용하였다. 잘 설계된 상호감시

혹은 동료감시시스템은 부를 극대화하려는 대리인들로 하여금 자신과 동료들에 대한 정보를 정직하게 보고할 동기를 부여한다. 그러나 사회심리학의 이론은 관리자들이 동료들의 부정직함이나 태만함을 보고하면 화폐적 보상이 제공될 때에도 이러한 보고를 주저할 수도 있다고 예측한다. 경제학과 사회심리학의 이론에 따르면 이러한 주저함(reluctance)의 크기는 대리인들끼리의 의사소통과 소유주에 의하여 공정하게 취급받았는가에 대한 믿음에 따라 달라진다고 한다. 경제학과 사회심리학분야의 수다에 관한 실험연구는 대리인들 간의 의사소통이 활발해질수록 구속력이 없는 의사소통이 대리인으로 하여금 더 자주 담합하도록 이끌 수 있다는 것을 알아내었다(Zhang, 2008을 참조할 것). 더구나 사회심리학분야의 연구는 사람들이 불공정한 취급을 받았다고 믿을 때 그들끼리의 의사소통이 불공정성에 대한 감정을 강화시키고(Folger and Kass, 2000; Lind et al., 1998), 이는 다시 성공적인 담합의 가능성을 증가시킨다.

Zhang(2008)의 실험에서 실험참가자들은 무작위로 소유주 또는 대리인의 역할을 맡았으며 각 기업은 한 명의 소유주와 두 명의 대리인으로 구성되었다. 첫 번째 실험조건에서는 대리인이 소유주와 의사소통할 수 있을 뿐만 아니라 대리인끼리 서로 의사소통할 수 있었으며, 두 번째 실험조건에서는 의사소통이 금지되었다. 소유주는 대리인에게 많은 임금을 줄지, 적은 임금을 줄지 결정하도록 하였다. 예상대로 대리인들은 낮은 임금을 높은 임금보다 덜 공정하다고 여긴다는 것이 실험 후에 회수한 조작확인 설문에서 확인되었다. 대리인들은 자신들의 제조원가에 관한 정보를 전달받아 이를 (정직하게 또는 그렇지 않게) 소유주에게 보고한다. 각 대리인은 다른 대리인의 제품원가를 알고 있으며 다른 대리인이 원가를 왜곡하여 보고하였는지를 소유주에게 보고할 수 있다. 소유주들과 대리인들 사이의 상호작용은 익명으로 진행되었으며 소유주와 대리인은 매 회계기간마다 다시 조합을 이루었지만 대리인들 사이의 의사소통조건은 동일하게 유지되었다. 대리인은 자신들의 임금을 알고 난 후 원가정보를 소유주에게 보고하기 전에 다른 대리인에게 메시지를 보낼 수 있었다. 예상한 대로 대리인들이 소유주가 공정하다고 믿는 경우에는 더욱 정직하게 보고하였고, 대리인들이 의사소통할 기회가 더 많은 경우에는 불공정한(적은 임금을 지급하는) 소유주에 대항하여 담합을 더 많이 하였다. 소유주가 공정하다고 대리인들이 믿을 때에는 대리인들 간의 의사소통이 정직성이나 담합에 영향을 미치지 않았다.

Zhang(2008)의 실험에서 관리회계통제시스템의 요소(임금의 수준과 대리인 간의 의사소통)는 보고의 정직성을 감소시켰다. Hannan et al.(2006)의 실험에서는 관리회계통제시스템이 더욱 복합적이고 역설적인 방식으로 정직성에 영향을 미쳤다. Hannan et al.(2006)은 관리회계정보가 더욱 정확할 때 화폐적 보상, 정직성, 그리고 외관상 정직성 사이의 복합적인 맞교환 때문에 사람들이 덜 정직해질 수 있다는 이론적 주장과 실험적 증거를 제시하였다.

Hannan et al.(2006)은 사람들이 화폐적 보상뿐만 아니라 정직성을 가치 있게 여긴다는 가정에서 출발한다. 사회심리학이론에서 예측(Fiske and Taylor, 2008)하는 바와 같이 다른 사람들도 정직성을 가치 있게 평가한다면 그리고 자신들에 대하여 다른 사람들이 어떤 생각을 갖고 있는가를 중시한다면, 사람들은 사실상 정직하다는 것을 사적으로 아는 것뿐만 아니라 타인에게 정직하게 *보이는* 것을 중시할 가능성이 높다. 정직하게 보이는 것의 효용은 앞으로 다른 사람과의 거래에서 화폐적 보상을 발생시킬 가능성을 증대시키는 등의 외생적 효용뿐만 아니라 사회적으로 승인받는 것과 연관되어 있는 자존감과 같은 내생적 효용까지도 포함한다. 이러한 자존감은 정직성과 같은 사회적 규범을 고수함으로써 경제적 효익이 없을 때에도 생길 수도 있다(Leary and Kowalski, 1990; Leary et al., 2003; Schlenker and Pontari, 2000). Hannan et al.(2006)은 외생적 효용에 대한 관리자들의 선호에는 반박의 여지가 없으며 검증할 필요가 없다고 가정하였다. 그래서 외생적 효용을 일정하게 0으로 고정시킨 채 정직하게 보이도록 취하는 행동이 내생적 효용에 의하여 주도되는 실험실상황을 이용하였다.

Hannan et al.(2006)의 실험에서 참가자들은 제품의 원가에 관한 사적인 정보를 갖고 있는 관리자의 역할을 맡거나 제품을 제조하여 돈을 버는 (수익에서 관리자가 보고한 원가를 차감하여) 소유주의 역할을 맡았다. 소유주는 정보시스템을 갖고 있지 않거나, 개략적인 정보시스템을 보유하거나, 정확한 정보시스템을 보유하고 있다. 정보시스템을 보유하고 있지 않은 실험조건에서는 제품원가의 사전적 확률분포(단위당 4~6리라 사이에서 균일하게 분포)만을 알고 있다. 소유주는 개략적인 정보시스템을 통하여 제품원가가 70%의 확률로 특정한 1/2리라 구간(예를 들면, 4.00~4.50리라)에 존재하고 나머지 30%의 확률로 이 밖의 4~6리라 구간의 어디인가에 균일하게 분포한다는 정보를 받게 된다. 세밀한 정보시스템을 가진 소유주는 이와 유사한 정보를 받기는 하지만 제품원가가 70%의 확률로 1/2이 아니라 특정한 1/4리라 구간(예를 들면, 4.00~4.25리라)에 존재한다는 정보를 받는 것이 다르다. 반면에 관리자들은 그들의 소유주가 (받지 않을 수도 있지만 만일 받는다면) 받는 정보 외에도 정확한 제품의 원가를 알고 있다. 이 상태에서 소유주에게 원가를 보고하고 실제원가와 보고된 원가의 차액은 자신들이 챙길 수 있다(소유주는 '지나치게 높은' 것처럼 보이는 원가를 담은 보고서를 거절할 수 없다.). 한 회계기간이 끝나면 소유주와 관리자들은 다시 조합을 찾는다. 따라서 이전에 정직해 보이는 보고서를 소유자에게 제출하였더라도 미래 회계기간에 그 소유자로부터 외생적 효용을 기대할 수 없게 된다.

Hannan et al.(2008)은 관리자들이 외관상 정직해 보이는 사회적 승인을 추구하기 위하여 소유주가 보유하고 있는 정보시스템으로부터 받는 정보와 일치하는 원가를 보고하는 경향이 있을 것이라 예측하였고 또 그러한 증거를 발견하였다. 소유주가 정보시스템을 보유하고 있지 않을 때 관리자들은 더 높은 원가(덜 정직함을 의미)를 보고하였다. 인과관계적 직관을 따르면 소유주의 정보시스템이 더 정확해짐에 따라 (정보시스템이 없는 경우에 정확성이 가장 낮고, 개략적인 정보시스템에서는 정확성이 중간이며, 정확한 정보시스템에서 정확성이 가장 높다.) 정직한 보고가 점차 증가할 것으로 생각되지만, Hannan et al.(2008)은 항상 그렇지만은 아닐 것이라고 주장하고 개략적인 정보시스템과 정밀한 정보시스템의 영향에 관하여 방향성을 가진 두 개의 대립적인 예측을 하였다. 그런데 그 영향은 외관상의 정직성에 대하여 관리자들이 부여하는 가치의 정확한 크기에 따라 달라진다. 이러한 영향에 대한 신뢰할 정도로 사전에 예측할 근거가 거의 없기 때문에

Hannan et al.(2008)은 두 개의 예측 중 어느 하나를 사전에 선택하지는 않았다.

대립적인 방향의 예측이 어떻게 만들어졌는지를 이해하기 위해서 원가가 4.0리라라는 사적인 정보를 가진 관리자를 생각해 보자. 이 관리자가 화폐적 보상을 가치 있게 여기지만 (정직함 또는) 정직해 보이는 것에 가치를 두지 않는다면 6.0리라로 원가를 보고할 것이다. 개략적인 정보시스템이라면 제품의 원가가 4.0과 4.5리라 사이에 있다는 것을 알려 줄 것이고 관리자가 외관상 정직성을 유지하면서도 보고할 수 있는 가장 높은 원가는 4.5리라가 되어 1.5리라(6.0−4.5)의 잠재적인 정보지대(information rent)만큼 희생을 해야 한다. 그러나 소유주가 정확한 정보시스템을 보유하고 있다면, 관리자는 낮은 가격(4.25리라)을 보고하여야만 하고 정직해 보이기 위해서는 더 많은 잠재적 정보지대(6.0−4.25=1.75)를 희생하여야 한다.

소유주가 정밀한 정보시스템을 보유하고 있을 때, 관리자가 외관상 정직성에 충분한 가치를 부여한다면 정보지대를 추가로 희생할 각오가 되어 있어서 낮은 원가를 보고할 것이다. 그러나 외관상 정직성에 다소 낮은 가치를 부여한다면, 잃어버린 정보지대를 보상하기에 충분하지 않을 것이다. 그리고 관리자들이 외관상 정직성을 유지하는 것이 지나치게 비싸다고 결정하고 나면, 제품원가의 최대값(6.0리라)을 보고하지 않을 이유가 없어진다. 따라서 외관상 정직성의 가치가 중간 정도에 불과하다면, 정밀한 정보시스템은 개략적인 정보시스템보다 정직하게 보고하는 것을 *줄일* 것이다.

이 실험의 결과는 관리자가 중간 정도의 가치를 외관상 정직성에 부여할 경우의 예측과 일치하였다. 소유주가 개략적인 정보시스템을 보유하고 있을 때에는 96%의 관리자들이 소유주의 원가정보 범위 내에서 보고함으로써 외관상 정직성을 선택하였다. 그러나 소유주가 정밀한 정보시스템을 보유하고 있을 때에는 69%의 관리자들만이 이러한 외관상 정직성을 유지하는 전략을 채택하였다. 더구나 정밀한 정보시스템 조건에서는 소유주의 정보에 따른 원가범위 이외에 원가를 보고한 대부분의 관리자들이 부를 극대화하는 원가보고서(6.00리라를 보고)에서 0.05리라의 차이 내에서 원가를 보고하였다. 이러한 결과는 관리자들이 외관상 정직성에 중간 정도의 가치를 부여한다는 상황을 가정한 Hannan et al.(2008)의 예측과 일치하는 것이다.

4.5 호혜성(Reciprocity)

앞의 절에서 검토한 연구들에 따르면 사람들은 때때로 사적인 정보를 조직 내 관리회계통제시스템이 화폐적 보상을 통하여 유도하는 것보다 더 정직하게 교환한다는 것을 의미한다. 마찬가지로 사람들은 때때로 관리회계통제시스템이 감시(monitoring)와 화폐적 보상을 통하여 강제하는 것보다 더 비싼 대가를 치르면서 노력을 한다. 보상에 관한 행동경제학의 연구들은 공정성에 관한 심리학적 이론과 선물교환(gift exchange)에 관한 인류학적 이론을 바탕으로 이처럼 과도하게 투입하는 노력을 설명하기 위하여 호혜성(reciprocity) 또는 선물의 교환에 관한 이론을 탐구하였다(Akerlof, 1982; Rabin, 1993; Fehr and Falk,

2002).

이들 이론에 따르면 근로자들은 노동시장에서 요구하는 것보다 높은 임금을 제시하는 기업은 고가의 선물(gift) 또는 친절을 제공하는 것이라 생각하며, 근로자들은 자발적인 노력을 추가로 제공함으로써 — 값비싼 선물 또는 친절로 답례하여 — 호혜적 보답을 한다. 이러한 호혜적 보답을 하지 않는다는 것은 불공정하다고 간주된다(Rabin, 1993). 역으로, 기업이 노동시장의 열악한 상황을 이용하여 낮은 임금을 제시한다면 근로자들은 이러한 '불공정한' 취급에 대하여 노력의 수준을 줄임으로써 보답한다. 호혜성 또는 선물교환은 타인과의 상호교류를 한다는 예상 또는 타인으로부터 얻을 미래의 효익에 대한 예상에 따라 달라지지 않는다. 오히려 호혜성이론은 이러한 행동이 값비싼 대가를 치르더라도 사람들은 호혜성이라는 사회적 규범을 지지하여 자신들에게 친절(또는 불친절)을 베푼 상대방에게 효익(또는 처벌)을 제공하는 것을 선호한다고 가정한다.

호혜성에 관한 관리회계의 연구문헌들은 호혜성의 효과를 강화시키는 데 영향을 미치는 상황적 요소에 초점을 맞추고 있다. 예를 들면, Hannan(2005)의 연구는 공정성의 효과처럼 호혜성의 효과도 이득 혹은 손실의 프레이밍, 그리고 호혜성의 연속적 과정을 촉발시키는 '친절' 또는 '불친절'에 관한 자기중심적 정의에 따라 조절될 수 있다는 증거를 제시하였다.[07]

07 Hannan(2005)은 호혜성의 개념을 활용하여 예측하였지만, 이러한 예측이 공정성 또는 공평성에 관한 심리학적 이론(Adams, 1965; Walster et al., 1973)에 의해서도 지지를 받는다는 것을 지적하였다.

화폐적 인센티브의 효과와 구별되는 순수한 호혜성 효과를 측정하기 위하여 Hannan(2005)의 실험에서는 기업이 근로자가 투입하는 노력의 수준을 정확하게 감시할 수 없는 상태에서 많은 노력을 보상하는 상황을 활용하였다. 기업은 임금을 제시할 수만 있고, 임금계약을 체결한 후에는 근로자가 자신들의 노력 수준을 결정하고 이에 따라 (무작위적인 외생적 충격의 효과와 함께) 기업의 이익이 결정된다. 노동시장은 익명으로 형성되어 있기 때문에 근로자가 명성을 쌓는다고 해서 많이 노력해서 더 많이 벌 수는 없다. 이러한 실험조건에서 사람들은 단지 화폐적 보상에 의해서면 동기가 부여된다고 가정한 모형은 기업이 최소임금을 지불하고 근로자는 최소한의 노력을 투입할 것이라고 예측한다. 그러나 호혜성에 관한 이전의 연구(Fehr and Falk, 2002)와 마찬가지로 Hannan(2005)은 임금지급액이 높을 때에는 *사후적*으로 보상이 별도로 없더라도 근로자들이 값비싼 노력을 더 투입할 것이라고 예측하고 그 증거를 제시하였다. 왜냐하면 근로자들은 노력을 증가시킴으로써 자신들의 고용주가 임금을 증가시켜 준 친절에 화답하기 때문이다.

Hannan(2005)의 연구가 참신한 점은 기업의 이익에 가해진 외생적인 충격이 주는 비대칭적인 영향을 검증한 것이다. 이 실험에서 근로자들은 임금계약을 수락한 후에 이익에 가해진 외생적 충격이 알려지고 새로운 경제적 환경에 대응하여 기업은 일방적으로 임금을 재조정할 수 있다. 만일 근로자들이 제시된 임금의 크기에만 반응한다면, 그들의 노력 수준은 기업이익의 변동이 아니라 임금이 변동한 금액의 크기와 방향에 따라 달라진다. 그러나 Hannan(2005)은 기업이익에 가해진 충격이 임금변동에 대한 근로자의 반응에 영향을 미친다는 것을 예측하였고 그 증거를 제시하였다. 왜냐하면 외생적 충격은 근로자들이 임금의 변동을 어떻게 해석하는가에 영향을 미치기 때문이다. 근로자들은 임금이 감액되는 것을 더욱 불친절한 것으로 해석하고, 따라서 이익이 감소한 후에 임금이 감액될 때보다 이익이 증가한 후에 임금이 감액된 때에 자신들의 노력을 더욱 감소시킨다. 이와 유사하게 근로자들은 임금의 인상을 더욱 친절한 것으로 해석하고, 따라서 이익이 증가하였을 때보다는 이익이 감소하였을 때 임금이 인상되었다면 자신들의 노력을 더욱 증가시킨다.

제한된 편수의 이전의 연구에 근거하여 Hannan(2005)은 근로자가 임금 증가에 반응하여 노력을 증가시키는 것보다 임금 감소에 대응하여 노력을 감소시키는 것이 더 클 것이라고 추측하였다. 이는 아마도 불친절에 대한 강력한 정서적 반응 때문이며/이거나 근로자들의 불친절에 대한 판단이 자기중심적으로 노력을 증대시키기보다는 감소시키는 방향으로 편향되어 있기 때문일 것이다. 이러한 예상과 실험에서 수집된 증거는 일치하였다. 즉, 임금이 감소하자 근로자들의 노력이 감소하고 임금이 증가할 때에는 근로자들의 노력이 증가하였는데 노력이 감소한 폭이 노력이 증가한 폭의 두세 배는 되었다.

실험참가자들이 고정급여계약만을 사용하도록 되어 있는 Hannan (2005)의 실험실 실험상황에서 이기심에 근거한 (호혜성이 없는) 대리인모형이 예측하는 것보다 기업과 근로자 모두 더 많은 화폐적 보상을 받았다. 이와 관련된 연구에서 Kuang and Moser(2009)는 사람들이 호혜성을 선호하는 것이 이기심에 기초한 대리인모형이 예측하는 것보다 고정급여계약을 더 훌륭하게 작동하도록 만들 뿐만 아니라, '최적의' 대리인계약이 스스로 예측하는 것보다 더 엉망으로 작동하도록 만들 것이라 예측하였고 이러한 예측과 일치하는 증거를 발견하였다.

Kuang and Moser(2009)는 첫 번째 실험에서 서로 다른 보상계약을 맺을 수 있는 두 가지 노동시장을 만들었다. 한 노동시장에서 모든 기업은 의무적 계약을 제시하였는데, 이 계약에 따르면 이익과 그에 따른 노력이 최고수준이 아닌 경우에 대리인은 자신들이 투입한 노력의 원가보다 적은 보상을 받는다. 만일 노력과 이익이 최고수준인 경우에는 근로자들이 투입하는 최고수준의 노력의 원가보다 더 많은 급여(그러나 여전히 기업의 이익보다는 훨씬 적은 급여)를 받는다. 노력은 관찰가능하지 않지만 기업의 이익으로부터 확실하게 추론해 낼 수 있다. 그 결과 부를 극대화하는 근로자들은 이러한 보상계약조건에서 분명히 많은 노력을 투입할 것이다. 또 다른 실험에서는 Hannan(2005)의 실험에서와 같이 기업이 이익이나 노력에 관계없이 고정급여만을 제시할 수 있지만 화답의 선물로써 많은 노력을 유도하겠다는 희망을 품고 고임금을 선택할 수도 있다.

예상대로 의무적 계약은 고정급여계약보다 더 많은 평균이익을 초래하였지만 고정급여계약이 더 훌륭하게 작동하였다. 의무적 계약은 이기심에 근거한 대리인모형이 예상한 것보다 잘 작동하지 않았다. 일부(모두가 아니라) 근로자들은 고정급여계약하에서 더 많은 노력을 함으로써 자신들의 보상 중 일부분을 희생하여서라도 너그러운 기업을 보상하였다. 또한 의무적 계약조건의 시장에서는 궁상맞은 '고임금'(화폐적 보상만을 가치 있게 판단하는 근로자들로부터 많은 노력을 강제하기 위하여 필요한 최소한의 금액)을 제시한 기업을 처벌하기 위해서 자신의 보상 중 일부분을 희생하기도 하였다.

Kuang and Moser(2009)의 첫 번째 실험에서 의무적 계약과 고정급여계약은 서로 다른 노동시장에서 제시되었으며 이들 시장끼리는 정보교환이 없었다. 대조적으로 두 번째 실험에서는 모든 기업과 근로자들이 동일한 시장조건에 참여하였으며 기업은 의무적 계약이나 고정급여계약 중 하나를 선택하여 제시할 수 있었다. 예상대로 두 가지 계약을 비교할 수 있는 능력 덕분에 의무적 계약을 제시한 기업의 불친절이 더욱 두드러져 보이게 되었다. 그 결과 의무적 계약을 제시한 기업의 이익은 반복된 회기에서 유의하게 감소하였다. 그 이유는 근로자들이 계약을 거부하거나 계약을 수락하더라도 노력을 적게 들여서 이러한 계약을 제시한 기업을 처벌하기 위한 비용을 감수하려 들었기 때문이다. (Kuang and Moser(2009)의 실험에서 기업과 근로자들은 익명으로 상호교류하기 때문에 이러한 처벌행위는 근로자들의 비용으로 귀결된다. 의무적 계약이 주는 보상보다 많은 보상이 주어질 때에만 근로자들이 노력을 많이 한다는 개인적 평판(reputation)을 쌓는 것을 허용함으로써 자신들을 이롭게 할 수는 없다.) 두 번째 실험의 후반에서는 의무적 계약이 고정급여계약보다 기업에 더 많은 이익을 제공하지 못하였으며 기업은 고정급여계약을 의무적 계약보다 좀 더 자주 제시하여야 한다는 것을 학습하였다.

세 번째 실험에서는 기업이 고정급여계약과 의무적 계약 또는 의무적 계약의 요소(적은 노력에 대한 낮은 보상)와 호혜적 요소(이기적이고 부를 극대화하는 근로자에게 동기를 부여하기 위해 필요한 최소한의 급여보다 높은 급여를 초래하는 높은 이익)를 결합한 복합계약을 제시할 수 있었다. 이러한 노동시장에서는 복합계약이 의무적 계약과 동일한 평균이익을 발생시켰으며 이익의 변동성은 더 적었다. 그리고 근로자에 대한 보상과 사회복지가 유의적으로 높아졌다. 따라서 반복된 회계기간 동안에 기업은 계약을 이것저것 제시하다가 전적으로 복합계약만을 제시하는 방향으로 빠르게 전략을 수정하였다.

호혜성 가설은 평판을 쌓을 수 없는 상황(Hannan, 2005; Kuang and Moser, 2009)에서도 비교적 높은 임금과 많은 노력(에 따른 높은 생산성)의 성과를 지지할 수 있기 때문에 반복되는 거래를 통해 평판을 쌓을 기회를 이용하여 높은 성과를 지지하는 증거를 추가하는 것은 더 높은 생산성을 초래할 것으로 보인다. 그러나 Hales and Williamson(2010)은 노력을 많이 투입하는 것을 측정하여 보상하는 명시적 인센티브계약을 대체하는 기제로서의 평판과 호혜성의 한계를 파악하였다. Hales and Williamson(2010)의 실험에서처럼 불확실한 상황에서 평판(그리고/또는 호혜성에 대한 신뢰)에 투자하려면 불확실한 미래의 보상을 위해 확실하고 즉각적인 보상을 희생할 것을 요구받는다.

심리학분야의 연구에 따르면 사람들은 선뜻 이러한 희생을 감수하지는 않는다. 그 대신 그들은 '확실성 효과'에 기초한 근시적인 의사결정을 내린다. 예를 들면, 확실성에 도달하지 못한 때에는 상당한 크기의 위험을 감소시키는 것보다는 약간의 위험을 0으로 감소시키는 것에 더 많은 가치를 부여하는 것이다(Tversky and Kahneman, 1986; Keren and Roelofsma, 1995). Hales and Williamson(2010)의 실험상황에서는 근시안적 의사결정 때문에 사람들이 평판의 측면에서 유익한 투자안을 선택하는 것을 가로막았던 것으로 보인다. 따라서 명시적으로 성과에 기초하는 계약이 없는 상황에서는 조직의 생산성이 낮은 채로 머물러 있게 된다.

Hales and Williamson(2010)의 실험에서 소유주들은 기업에 자원을 투자하고 근로자들은 이러한 자원 중 일부를 생산적으로 활용하고 나머지는 소비한다. 그리고 (근로자들의 선택을 관찰하는) 관리자들은 활동의 결실인 잉여(생산성)를 근로자와 소유주에게 어떻게 나누어 줄 것인지 사후적으로 결정한다. 관리자들의 인센티브 보상액은 기업의 생산성의 일정비율과 소유주에게 배분된 금액(이익)의 일정비율의 합으로 결정된다. 이 두 가지 비율의 상대적 크기는 실험조건에 따라 달라진다.

매 회계기간 말에 관리자들이 생산성의 결실을 소유주와 근로자에게 어떻게 배분할 것인가를 결정할 때, 소유주 본인에게 많은 금액을 배분하면 얻게 되는 보상은 즉각적이고 확실한 반면, 근로자들에게 많은 금액을 배분하면 얻게 되는 보상은 근로자와 소유주들에 의한 불확실한 미래의 행동에 달려 있다. 그러므로 관리자의 인센티브 보상 중 많은 부분이 소유주의 보상에 의존할 때, Hales and Williamson(2010)은 기업의 생산성 중 대부분을 소유주에게 배분하는 경향을 보일 것이라고 예측하였다. 그 결과 근로자들에게 후하게 보상한다는 평판에 투자하여 미래에 근로자들로부터 많은 노력을 기울이도록 동기를 부여할 수 있다는 불확실한 기대보다는 자신들에게 즉각적이고 확실한 보상을 할 것이라는 것이다.

이 실험의 결과는 예측한 대로이다. 즉, 관리자의 보상액 중 상당부분이 소유주에 대한 보상에 의존할 때 관리자들이 평판의 개발에 과소투자하고 조직의 생산성은 낮은 수준에 머무르는 것으로 나타났다. 이러한 조건하에서는 관리자가 소유주의 투자에 높은 배당을 제공하고 근로자의 생산적 노력을 낮게 보상함으로써 근시안적으로 행동하는 것으로 비춰진다. 그 결과 근로자들은 노력을 적게 투입하는 것을 선택하고, 조직의 생산성은 낮아지며 소유주는 차기의 투자액을 감소시킨다. 역설적으로 관리자들에 주어지는 보상이 소유주에게 주어지는 보상에 대하여 덜 민감하게 될 때 소유주는 더 많은 소득을 올린다. 즉, 소유주들이 더 많은 혜택을 받을 수 있도록 관리자들이 의사결정을 내린다.[08]

4.6 사회적 상호작용에 대한 감정(Affect in Social Interactions)

앞에서 서술한 많은 연구들이 개인의 의사결정은 계약에 따른 보상에서 예상되는 감정(affect: 감정(emotion)이나 기분(mood)과 같은 정신적 상태)에 의하여 영향을 받는다고 가정하였다. 예를 들면, 사람들은 미래에 이득을 얻지 못할 것이라는 전망보다는 미래에 손실을 입을 것이라는 전망 때문에 기분이 더 나빠질 것을 예상하며(이러한 주장에 관한 직접적인 증거는 Zhang and Fischbach(2005)을 참조할 것), 자신들이 너무 적은 보상을 받을 것으로 예상될 때에는 화를 낸다. Kida

08 관리자들의 의사결정이 일상적인 위험회피의 결과인지 또는 불확실한 보상에 비하여 확실한 보상에 대한 가중치를 과도하게 매기는 최적화되지 않은 판단의 결과인지는 단언하기 어렵다. 그러나 Hales and Williamson(2010)의 연구에서 사후적으로 계산해 본 바에 따르면 연구 결과를 설명할 정도의 위험회피 수준은 이전의 실험실 연구에서 관찰된 수준보다 두세 배 정도 높았다.

et al.(2001)과 Moreno et al.(2002)의 연구는 보상에서 생겨나는 감정이 아니라 조직 내의 사회적 상호작용에서 생겨나는 감정에 초점을 맞추었다.

Kida et al.(2001)은 자본예산 의사결정이 제안된 예산의 경제적 특성(예: 미래 현금흐름의 기대순현재가치)에 의해 영향을 받기도 하지만 자본투자 프로젝트마다 달라지는 대인관계에서의 감정적 반응에 의해서도 영향을 받는다고 예측하였다. 특히 경영자는 화폐적 보상의 기대액을 희생하면서라도 프로젝트와 관련하여 대인관계에서의 부정적인 감정을 경험하는 것을 피하려 든다고 예측하였다.[09]

Kida et al.(2001)의 실험에서는 실무경험이 많은 관리자들이 참가하여 사업부서의 책임자 역할을 맡았다. 이들에게 주어진 과업은 회사 내의 다른 두 관리자가 제안한 두 개의 자본투자 프로젝트 중 하나를 선택하는 일이었다. 실험집단의 참가자들에게는 순현재가치의 기대값이 더 높은 프로젝트를 제안한 관리자와 함께 일하려면 부정적인 감정의 원가(negative-affect costs)가 매우 높다는 정보를 제공하였다. 문제의 관리자는 맡은 일을 정시에 똑 부러지게 잘한다는 좋은 평판을 갖고 있고 제안된 프로젝트도 성공적으로 수행될 것이라는 데 의심의 여지가 없다. 하지만 그 관리자는 오만하고 잘난척하거나 깔끔하지 못하고 투덜이이거나, 여러 측면에서 같이 일하기에 불편한 인물로 묘사되었다

09 부정적 감정을 경험하는 (예를 들면, 능력은 있지만 까다로운 동료와 함께 일하는) 것은 노력이 수반되는 원가로 간주할 수 있다. 노력이 많이 드는 프로젝트에서 요구되는 순현재가치의 기대액을 높이는 것과 마찬가지로 관리자들은 부정적 감정을 보상하기 위하여 순현재가치(NPV)에 대한 기대수준을 높일 것이다.

(참가자들에게는 네 가지 서로 다른 부정적 감정을 유도하는 행동의 시나리오 중 한 가지만 전달되었다.). 통제집단에 속한 참가자들에게는 자본예산프로젝트를 제안한 관리자들의 행동에 관한 어떠한 정보도 전달되지 않았다.

Kida et al.(2001)의 실험에 참가한 실무관리자들은 대인관계의 부정적 감정이 경영의사결정에 중대한 결정을 미칠 것으로 명확하게 예측하였다. 통제집단에 속한 대부분의 참가자들은 경제적 성과가 높을 것으로 예상되는 자본투자안을 선택하였지만, 실험집단에서는 75~80%의 참가자들이 기대되는 경제적 성과가 낮지만 잠재적으로 부정적 감정을 경험하지 않을 투자안을 선택하였다.

Kida et al.(2001)은 관리자들이 기대되는 화폐적 보상을 희생하더라도 대인관계에서의 부정적 감정을 회피하는 것을 목표로 한다는 증거를 제공하였다. Moreno et al.(2002)도 이와 유사한 증거를 제시하였는데, 자신들이 선호할 수도 있었던 유리한 위험의 상태를 포기하면서까지 대인관계에서의 부정적인 감정을 회피하는 것을 목표로 삼는다는 것이다. Moreno et al.(2002)은 실무경험이 풍부한 관리자들로 하여금 이득이나 손실로 프레이밍한 확실한 자본투자안과 위험한 자본투자안 중 하나를 선택하도록 하였다. 투자안과 관련하여 제공된 정보가 프로젝트마다 즐거운 또는 불편한 동료를 다루어야 하는 대인관계의 감정적 비용과 이득이 다르다는 어떠한 단서도 제공하지 않았을 때에 관리자들의 선택은 프로스펙트이론과 일치하였다(즉, 이득의 영역에서는 위험회피성향을 보이고, 손실의 영역에서는 위험추구성향을 보였다.). 그러나 Moreno et al.(2002)의 예측대로 투자안에 대하여 설명하면서 (프로스펙트이론에 따르면) 좀 더 위험에 대한 태도가 매력적이었을 투사안이 대인관계에서의 부정적인 감정(예를 들면, 오만하고 잘난체하는 동료와 함께 일하기)을 동반하는 것으로 변경한 경우 또는 매력적이지 않았던 투자안이 대인관계에서의 긍정적인 감정(예를 들면, 특별히 호감이 가는 동료와 함께 일하기)을 동반하는 것으로 변경한 경우에는 관리자들의 선택이 바뀌었다.

4.7 사회적 관계와 의사결정상황의 프레이밍(Social-Relational and Decision-Context Framing)

여기에서는 지금까지 검토한 여러 연구에서 사용된 사회적 선호에 관한 많은 모형들은 개인이 효용 또는 가치의 다양한 원천을 맞교환한다고 가정한다. 예를 들면, 그들은 행위의 가치가 화폐적인 금액으로 따진 비용과 동등해지는 정도까지만 호혜적이거나 정직한 보고활동에 참여한다. 그러나 다양한 보상을 제공할 잠재적 원천을 대하는 또 다른 방법은 특정한 상황에 적합한 잠재적 원천을 제한하도록 프레이밍을 하여 맞교환의 필요성을 제한하는 것이다(이러한 맞교환으로 겪는 인지적 어려움에 관한 증거는 이 논문의 5.5를 참조할 것.). 이 같은 종류의 프레이밍은 3장에서 설명한 프레이밍과는 무관하다. 화폐적 보상을 이득이나 손실로 취급하기 위한 기준점을 제공하는 대신, 이러한 상황적 프레이밍은 복합적인 사회적 상황을 해석하려 들고 다음과 같은 질문을 던지는 개인을 도와줄 수 있다. “나는 나 이외의 타인의 보상을 증가시키려고 노력해야 하는가? 이는 경쟁적 또는 협조적 행동이 규범인 사회 환경인가?" 다음에 요약된 연구결과는 관리회계가 이 같은 프레이밍에서도 일정한 역할을 담당할 수 있다는 증거를 제공한다.

4.7.1 사회적 관계의 프레이밍(Social-Relational Framing)

사회적 관계의 프레이밍에 관한 사회심리학적 이론에 따르면, 사람들은 개인적 또는 집단적인 프레이밍을 갖고 있다. 이러한 프레이밍은 사람들이 타인과 경쟁하거나 협동하도록 동기를 부여한다(Fiske, 1991; Haslam, 2004; McGraw and Tetlock, 2005). 물리적인 그리고/또는 개념적인 관계의 범주에서 사람들이 개별적인 존재로 프레이밍되면, 그들은 '나' 지향적으로 되고 이기적이고 경쟁적인 행동을 한다. 이와 반면에 사람들이 집단의 범주에 속하는 것으로 프레이밍되면, '우리' 지향적이 되어 좀 더 협동적인 행동을 하고 집단의 복지를 향상시키려 한다.

관리회계는 사회적 관계의 프레이밍에 영향을 미칠 수 있다. 예를 들면, 각 부문의 관리자를 개별적으로 운영하는 중심점이라고 규정하거나, 조직 내의 제품이나 프로세스에 관련되어 있는 모든 부문의 관리자가 동일한 중심점 내에 있을 수 있다고 책임중심점(responsibility center)의 범위를 규정할 수도 있다. 마찬가지로 예산, 성과측정치 또는 인센티브도 각각의 관리자마다 별도로 설계하거나 관리자집단을 대상으로 설계할 수 있다.

다기능 팀의 상황을 가정한 Rowe(2004)의 실험은 관리회계에서 책임중심점의 범주에 관한 프레이밍효과가 개인이 무임승차할 것인가 또는 팀의 성과에 공헌할 것인가의 의사결정(즉, 사적인 정보를 팀 내의 다른 구성원들에게 공개하여 팀 전체의 의사결정을 향상시키는 비싼 대가를 치르는 의사결정)에 영향을 미친다는 예측과 일치하는 증거를 제시하였다. 실험실에서 팀의 구성원들이 모두 공헌한다면 팀의 성과가 개인적 이득보다 더 높아지지만, (팀의 성과에 공헌하지 않고) 무임승차를 한다면 개별적인 이득이 더 커진다는 공공재의 곤란한 상황을 가정하였다. 부와 여가의 효용만을 가정하는 경제학적 모형은 팀 구성원 어느 누구도 이 상황에서 공헌하려 하지 않을 것이라고 예측한다. 이와 반면에 사회심리학적 이론은 공헌을 하려는 개인적 의사결정은 사회적 프레이밍에 따라 다를 것이라고 예측한다.

Rowe(2004)는 사회적 관계 프레이밍에 대하여 다음 두 가지 변수를 조작한 실험을 하였다. 책임중심점의 경계(회계보고서의 구조로 조작화함)와 팀의 구조(대면구조 또는 분산구조)이다. 회계보고서의 구조는 두 가지이다. 하나는 다양한 의사결정 대안에서 받을 수 있는 개인적 보상에 대한 정보를 담은 보고서(개인 프레이밍)이고, 다른 하나는 개인적 보상과 함께 팀으로서의 보상총액에 대한 정보를 담은 보고서(집단 프레이밍)이다. 모든 구성원이 동일한 보상공식을 적용받는다는 것을 공통적으로 알고 있기 때문에 개인적 보상액을 이용해서 팀에 대한 보상총액을 쉽게 계산해 낼 수 있다. 팀의 구조는 구성원들이 팀의 성과에 얼마나 공헌할까에 대한 의사결정을 내릴 때, 물리적으로 독립된 공간에 존재하는 분산된(distributed) 구조(개인 프레이밍)이거나, 같은 공간에서 함께 존재하는 대면(face-to-face) 구조(집단 프레이밍)의 두 가지 중 하나이다(실험상황마다 다른 정보교환 조건은 동일하게 유지하기 위하여 팀 구성원들이 타 구성원과 의사소통하는 것을 허용하지 않았다.).

Rowe(2004)는 회계보고서의 구조와 팀 구조가 모두 집단 프레이밍으로 조작화되었을 때에 다른 모든 경우, 즉 회계보고서와 팀 구조가 모두 개인 프레이밍으로 조작화되거나 둘 중 하나만 개인 프레이밍으로 조작화되었을 때보다 구성원들이 팀 전체의 성과에 더 공헌할 것이라 예측하였고 실험의 결과도 일치하였다. 이전의 연구(Fiske and Taylor, 2008; Gaertner et al., 2002; Kramer, 1999)와 마찬가지로 개인 프레이밍과 집단 프레이밍이 혼재되어 있을 때에는 개인 프레이밍이 상황을 지배하였다. Rowe(2004)가 인과사슬(causal chain)을 만들어 추가 분석한 결과 집단 프레이밍이 신뢰(trust)를 증가시켰고, 다시 신뢰는 집단주의(collectivism, 집단 내에서 무임승차보다는 공헌한다는 규범)를 증가시켜 최종적으로 쉽지 않지만 팀의 성과에 대한 개인의 공헌이 증가하였다.

이와 관련하여 Rowe et al.(2008)은 부문의 관리자들이 조직 내에서 공통의 프로세스(예: 물류, 제조) 작업을 하며, 조직 내 프로세스의 경제적 성과를 증대시켜야 하는 비일상적인 과업을 해결하기 위해 구성된 복합기능 팀에 배치된 상황을 조사한 현장연구를 통해 실증증거를 제시하였다. 문제를 해결하기 위해 관리자들은 자신들이 원래 속한 부문의 성과역량과 여유분의 자원에 관한 사적인 정보를 공개하여야 한다. 이러한 정보를 공개하는 것이 조직의 성과를 높일 수는 있으나 개별 관리자에게는 좀 더 어려운 성과목표가 주어지거나 자원을 양보해야 하는 것을 의미하기도 한다.

Rowe et al.(2008)의 현장연구에서는 책임중심점의 범주를 이용해 만든 개인과 집단 프레이밍이 적용되었다. 이러한 책임중심점의 범주는 공유되는 회계정보, 연결예산, 그리고 물리적 근접성과 같은 다양한 실무관행에 의하여 영향을 받는다. Rowe et al.(2008)은 이 같은 범주가 어떻게 설정되는가에 의하여 책임중심점 관리자들의 행동이 다음과 같이 영향을 받는다고 예측하였다. 책임중심점의 범주 안에 관리자들을 집단적으로 포함시키는 프레이밍은 그들로 하여금 더욱 협조적으로 행동하게끔 만들 것이다. 집단 프레이밍이 작동하고 *동시에* 책임중심점 관리자들의 성과가 집단적 차원에서만 측정될 때에는 사적인 정보의 공개가 촉진될 것으로 예상된다. 만일 관리자들이 조직 내의 서로 다른 책임중심점에 속하는 (즉, 책임중심점의 범주에 따라 분리된) 공통적 프로세스에 관여하고 있고/있거나 그들의 성과가 개별적으로 측정된다면 부문관리자들이 자신들의 문제를 해결하기 위해 필요한 사적인 정보를 노출시키는 정도는 낮을 것이라고 예측하였다. Rowe et al.(2008)의 현장연구에서 얻어진 증거는 이러한 예측을 지지하는 것으로 나타났다.

4.7.2 의사결정상황의 프레이밍(Decision-Context Framing)

또 다른 종류의 상황적 프레이밍은 사회적 관계를 프레이밍하는 것과 같이 사회적 관계의 측면이 아닌 의사결정상황의 측면에서 사회적 상황을 해석하도록 촉구하는 행동을 유도한다. 예를 들면, 일정한 사회적 관계를 맺고 있는 개인들이 모인 집단에서 의사결정상황이 카드 게임인가 또는 공동으로 공익재단의 기부금을 내기 위한 것인가에 따라 기만행위는 어느 정도 용인될 수 있거나 널리 퍼져 있다고 볼 수도 있다.

Rankin et al.(2008)은 의사결정 프레이밍이론(Tenbrunsel and Messick, 1999)을 이용하여 실험실연구에서 종종 관찰되는 것처럼 하급자가 거짓 보고를 해서 훨씬 더 많은 보상을 받을 수 있음에도 불구하고 사적인 정보를 정직하게 보고하는 것을 설명하고 검증하였다. 이 이론에 따르면 제도적 요인에 따라 주어진 상황이 윤리적 딜레마 또는 전략적 상호작용으로 프레이밍될 수 있으며, 윤리적 딜레마로 프레이밍되면 (단, 화폐적 보상을 모든 조건에서 동일하게 적용한다면) 사람들은 윤리적 목표를 윤리적인 행동으로 선택하게 되고 윤리적인 행동을 취하게 된다.

Rankin et al.(2008)은 예산에 관한 이전의 실험에서 정직성이 널리 관찰된 것은, 최소한 일부분은, 하위 관리자에게 주어진 예산에 대한 재량권이 그 동력일 것이라고 주장하였다. 만일 하급자가 제안한 예산을 상급자가 거절하거나 수정할 능력이 없다면, 하급자는 그 상황을 상급자를 이용할 것인지의 윤리적 딜레마에 관한 의사결정으로 프레이밍한다는 것이다. 이와 반면에 하급자가 제안하고 상급자가 최종적인 권한을 가진 상황에서는 예산을 전략적 상호작용이라고 프레이밍하고 각자는 자신의 이익을 위해 행동하게 된다.

Rankin et al.(2008)은 두 상황에서의 여유금액(slack)의 차이로 정직성을 측정하였다. 첫 번째 상황에서는 상급자와 하급자 사이에 이익을 분배하도록 제품원가에 관한 사실적인 주장을 제안된 예산에 담아야 한다고 요구하였다. 두 번째 상황에서는 제품원가에 관한 아무런 주장 없이 단순히 상급자와 하급자 사이에 이익을 분배하는 것을 제안하는 예산이다. 이러한 측정치는 상급자가 권한을 갖고 있는 경우와 하급자가 권한을 갖고 있는 경우에 예산의 여유금액이 달라지는 두 가지 이유를 연구자가 구분할 수 있도록 해준다. 상급자가 주도적 권한을 갖고 있는 상황에서 많은 여유를 포함한 예산이 거부될까 두렵다는 이유만으로 여유가 적은 예산을 하급자가 상급자에게 제안하면, 예산의 여유에 대한 상급자의 권한은 원가에 관하여 사실적 주장을 보고하는 예산이 제안되거나 단순히 이익을 배분하는 예산이 제안되었는지에 관계없이 동일한 영향을 미치게 된다. 그러나 상급자가 권한을 가진 상황이 정직성의 규범적인 적절성에 관한 하급자의 신념에 영향을 미친다면, 제안된 예산에 사실적인 주장을 반영할 것을 요구할 것이다. 따라서 이 예산이 정직하게 보고할 것인지 말 것인지를 결정할 기회를 제공하는가에 따라 상급자의 권한이 예산의 여유에 미치는 영향은 차별적이다.

Rankin et al.(2008)은 그들이 예측한 대로 예산에 관한 권한의 소재는 하급자가 정직하게 보고서를 작성하는 경향에 영향을 미쳤다. 하급자들이 최종적 권한을 가진 경우, 제안된 예산에 사실적인 주장을 반영해야 할 때에 그렇지 않을 때보다 예산에 여유를 더 적게 포함시켰다. 그러나 상급자들이 최종적 권한을 가진 경우, 사실적 주장에 대한 조작효과(즉, 정직성의 효과)는 의미 있게 축소되었다. 실험 후 조사에 응한 참가자들의 답변은 상급자들이 예산에 관한 최종권한이 없을 때 하급자들이 더 정직해지려 한다는 주장을 뒷받침하였다.

4.8 요약(Summary)

개인들이 화폐적 보상과 여가뿐만 아니라 비화폐적 보상 역시 가치 있게 여긴다는 결과는 공정성, 호혜성, 정직성 그리고 사회적 상호작용 속에서의 정서와 같은 사회심리학적 목표에서 도출되었다. 실험실상황에서 이러한 보상을 성취하기 위하여 개인들이 희생하려는 금액은 — 비록 개인의 선호에 따라 상당히 이질적이기는 하지만 — 때때로 사소하지 않으며(Evans et al., 2001), 숙련된 경영자는 일터에서 이러한 보상을 획득하기 위하여 사소하지 않은 금액이 희생될 수 있다는 것을 예상한다(Luft and Libby, 1997; Kida et al., 2001; Moreno et al., 2002; Rowe et al., 2008).

비화폐적 보상은 관리회계통제시스템의 기능에 영향을 미치지만 — 때로는 더욱 협조적이고 정직한 의사소통을 유도함으로써 좋은 결과를 유발시키기도 한다(Evans et al., 2001; Rowe, 2004). — 이러한 영향이 항상 좋은 것만은 아니다. 예를 들면, 공정성에 대한 관심, 사회적 비교 그리고 외관상의 정직성이 협상을 할 때 잠재적으로 비싼 대가를 지불하게 될 잘못된 판단에 이르게 할 수도 있고(Luft and Libby, 1997), 계약원가를 절감할 수 있는 더 나은 (좋은) 회계정보의 가치를 제한할 수도 있다(Drake and Haka, 2008; Hannan et al., 2006, 2008). 이와 마찬가지로 성공적으로 이익을 창출하는 원동력이라고 개인의 자존감을 북돋우는 의사결정이 실제 창출하는 이익을 감소시킬 수도 있다(Bloomfield and Luft, 2006). 이처럼 자기기만적인 의사결정이 신중하게 고려한 결과로 보이지는 않는다. 다만 개인들이 어떤 의사결정이 다른 의사결정보다 더 좋다고 느껴지는 이유를 완전하게 의식하지 않고 직감에 의해 결정을 내리는 직관적인 과정과 더욱 일관성이 있는 것으로 보인다.

비화폐적 목표는 서로 독립적인 것이 아니며 화폐적 보상에 대한 선호와 마찬가지로 외생적으로 주어지거나 전적으로 안정적이지도 않다. 공정성에 대한 관심은 사람들이 정직성에 부여하는 가치에 영향을 미치고(Zhang, 2008), 프로스펙트이론의 기준점이 공평성과 호혜성에 부여하는 가치에 영향을 미친다(Chang et al., 2008; Hannan, 2005). 또한 조직의 구조와 예산과정과 같은 제도적 속성에 의해 비화폐적 목표가 중요한 상황에 자신들이 처해 있음을 깨달을 수 있게 자극할 수도 있다(Rankin et al., 2008; Rowe, 2004).

Chapter

05

의사결정의 구조, 변수 및 관계 형태의 선택에 관한 모형

Models of Decision Structure, Variable, and Relation-Form Choice

Chapter 05

의사결정의 구조, 변수 및 관계 형태의 선택에 관한 모형 (Models of Decision Structure, Variable, and Relation-Form Choice)

의사결정자가 자신의 의사결정에 대한 보상으로 받으리라 기대되는 보수 금액의 가치를 평가하는 것은 자신들이 수행하는 과업에 대한 좀 더 큰 심적 표상(mental representation)의 한 요소일 뿐이다. 우리는 이제부터 의사결정자가 이같이 커다란 심적 표상을 어떻게 구성하는가에 관한 연구를 분석하려 한다. 관리자들이 예산목표를 설정할 때를 예로 들면 — 화폐적 보상의 절대 금액이나, 프레이밍된 화폐적 보상액이나, 또는 화폐적 보상과 비화폐적 보상을 극대화하려 노력하든 관계없이 — 예산이란 과업을 어떻게 머릿속에 표상시키는가? 어떤 변수와 제약조건이 그들의 사고 영역 속으로 들어오는가? 그들은 의사결정에 적합한 다른 요소들을 모두 고려하는가? (예를 들면, 인센티브계약을 설계하는 소유주들은 자신들이 영향력을 행사하고자 하는 대리인들이 내릴 의사결정과정을 충분히 생각하는가) 등이다.

이 장에서는 관리회계와 관련된 의사결정의 주관적 모형 구조를 다룬 연구들을 살펴보기로 한다. 이 연구들은 주관적 의사결정분야의 중요하고 관계 있는 다수의 행동 양식에 관한 증거를 기록하고 있다.

① *동시적이 아닌 순차적 의사결정* : 관리회계와 관련된 많은 과업은 제한된 최적화모형(constrained-optimization models)으로 표현될 수 있는데 복수의 특정한 의사결정을 동시에 내릴 것을 요구한다(예를 들면, Balakrishnan and Sivaramakrishnan(2002)의 연구에서와 같이 초기의 설비투자와 미래 제품가격의 설정 및 필요할 때 설비를 추가로 획득하는 것을 동시에 선택하는 것). 개인은 이 같은 동시적 의사결정을 연속적인 단순 의사결정으로 분리하여 순차적으로 결정할 수 있도록 단순화하는 경향이 있다(5.1 참조).

② *단순한 인과모형* : 개인의 주관적 의사결정모형의 구조는 비선형, 간접적, 지연된 그리고 양방향의 (피드백) 인과관계와 같은 복잡성을 포용하지 않는 경향이 있다(5.2 참조).

③ *휴리스틱 의사결정모형* : 대표성(representativeness) 또는 준거점 설정 및 조정(anchoring and adjustment)과 같은 공통적 휴리스틱은 좀 더 복합적인 의사결정모형을 대체한다(5.3 참조).

④ *질적 불완전모형* : 주관적 의사결정모형은 종종 계량적인 과학적 모형의 불완전하고 질적인 모습이다. 이들은 과학적 모형에 포함된 모든 변수들은 아니지만 대다수의 변수들을 포함하거나 기다

란 인과적 사슬의 후반부 연계를 생략한다는 점에서 불완전하다. 이들은 모형에 포함된 변수들 간의 관계를 표시하는 부호를 포함하고, 이러한 관계의 상대적 크기의 차이를 합하여 포함하기는 하지만 그 크기를 정확하게 반영하지는 않는다는 점에서 질적이다. 예를 들면, 개인은 두 요소가 이익에 긍정적 기대효과를 갖는다는 것과 둘 중 하나의 요소가 다른 하나보다 일반적으로 더 큰 효과를 미친다는 것을 알지만 이러한 영향을 정확한 화폐금액으로는 알지 못한다(5.4 참조).

⑤ *비보상적 모형* : 일정 부분 주관적 의사결정모형이 질적이기 때문에 이 모형들은 맞교환에 대한 강력한 안내자의 역할을 제공하지는 않는다. 계량화하지 않기 때문에 이 모형은 특정한 속성 한 단위를 포기하고 다른 속성 다섯 단위를 얻는 것이 가치 있는 것인지에 관한 정보를 의사결정자에게 알려줄 수 없다. 결과적으로 개인은 일부 속성이나 정보를 자신들의 주관적 의사결정모형에서 생략하거나 의사결정 전체를 회피함으로써 맞교환을 회피한다(5.5 참조).

⑥ *개인적 성격함수의 일부로 변수를 포함* : 서로 다른 경험과 지식을 갖춘 사람들은 예측가능한 대로 서로 다른 변수의 조합을 자신의 주관적 의사결정모형에 포함시킨다(5.6 참조).

앞의 제2장에서 이미 언급한 것처럼 심리학에 기초한 관리회계연구들은 조업능력, 가격결정 그리고 제품배합계획 또는 관리회계의 통제시스템의 설계와 같은 과업을 수행할 때 복수의 상호의존적인 의사결정이 어떻게 결합되는가보다는 얼마나 구체적인 의사결정이 내려지는가에 초점을 맞추는 경향이 있다. 그러므로 제5장에서는 이 논문의 다른 부분에서보다 관리회계분야의 문헌들을 넘어 주관적인 의사결정모형의 구조에 관한 정보를 제공하는 타 학문분야에서 관리회계와 관련 있는 과업(예를 들면, 재고계획수립, 자본예산, 원가최소화를 위한 자원배분 등)들을 다룬 문헌들을 살펴보기로 한다(이러한 특징은 5.1과 5.2에서 더 분명해질 것이다.). [도표 5-1]은 이 분야에서 활용되는 관리회계의 구성개념과 심리학적 개념들을 요약하였다

| 도표 5-1 | 의사결정 구조, 변수 및 관계 형태의 선택에 관한 모형

관리회계의 구성개념 : 독립변수	심리학적 개념	관리회계의 구성개념 : 종속변수
주관적 선형 프로그래밍모형(Subjective Linear Programming Models)		
	휴리스틱 의사결정모형	1, 3, 4 — 자원배분 의사결정 성과
		2 — 원가 최소화 의사결정 성과
주관적 시스템역학모형(Subjective System Dynamics Models)		
	휴리스틱 의사결정모형	5, 6 — 재고관리 의사결정 성과
		7 — 자본투자 의사결정 성과
		8 — 제품 가격결정과 품질 의사결정 성과
		9 — 제품 가격결정과 조업도 관리 의사결정 성과

휴리스틱 의사결정모형(Heuristic Decision Models)

의사결정의 오류 비용 ——10—— *휴리스틱 의사결정모형* ——10—— 차이 조사 의사결정 성과

심적 모형(Mental Models)

성과측정치의 정확성 ——11—— 심적 모형 ——11—— 성과측정의 인센티브 가중치

주관적인 보상적 의사결정모형과 비보상적 의사결정모형

(Subjective Compensatory and Non-compensatory Decision Models)

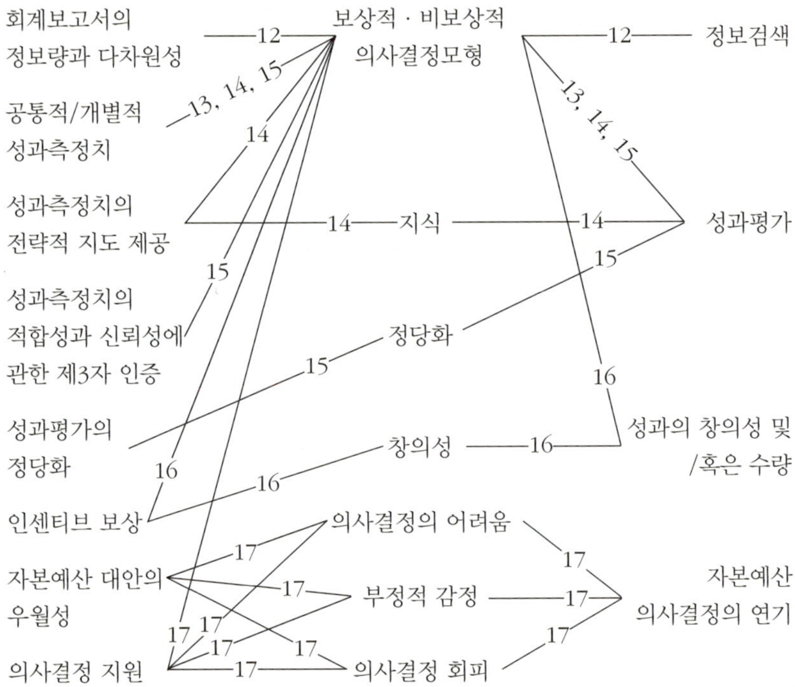

기회원가와 매몰원가를 변수로 포함

(Variable Inclusion: Opportunity Costs and Sunk Costs)

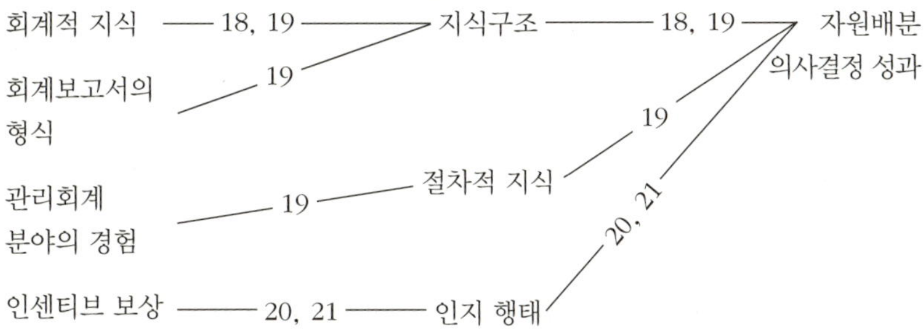

도표를 해석하는 방법에 관한 설명은 [도표 3-1]을 참조할 것

1. Ball et al.(1998)
2. Gonzalez et al.(2002)
3. Langholtz et al.(1995)
4. Langholtz et al.(1997)
5. Sterman(1989a)
6. Diehl and Sterman(1995)
7. Sterman(1989b)
8. Sterman et al.(1997)
9. Paich and Sterman(1993)
10. Lewis et al.(1983)
11. Krishnan et al.(2005)
12. Shields(1980)
13. Lipe and Salterio(2000)
14. Banker et al.(2004)
15. Libby et al.(2004)
16. Kachelmeier et al.(2008)
17. Sawers(2005)
18. Vera-Muñoz(1998)
19. Vera-Muñoz et al.(2001)
20. Chenhall and Morris(1991)
21. Awasthi and Pratt(1991)

5.1 주관적 선형 프로그래밍모형(Subjective Linear Programming Models)

관리회계분야에서 사용되는 경제학 기반의 모형 다수가 수학적 프로그래밍모형이기 때문에 — 예를 들면, Feltham and Xie(1994)의 연구에서와 같은 대리인모형과 Balakrishnan and Sivaramakrishnan

(2002)의 연구에서와 같은 조업도 계획과 가격결정 — 수학적 프로그래밍 문제를 다루는 주관적 의사결정모형은 매우 중요하다. 1장에서 소개한 실태조사의 증거에 따르면 관리자들이 선형계획을 비교적 자주 활용하는 반면(수학적 프로그래밍모형을 포함하여 다른 대부분의 계량적 기법보다 더 자주 활용한다.), 이러한 기법을 활용하는 것이 적합한 상황에서는 오히려 자주 활용되지 않는다. 그 대신 관리자들은 제약조건 하에서 최적화하는 문제로 보이는 상황에서 주관적 의사결정을 내린다.

심리학에 기반한 관리회계의 연구들은 이러한 의사결정의 주관적 모형을 직접적으로 검증하지는 않았다. 그러나 선형 혹은 정수계획법(linear or integer programming)으로 모형화할 수 있는 자원의 배분문제에 관한 주관적 의사결정을 검증한 부류의 심리학 연구들이 있다(Langholtz et al., 1993, 1994, 1995, 1997; Ball et al., 1998; Gonzalez et al., 2002).

이 연구들 중 일부는 해안경비대 간부들에게 현장에서 수행하는 과업과 비슷한 과업(인적 자원의 근무시간과 연료량이라는 제약조건하에서 지정된 구역을 최대한 감시할 수 있도록 경비정 또는 헬리콥터의 일정계획을 수립)을 수행하도록 하였다. 반면에 다른 연구들은 학생들을 실험에 참가시켜 작업시간의 일정계획을 수립하는 과업 또는 집에서 식사하는 것과 음식점에서 외식하는 비용의 균형을 맞추는 식비 예산을 수립하는 일상적인 과업을 수행하도록 하였다. 이러한 연구에서 제시된 과업들은 여러 가지 측면에서 다양하다. 일부 과업은 2차원적인 반면 다른 과업들은 3차원적이며, 확실성하에서 의사결정을 내리는 과업이 있는 반면, 위험 (알려진 확률) 또는 불확실성 (알려지지 않은 확률) 하에서 의사결정을 내리는 과업을 제시하기도 하였다. 또한 일부 연구들은 풍부한 자원을 갖춘 여유 있는 환경을 가정한 반면, 다른 연구들은 자원이 곧 고갈될 확률이 높은 척박한 환경에서 의사결정을 내리게 하였다.

다양한 실험참가자들과 과업의 형태에 관계없이 대부분 일치하는 연구 결과는 세 가지로 구분할 수 있다. 첫째, 단순화시킨 두 가지 접근법으로 거의 모든 실험참가자들의 주관적 의사결정모형의 구조를 설명할 수 있다. 이 두 가지 접근법은 모두 선형계획법의 과업을 특정한 의사결정들로 분리시키고 난 후 순차적으로 해결하는 방식이다. 둘째, 준거점 설정 후 조정의 휴리스틱 의사결정(Epley and Gilovich, 2006)이 보다 복합적인 의사결정모형을 자주 대체하곤 한다. 셋째, 이렇게 단순화시킨 접근법을 활용하는 사람들은 일반적으로 좋은 성과를 거둔다. 몇 차례의 시도 끝에 주관적 의사결정을 내리는 사람들은 적합한 선형계획법을 수학적으로 적용하였더라면 달성하였을 성과의 약 90% 정도에 해당되는 성과를 달성한다.

Langholtz와 그의 동료들이 실험에서 활용한 모든 과업은 서로 다른 시간 간격에 적용되는 복수의 제약조건을 포함시킴으로써 복잡성을 만들어 냈다. 이 과업을 수행하기 위하여 실험참가자들은 전체 기간에 적용되는 제약조건(예: 주간 예산)과 일부 기간에만 적용되는 제약조건(예: 일일 최소 또는 최대 작업시간이나 끼니)하에서 여러 날이 소요되는 기간과 관련된 변수를 최적화하여야 했다. 두 가지 형태의 제약조건을 동시에 만족시키는 해법은 복합적인 과업이며 개인은 전형적으로 두 가지 전략 중 하나를 사용하여 당면한 과업을 순차적으로 해결할 수 있는 특정한 의사결정으로 분할한다. Ball et al.(1998)은 동시언어기록분석법(concurrent verbal protocol analysis)[01]을 사용하여 이와 같은 전략 두 가지를 파악하였다. 또한 각 전략과 일치하는 의사결정행동의 양식도 파악하였다. 이에 기초한 후속연구(Gonzalez et al., 2002)는 의사결정행동의 자료만으로 개연성 있는 전략들을 파악하였다.

Ball et al.(1998)의 실험에서는 해결 후 일정 짜기(solve-and-schedule: SAS)라고 이름 지은 전략을 채택한 사람들도 있다. 이 전략에 따르면 장기간에 대한 총체적 해법을 우선 계산(예: 주당 20끼의 식사, 10끼는 집에서 10끼는 음식점에서)한 후에 총체적 해결책을 매일매일의 제약조건을 충족하도록 날짜별로 적용한다. 다른 사람들은 총체적 해법을 먼저 찾는 과정을 생략하는, 소비한 후 확인하기(consume-and-check: CAC)의 전략을 구사한다. 이 경우 사람들은 하루하루에 맞추어 의사결정을 하고 일주일의 자원 중 나머지에 맞추어 의사결정을 한다.

Ball et al.(1998)은 소비한 후 확인하기(CAC) 전략이 더 단순하다고 주장한다. 그 이유는 첫째, 많은 경우에 어려운 총체적 해법을 계산해야 하는 단계를 거치지 않기 때문이다. 이러한 주장대로 CAC는 더 일반적 전략이었다. Ball et al.(1998)의 실험에서 79%의 참가자들이 이 전략을 사용하였고 21%의 참가자들이 SAS전략을 사용하였다. 그렇지

01 동시언어기록분석법(concurrent verbal protocol analysis)은 인지심리학에서 자주 사용되는 연구방법인데 인간이 의사결정의 심적 표상(mental representation)을 어떻게 구축하는가를 조사하는 방법이다(Ericsson and Simon, 1993). 동시언어기록은 실험의 참가자가 의사결정을 내리기 위하여 정보를 검색하고 처리하면서 무엇을 생각하는지를 생각과 동시에 말로 이야기하는 것을 기록하는 것이다.

만 CAC전략의 성과가 조금 못 미쳤다. 선형계획법의 해법이 달성했을 성과의 94%를 달성하였다. 반면에 SAS전략은 97.5% 수준의 성과에 도달하였다. 일상적 의사결정에서 제약조건을 위배하는 경우는 SAS전략의 경우에 1%였고, CAC전략의 경우에는 5%였다(Ball et al., 1998). Gonzalez et al.(2002)은 복잡성이 증가함에 따라 개인은 좀 더 단순한 전략을 활용할 것이라고 예측하였으며 그러한 결과를 얻었다. 원가의 최소화 문제에서는 50%의 실험참가자들이 SAS전략을 사용하였고 나머지 50%는 CAC전략을 사용하였다. 그러나 활용가능한 자원이 알려진 확률에 따라 매일매일 변화하는 위험한(risky) 환경에서는 이러한 비율이 SAS전략 14%, CAC전략 86%로 바뀌었다. 그리고 알려지지 않은 확률로 자원이 변화하는 불확실성(uncertainty) 환경에서는 모든 실험참가자들이 CAC전략을 사용하였다.

사람들이 SAS전략에 따라 총체적 해법을 구하든지 혹은 CAC전략에 따라 첫날의 해법을 구하는 경우에 자원과 제약조건을 고려하려고 시도하기는 하지만 정확하게 어떻게 고려해야 하는지를 항상 아는 것은 아니다. 그래서 첫 의사결정은 종종 주의를 끄는 요소(focal point) 또는 현저하게 나타나는 준거점(salient anchor), 예를 들면 두 가지 전략을 동일하게 사용하기 등에 의하여 영향을 받는다. 그리고 난 후에 제공되는 정보에 따라 이 준거점에서 시작하여 (종종 불충분하게) 조정한다. 예를 들면, 원가-효익을 더 훌륭하게 맞교환하는 것으로 보여지는 전략을 조금 더 많이 활용하는 것이다.

Langholtz et al.(1997)은 세 가지 종류의 식단계획 문제를 이용하여 준거점 설정 후 조정 휴리스틱의 의사결정 모형을 사용한다는 증거를 수집하였다. 이 문제에서 해법은 두 종류의 식단(가정식과 식당에서의 외식)을 동일하게 나누어 선택하는 최적의 해법, (두 종류의 식단 중 어느 하나를 더 많이 선택하여야 하는) 편향된 해법, 그리고 한 식단만을 선택하여야 하는 '모 아니면 도(all-or-nothing)' 식의 해법 등 세 가지이다. 실험의 참가자들이 최적의 해법의 상황과 편향된 해법의 상황에서 실제 선택한 결정은 동일하게 나누는 선택이 주류였으며, 모 아니면 도 식의 상황에서는 어느 한쪽으로 치우친 선택을 하는 경향이 있었다. 이때에는 동일하게 나누는 해법을 먼저 준거점으로 설정한 후에 다음 단계에서 불충분하게 조정한다는 예측과 일치하였다. 해안경비대의 순시작업에 두 대의 순시선을 할당하는 과업에서는 두 대의 순시선을 동일하게 활용하는 준거점을 먼저 설정한 후 조정하였지만 연료 및 인력의 원가의 차이를 충분하게 고려하지 못하였다.

비록 Ball et al.(1998)과 Langholtz et al.(1995, 1997)이 단순화시킨 주관적 의사결정모형을 사용하는 의사결정자들이 높은 성과를 달성한다는 증거를 제시하기는 하였지만, 이러한 연구결과를 일반화하려면 주의가 필요하다. Langholtz et al.(1995, 1997)이 지적한 것과 같이 실험에서 주어진 과업에서 정해진 모수(parameter)는 선형계획법을 이용한 해법과는 실질적으로 상이한 선택(예를 들면, 선형계획법의 해가 6, 15일 때 두 가지 전략을 혼합한 9, 9의 선택)을 할지라도 높은 수준의 효율성(선형계획법의 해법 대비 90%의 효율)을 달성할 수 있도록 되어 있다. 따라서 선형계획법을 사용하였다면 얻었을 해법과 다른 선택을 하는 것이 항상 높은 기회원가를 지불하는 것은 아니다. 왜냐하면 매우 상이한 자원의 배분방법을 선택할지라도 다른 효율성이 초래되는 것은 아니기 때문이다. 어느 현실 세계의 환경은 그리 관대하지 못한 반면, 일부 다른 현실 세계는 아마도 똑같이 관대한 듯하다.

이 연구는 시간적으로 간격을 두고 집중하는 격시법(隔時法)(전체 예산기간 동안의 자원 사용을 먼저 결정할 것인가 혹은 전체 중 일부 기간만의 자원 사용을 먼저 결정할 것인가와 같은 전략), 불확실성의 정도와 형태, 그리고 준거점 설정 및 조정 휴리스틱에 의한 준거점과 선형계획법에 의한 해법 사이의 차이가 미치는 영향을 다루는 관리회계 연구자들에게 아주 흥미로운 질문을 던지고 있다. 비록 Langholtz와 그의 동료들이 채택한 실험과업이 주관적 의사결정 측면에서 어느 정도 힘들기는 하지만, 다른 관리회계분야의 과업, 예를 들면, Balakrishnan and Sivaramakrishnan(2002), Feltham and Xie(1994)의 연구보다는 상당히 덜 복합적인 편이다. 다음 절에서는 미분방정식모형과 같이 지금까지보다 훨씬 더 복합적인 의사결정 문제를 다룬 주관적 의사결정에 관한 연구를 살펴보기로 한다. 이 장의 앞부분에서 살펴본 연구에서와 같이 준거점 설정 후 조정의 휴리스틱이 큰 역할을 하는 단순화된 주관적 모형이 바로 이 영역에 속한다.

5.2 주관적 시스템역학모형(Subjective System Dynamics Models)

시스템역학모형(system dynamics models)은 폐쇄된 피드백 순환고리에 연결된 복합적 인과관계시스템에 해당한다(Sterman, 2000). 예를 들면, 신제품 확산모형의 경우 고객층의 증가는 구전에 의한 광고량의 증가를 초래하고(만일 긍정적인 소문이라면), 이는 다시 고객층을 더욱 확산시킨다(Paich and Sterman, 1993). 고객층→구전광고→고객층의 관계는 폐쇄적 순환고리인데 이 순환고리 안에서의 효과는 시간적으로 지연되어 나타나며 비선형적이다. 긍정적인 구전광고 때문에 신제품을 구매하는 개인은 종종 제품을 즉각 구매하지 않으며(즉, 구매를 지연시키며), 현재의 고객층이 적을 때에는 (구전할 입이 적기 때문에) 구전광고가 고객층의 확장에 미치는 효과가 적지만 고객층이 점차 확대되면서 효과가 커지다가, 포화점에 도달하면 다시 적어질 뿐만 아니라 효과가 커지는 것이 더 이상 불가능해진다(비선형성).

시스템역학모형(system dynamics model)은 시간적 차이를 두고 영향을 미치거나 비선형적 영향을 미치는 여러 변수를 포함하기 때문에 단순 피드백 순환고리(feedback loop)보다 훨씬 더 복합적인 것이 보통이다. 예를 들면, 신제품 확산모형(new product diffusion model)의 경우, 마케팅 부문의 지출과 가격인하는 고객층을 증가시키기도 한다. 고객층이 점점 커지면서 포화점에 이르면 증가세가 더욱 둔화되지만 사람들이 수명이 다한 구형 제품을 대체하면서 실질고객층이 다시 증가하게 된다(Paich and Sterman, 1993).[02]

시스템역학모형은 재고관리(Sterman, 1989b; Diehl and Sterman, 1995), 자본 투자(Sterman, 1989a), 제품가격 설정과 조업능력 획득(Paich and Sterman, 1993), 그리고 제품가격 설정과 품질관리(Sterman et

---

02 Ashton(1976)의 연구는 관리회계가 의도하지 않았던 결과를 초래할 수 있는 긍정적인 피드백의 순환고리와 부정적인 피드백의 순환고리를 어떻게 제공하는지를 분석하였다.

al., 1997)와 같은 관리회계분야의 과업에 활용되어 왔다. 여러 실험연구에서 시스템역학적 문제를 해결하기 위해 사용하는 주관적 의사결정모형에 관한 증거를 제공하였다. 이들 복합적인 문제는 앞의 절에서 설명한 것처럼 Langholtz와 그의 동료들이 사용한 이차원적 선형계획 문제에 비하여 그다지 관대하지 못한 환경에서 발생한다. 따라서 주관적 의사결정 성과는 모형이 제공하는 성과와 동떨어져 있다.

시스템역학 실험에서 예측했던 세 가지의 결과는 다른 과업과 다른 실험참가자들을 활용한 실험에서도 고르고 강건하게 반복되어 나타난다. 첫째, 개인의 주관적 의사결정모형의 구조는 지연된 비선형적 관계를 생략하곤 한다. 특히 '폐쇄적 순환고리'의 형태(양방향 인과관계)를 갖추기보다는 '개방형 순환고리'의 형태(한쪽 방향으로의 인과관계)를 갖출 가능성이 있다. 예를 들면, 수요의 변동이 개인의 투자의사결정에 영향을 미치고 다시 투자의사결정이 차후에 수요를 변동시킬 때, 개인의 주관적 모형은 순환고리 중 '수요→투자' 고리는 포함하고 투자→수요 고리는 포함시키지 않는 것이다(Sterman, 1989a). 의사결정자는 실제 내생적이며 자신들이 전에 내린 의사결정이 시간 차이를 두고 만들어 낸 일부 결과를 외생적 충격으로 취급한다. 따라서 그들의 주관적 모형은 인과관계의 사슬 중 자신들의 행동이 초래하는 후반부의 연계고리를 생략하곤 한다.

둘째, 휴리스틱 의사결정모형, 특히 준거점 설정 후 조정과 같은 휴리스틱으로 개인의 의사결정을 잘 설명할 수 있다(Sterman, 2000). 이와 같은 휴리스틱모형은 적은 수의 변수를 포함하며, 선행 의사결정의 지연된 효과 또는 미래에 일어날 환경 변화에 대한 지표를 반영하지 않는다(Paich and Sterman, 1993; Diehl and Sterman, 1995).

셋째, 일부 의사결정환경이 조금 더 관대하기는 하지만 시스템역학모형에 따른 의사결정과 비교하면 주관적 의사결정의 성과가 일반적으로 낮다(Paich and Sterman, 1993; Diehl and Sterman, 1995). 연습을 통해 주관적 의사결정의 성과가 향상되기는 하지만 의사결정 문제에 대한 개인의 통찰력은 향상되지 않는 것이 보통이다. 즉, 연습은 개인이 가진 매우 불완전한 휴리스틱모형을 미세하게 조정할 수 있도록 만들기는 하지만 더욱 완벽한 모형으로 발전시키지는 않는다(Paich and Sterman, 1993).

이러한 점에 착안하여 우리는 세 편의 연구를 좀 더 세밀하게 살펴보기로 한다. Sterman(1989a)의 실험에서는 MIT대학의 학생들뿐만 아니라 과학자, 경제학자 그리고 경영자(기업의 회장과 사장들)들을 참가시켰다. 실험이 진행되는 36기간 동안 참가자들은 매 기간마다 정보를 받는다. 이 정보는 소비재 부문에서 당기에 주문한 자본재에 관한 정보, 전기에 충족시키지 못한 자본재의 수요에 관한 정보, 그리고 감가상각에 따른 자본재의 손실에 관한 정보이다. 그리고 나서 참가자들은 차기 이후에 필요한 생산수량을 충족시키기 위하여 새로운 자본재(조업능력)를 얼마나 주문할 것인지를 결정하게 된다.

대부분의 실험참가자들은 새로운 자본재를 충분히 주문하여 감가상각된 부분(준거점으로 설정)을 보충하고 현재의 수요와 조업능력의 큰 차이를 채우기 위하여 (대개의 경우 불충분하게) 준거점 설정 후 조정의 휴리스틱모형을 사용하였다. 이 휴리스틱모형은 실험참가자들이 실제 내린 의사결정을 잘 설명하였는데 통계적으로 결정계수(R^2)는 85%

이었다. 휴리스틱 의사결정은 생산능력의 관리에도 저조한 성과를 보여 주었다. 성과는 실험이 진행된 모든 기간 동안에 발생된 희망조업능력과 실제조업능력의 편차에 대한 평균으로 측정하였다. 실험에서 참가자들에게 부여된 과업을 만들기 위해 사용된 시스템역학모형에 따르면 희망 조업도와 실제 조업도 사이의 달성가능한 최소 편차는 19이다(문제에서 주어진 모수들의 값에 따르면 그렇다. 모든 수요량을 즉시 충족시킬 수는 없다.). 실험참가자들이 달성한 실제 편차의 평균은 이의 30배가 넘었다. Sterman(1989a)은 개인이 이처럼 저조한 성과를 내는 의사결정모형을 사용하는 이유를 찾아내다가 수요가 전적으로 외생적으로 결정되는 환경에서는 이 모형이 매우 잘 작동하는 것을 발견하였다. 개인은 투자승수(investment multiplier)의 긍정적 피드백효과를 자신들의 주관적 의사결정모형에 통합시키는 것을 매우 어려워하는 것으로 보인다. 즉, 자본재에 대한 주문을 많이 충족시키지 못한 것은 소비재 수요에 대한 외생적 충격의 결과일 뿐만 아니라 의사결정자가 이전 기간에 많이 주문하기로 한 의사결정의 결과일 수도 있다는 사실이다.

개인의 주관적 의사결정모형이 지연효과와 긍정적인 피드백효과를 반영하지 않는 것이 일반적이라면 주관적 의사결정의 성과는 의사결정 상황에서 이러한 영향의 크기에 따라 체계적으로 변동할 것이다. Paich and Sterman(1993)은 이러한 예측을 검증하기 위하여 제품의 수명주기(반복적인 구매에 따른 피드백을 지연시킴)와 구전광고의 강도(긍정적인 피드백 순환고리의 강도)를 조작하고 실험의 참가자들에게 제품의 가격을 결정하고 조업능력의 취득에 관한 의사결정을 내리는 과업을 부여하였다. 예상대로 지연기간이 길수록, 긍정적 피드백의 강도가 셀수록 의사결정의 성과는 통계적으로 유의하게 저조해졌다. 그리고 이 두 변수의 상호작용효과도 같은 영향을 미쳤다. 긍정적 피드백효과가 약하고 지연기간이 별로 없을 때에는 비교적 단순한 기준점모형이 예측하는 성과의 60%를 넘는 평균이익을 냈다. 그러나 피드백효과가 강하고 지연기간이 긴 경우에는 실제 이익의 평균과 기준점이 되는 이익의 비율이 (−)40%보다 적었다.

Diehl and Sterman(1995)의 실험에서도 이와 유사하게 지연기간과 폐쇄적 피드백 순환고리의 존재와 방향(없음, 긍정적 피드백 또는 부정적 피드백)을 조작하였다. 이 실험에서 참가자들의 과업은 목표재고로부터 편차가 발생하는 비용을 최소화하도록 재고를 관리하는 것이다. 피드백이 지연되는 기간이 길 때, 그리고 피드백이 없거나 부정적일 때보다 긍정적인 경우에 개인의 주관적 의사결정모형(실험참가자들의 의사결정을 관찰한 결과)과 시스템역학모형 사이의 차이가 더욱 벌어졌다. 이 실험의 경우 흥미로운 점은 모형이 미리 규정해 놓은 의사결정에 따른 성과와 비교하여 참가자들의 실제 의사결정 성과가 더 나쁘지 않으며 그 이유가 개인의 모형은 품질이 떨어지는 모형이기 때문이다. 편차와 원가의 조합을 이차원 평면(deviation-cost surface)에 찍어본 결과 많은 시스템역학 의사결정과 마찬가지로 이 실험 과업도 비교적 편평한 최적해의 표면을 가지고 있어서 (모든 시스템역학 의사결정이 다 그런 것은 아니다.) 매우 단순화시킨 주관적 모형이라도 그렇게 많이 열악한 의사결정 성과에 이르게 하지는 않는다.

5.3 휴리스틱 의사결정모형(Heuristic Decision Models)

시스템역학을 모형화한 복합적인 과업의 수행만이 개인이 휴리스틱 의사결정모형을 사용하는 유일한 상황은 아니다. 예를 들면, Lewis et al.(1983)은 동시언어기록분석법(concurrent verbal protocol analysis)을 사용하여 차이를 조사해야 하는 의사결정상황에서 이러한 휴리스틱에 관한 증거를 수집하였다. Lewis et al.(1983)의 실험에서는 절차를 설명한 편람을 만들기 위하여 의사결정이론의 모형을 사용하였다. 이 모형에 따르면 프로세스의 현재 산출물을 분석한 보고서에 기초하여 파악된 프로세스가 통제범위를 벗어날 사후적 확률이 제1형 의사결정 오류(Type I error)와 제2형 의사결정 오류(Type II error)의 한계원가 비율을 초과할 때에는 차이를 조사하여야 한다.

이 실험에서는 프로세스가 통제범위 내에 있을 사전확률과 프로세스가 통제범위를 벗어났을 경우 차이를 조사하지 않으면 발생할 수도 있는 비용을 조작함으로써 적합한 변수들이 실험참가자들의 의사결정모형에 포함되는지를 검증하였다. 실험참가자들의 주관적 모형이 의사결정이론의 모형에 따른 이러한 요소들을 포용하지 않는다면, 그들의 의사결정과 동시언어기록은 실험자의 조작에 영향을 받지 않을 것이다.

이 실험은 의사결정이론모형과 마찬가지로 주관적 의사결정모형을 사용하기에 우호적인 환경을 제공하고 있다. 실험의 참가자들은 MBA 과정에 재학 중인 학생들인데 통계학 과목을 최소한 2개 이상 수강하였다. 참가자들은 모형에서 요구하는 정보를 모두 받았으며, 의사결정을 12번 반복하였다. 따라서 의사결정에 친숙해질 충분한 기회를 가졌다.

사전확률과 오류의 비용은 피험자 내의 조작변수였으며 현저하게 두드러진 조작이었다. 참가자들에 대한 보상은 의사결정의 성과에 따라 지급되었고, 의사결정의 성과는 의사결정이론모형에서 정해 주는 해법과 자신들이 내린 의사결정의 차이로 측정하였다.

실험에 참가한 피험자들이 의사결정을 내리는 동안 실험연구자는 그들이 지시사항을 읽고 의사결정을 내리면서 생각하는 바를 계속해서 구두로 표현하도록 유도하였다. 각 실험참가자들이 의사결정을 내릴 때마다 남긴 음성기록을 분석하여 이전의 차이분석 의사결정 및 인지심리학 연구에서 제시된 세 가지 모형 중 하나로 분류하였다. 세 모형은 관리도(control chart) 전략, 준거점 설정 후 조정 휴리스틱과 관리도를 함께 활용하는 전략, 그리고 실험참가자들에게 부과된 과업을 구축하기 위하여 사용한 기대가치 극대화모형이다.

관리도(control chart) 전략은 관리범위 내에 분포하는 평균으로부터 일정한 거리를 벗어난 분산을 조사하는 것이다.[03] 가장 단순한 형태의 전략은 사전확률의 변동 또는 제1형 의사결정 오류와 제2형 의사결정 오류의 비용에 따라 변하는 것이 아니라, 공정의 산출물이 관리범위 내에 존재하는 경우의 분포와 유사한지 또는 관리범위 외에 존재하는 분포와 유사한지에 전적으로 의존하는 것이다. 따라서 이 전략은 광범위하게 사용되는 대표성(representativeness) 휴리스틱과 일치한다(Kahneman and Frederick, 2002). 즉, 어느 한 부류(여기서는 차이보고서)가 다른 부류(여기서는 관리범위 내의 분포)와 비슷한 또는 대

03 Magee and Dickhaut(1978)는 관리도(control chart) 전략이 주관적인 차이 조사 결정에 사용된다는 증거를 제시하였다.

표하는 정도에 따라서 의사결정을 내리고 사전확률이나 표본의 크기와 같은 의사결정에 적합한 요소를 무시하는 대표성 휴리스틱과 일치한다.

조금 더 복합적인 전략은 단순한 관리도와 의사결정이론의 중간 지점으로 준거점 설정 후 조정의 휴리스틱을 도입하는 전략이다(Epley and Gilovich, 2006). 이러한 전략을 사용하는 개인은 관리도 전략으로부터 시작하여 의사결정의 오류비용과 같은 정보에 따라 — 그러나 불충분하게 — 관리도의 허용범위를 조정한다. 가장 복합적인 전략은 기대가치를 극대화하는 의사결정이론모형을 사용하는 것이다.

Lewis et al.(1983)은 실험에 참가한 10명의 피험자들 중 8명이 단순한 관리도 전략을 사용하는 것을 발견하였다. 한 명은 관리도상에서 준거점을 설정한 후 사전확률과 의사결정의 오류비용의 변화에 따라 조정을 하는 전략을 채택하였으며, 나머지 한 명은 의사결정모형이 정하는 기대가치 전략을 채택하였다. 실험의 참가자들이 120회(10명의 참가자 ×각 12회씩 의사결정)의 의사결정을 내리는 동안 26회의 의사결정(22%)에서만 사전 확률을 구두로 언급하였고, 의사결정 오류의 비용은 24회의 의사결정(20%)에서만 구두로 언급하였으며, 사전 확률과 의사결정의 오류비용을 함께 언급한 의사결정은 9회(8%)에 불과하였다. 이러한 사실은 의사결정의 오류비용과 사전 확률이 의사결정에 중대한 영향을 미치지 않는 관리도 전략이 압도적으로 사용되는 사실과 일관성이 있다.

실험참가자들의 휴리스틱 의사결정모형이 실험의 과업을 만들기 위해 사용된 의사결정이론모형과 많이 다른 것처럼 보이지만(의사결정의 오류비용과 사전적 확률이라는 두 개의 중요한 변수를 생략하였다.),

휴리스틱모형이 실질적으로 다른 경제적 성과를 초래한다는 결론을 내리기 위해서는 추가 분석이 필요하다. Lewis et al.(1983)은 모의실험(simulation) 분석을 이용하여 관리도 전략의 장기적 기회원가를 추정하였다. 다중기간 베이지안모형(multi-period Bayesian model)과 비교하여 이 관리도 전략은 통제범위 내의 표본 평균에서 1표준편차만큼 벗어나는 모든 결과를 다 조사하기로 한다. 모의실험 결과 기회원가는 제2형 오류의 한계원가(marginal cost)와 프로세스가 통제범위 내에 있을 사전 확률에 따라 변한다. 모의실험에서 사용된 모수(parameter)의 값이 정해진 상태에서 다중회계기간 베이지안모형 대신 관리도 전략을 활용하는 경우에 사후적으로 부정확한 조사결정 때문에 발생하는 것으로 볼 수 있는 총생산원가의 증가는 4%에서 9% 정도였다.

5.4 심적 모형(Mental Models)

앞에서 살펴본 연구들은 개인의 주관적 의사결정모형에 대하여 몇 가지 단순한 가정을 하고 있다. 이와 관련하여 주관적 의사결정모형의 단순화에 대하여 좀 더 일반적으로 검토한 내용은 심적 모형에 관한 심리학 연구에서 파악할 수 있다(Markman, 1999; Markman and Gentner, 2001). 심적 모형은 인과관계시스템의 주관적인 표상으로 복합적인 현상을 설명하고 예측할 뿐만 아니라 의사결정을 보조하기 위하여 활용한다(Markman and Gentner, 2001). 심적 모형은 공식적인 과학적 모형과는 보통 세 가지 점에서 다르다(Markman, 1999; Markman and Gentner, 2001).

첫째, 심적 모형은 계량적(quantitative)이라기보다는 *질적*(qualitative)인 모형이다. 이 모형은 방향성이 있는 관계(예: *X*가 *Y*를 증가 혹은 감소시킨다.)를 대표하고 관계의 상대적인 크기를 추정하지만 정확한 금액을 추정하지는 않는다(예: X_1이 X_2보다 *Y*에 더 큰 영향을 미친다.).

둘째, 심적 모형은 공식적인 과학적 모형에 포함되어 있는 속성을 우리가 더 잘 알고 있는 속성으로 *대체한다*. 조건 확률이나 공분산과 같은 통계적 속성은 종종 의사결정상황에서 사람들을 둘러싼 환경을 검사하고 평가할 때 자신들이 더 자연스럽고 즉각적으로 접근하는 개념인 유사성, 친밀성, 그리고 인과관계의 성향 등의 속성으로 대체한다(Kahneman and Frederick, 2002). 모든 경우에 그러한 것은 아니지만 일부의 경우에는 자연스러운 속성(예: 인과관계)을 사용하는 것이 공식적인 통계적 속성(예: 공분산)을 사용하는 것과 동일한 판단과 의사결정을 초래한다.

셋째, 심적 모형은 계량적인 과학적 모형과 비교하면 *불완전한* 경우가 가끔 있다. 그 이유는 일부 의사결정에 적합한 정보를 생략하는 것이 일반적이기 때문이다(Markman and Gentner, 2001). 심적 모형은 간접효과(예: *W*가 *X*에 영향을 미치고 *X*는 *Y*에 영향을 미친다.)와 좀 더 복합적인 인과관계를 생략할 가능성이 높은 반면, 직접 효과 또는 짧은 인과관계의 고리(예: *X*가 *Y*에 영향을 미친다.)를 포함시킬 가능성이 높다(Sterman, 1989b,a; Diehl and Sterman, 1995).

Krishnan et al.(2005)은 심적 모형에 대한 이러한 예상을 이용하여 보상전문가가 아닌 개인이 성과측정치에 부여할 가중치의 설정에 관한 의사결정을 주관적으로 내리는가에 관한 가설을 발전시켰다. 이 연구는 특히 회계적 성과측정치의 두 가지 속성을 개인이 활용하는 데에 초점을 맞추고 있다. 특정한 측정치의 정확도와 두 측정치 오류의 공분산이 바로 그 두 가지 속성이다.

심적 모형은 *질적* 모형이기 때문에 Krishnan et al.(2005)은 정확도와 오류의 공분산이 주관적 가중치에 관한 의사결정에 미치는 영향의 — 정확한 크기가 아닌 — 존재와 방향에 관한 예상을 추론하였다. 그리고 나서 심적 모형의 중요한 특성인 *대체(substitution)와 불완전성(incompleteness)*을 활용하여 주관적 성과 측정치에 부여할 가중치를 설정하는 의사결정이 Feltham and Xie(1994)와 어떻게 다르고 어떻게 유사한지에 관한 다섯 개의 가설을 설정하였다.

다수의 주관적 의사결정은 정보 오류의 분산(정확성) 또는 공분산과 같은 통계적 특성의 영향을 충분히 반영하지 못한다. 그 이유는 통계적 정보가 지나치게 압축되어 있어 많은 사람들의 주의를 끌 수 없기 때문이다(Kahneman and Frederick, 2002). 그러나 인센티브의 가중치를 결정하는 의사결정에서 개인은 인지적으로 더 쉽게 접근가능하지만 (이 상황에서는) 통계적으로는 동일한 속성의 통제가능성을 정확성과 오류의 공분산으로 *대체하였다*.[04] 따라서 Krishnan et al.(2005)은 성과측정치의 정확성은 사람들이 측정치에 부여할 주관적 가중치를 설정하는 데

04 통제불가능한 사건이 두 가지 측정치에 서로 다른 방향으로 영향을 미칠수록(즉, 두 측정치에 대한 오류의 공분산이 더 음(−)의 방향일수록), 통제불가능성에 의하여 영향을 받는 측정치를 배합한 쌍들은 더 적어진다.

영향을 미칠 것이며 두 측정치 사이의 오류의 공분산이 두 측정치에 부여할 주관적 가중치의 설정에 영향을 미칠 것이라고 예측하였다.

그러나 Krishnan et al.(2005)은 심적 모형은 *불완전하기* 때문에 정확도와 오류의 공분산 정보를 활용하면 의사결정 오류의 특징적인 행태(즉, Feltham and Xie(1994)의 실험에서 부과된 과업을 만들기 위해 활용한 모형이 예상하는 것과는 다른 행태)를 보일 것이라고 예상하였다.

첫째, 대개의 경우 사람들은 보상계약에 포함된 측정치에 부여된 가중치에 측정치의 정확도가 영향을 미쳐야 한다는 것을 깨닫게 될 것이다. 그러나 그들은 측정치의 정확도가 인센티브계약에 포함된 *다른* 측정치에 부여된 가중치에도 영향을 미쳐야 한다는 사실을 깨닫는 데 필요한 추가적인 추론과정은 별로 거치지 않는다. 예를 들면, 원가와 품질의 측정치가 중요한 요소인 인센티브계약에서 원가 측정치의 정확도가 상승하면 정확하지 않았을 때보다 원가측정치의 가중치가 증가할(더욱 정확한 측정치는 종업원의 위험 부담을 줄이기 때문이다.) 뿐만 아니라 품질측정치의 가중치도 상승하게 된다. (정확한) 원가 측정치에 대한 가중치를 증대시키면 종업원들이 원가가 아닌 다른 요소에 노력을 이동하여 배분하는 원하지 않는 현상을 유도하지 않고도 조직은 품질 측정치에 대한 가중치도 증대시키게 된다.

둘째, 심적 모형의 불완전성이 미치는 영향에 관하여 Krishnan et al.(2005)이 예측한 대로 사람들이 정확도와 오류의 공분산을 모두 무시하기보다는 이러한 요소들을 활용하면서 *방향성* 있는 오류를 저지를 가능성이 더 많다는 것이다. 대부분의 개인들은 위험회피성향의 종업원들이 부정확한 측정치 때문에 부담하는 위험을 보상하기 위하여 급여(위험수당)를 추가로 요구하는 것이 충분히 합리적이라고 생각할 것이다. 그러나 이러한 추가 급여가 인센티브에 포함된 성과측정치에 부여된 가중치를 증가시키기보다는 정상적인 급여의 일부분으로 지급받는 것이 더욱 효율적일 것이라고 조금 더 합리적으로 생각하지 않는다. 왜냐하면 가중치를 증가시킨다면 위험을 더욱 증가시켜 더 많은 위험수당을 요구하게 되기 때문이다.

Krishnan et al.(2005)의 실험결과는 이러한 가설을 지지하고 있다. 실험의 참가자들 중 절반 정도는 대리인이론모형을 온전히 질적 모형으로 변형한 심적 모형을 활용하였다. 즉, 그들은 대리인모형과 질적으로(방향성의 측면에서) 일치하는 의사결정을 내렸다. 대부분의 다른 참가자들은 대리인이론모형을 불완전하게 변형한 심적 모형을 활용하였고, 그 결과 예상대로 의사결정의 오류 행태를 보여주었다. 즉, 실험의 참가자들은 성과측정치의 정확도와 오류의 공분산이 변화함에 따라 인센티브계약에 포함된 성과측정치에 부여된 가중치를 부정확한 방향으로 변화시켰다. 그리고 이들은 특정한 측정치의 정확도가 변화하면 인센티브계약에 포함된 다른 측정치에 부여된 가중치에 미치는 파급효과를 고려하는 데 실패하였다.

5.5 주관적인 보상적 의사결정모형과 주관적인 비보상적 의사결정모형(Subjective Compensatory and Non-compensatory Decision Models)

개인의 제한된 인지능력과 주관적 의사결정모형의 질적인 본성은 관리회계와 관련되어 흔하게 볼 수 있는 의사결정에 문제를 제기할 수 있다. 이러한 의사결정은 다양한 측면에서 복수의 대안(예: 비즈니스 단위, 제품, 자본 투자에 관한 제안)을 고려해야 하는 문제이다. $y_i = b_1x_{i1}+b_2x_{i2} + \cdots\cdots + b_nx_{in}$의 형태를 갖는 모형은 ($x_i$로 표현된) 복수의 속성별로 대안의 가치를 수학적으로 조합하여 하나의 값(y_i)을 구하고 그러한 값(y_i)들을 비교하는 효과적인 방법이다. 이와 같이 보상적인 의사결정모형(compensatory decision model)에서는 대안 전체의 가치를 계산함에 있어 높은 값을 가지고 있는 x_1이 낮은 값을 가지고 있는 x_2를 보상하여 준다. 그러나 이와 같은 보상적 모형은 정보처리 요구가 높은 편이며 정확한 양적 추정치를 요구한다. 예를 들면, 낮은 값을 가지고 있는 변수 x_2를 보상하기 위해 변수 x_1이 얼마나 되어야 하는지를 결정하기 위해서는 모수(parameter) b_1과 b_2의 정확한 추정치를 요구한다. 심리학의 연구에서는 보상적 모형의 인지적 부담이 너무 높기 때문에 결과적으로 사람들이 비보상적 의사결정모형을 종종 사용한다는 것을 보여주고 있다(Payne et al., 1993; Bonner, 2008; Karelaia and Hogarth, 2008).

보상적 모형은 비보상적 모형보다 더 많은 정보를 활용할 것을 요구하는 경향이 있다. 예를 들면, 예산을 따내기 위하여 경쟁하는 15개의 프로젝트를 생각해 보자. 이 프로젝트들은 다섯 가지 속성(예: 이익에의 기대 공헌금액, 위험, 전략적 적합성, 제안서의 신뢰도, 사회적 책임 등의 기준)에 따라 평가된다고 하자. 보상적 모형은 평가자로 하여금 다섯 가지 속성에 대한 가중치를 적절히 정하여 75개의 정보 항목(15개의 프로젝트×5가지 속성)을 조합하도록 요구한다. 가중치를 적절하게 결정하라는 것은 정보를 추가로 획득하고 처리할 것을 요구하는 것이다.

심리학분야의 연구에 따르면 사람들은 자주 비보상적 모형을 활용하여, 특히 복합적인 의사결정에 대한 인지적 부담을 감소시킨다(Payne et al., 1993). 예를 들면, 사전편찬형 모형을 사용하면 속성별 가중치를 정확하게 계산하지 않더라도 상대적 중요성을 순서대로 매김으로써 정보처리의 인지적 부담을 감소시킨다. 그리고 나서 의사결정자는 가장 중요한 속성에서 가장 높은 값을 가진 대안을 선택한다. 다른 속성의 값은 검토하지 않아도 된다. 만일 이러한 절차를 통해 동률이 나올 경우에 의사결정자는 그 다음으로 중요한 속성의 값을 검토하여 동률을 깨는 방식이다. 이 과정을 반복하여 최종선택에 이르게 된다.

또 다른 비보상적 모형인 속성별 제거법(elimination by aspects) 역시 속성별 상대적 중요성을 순서대로 매기는 것으로 의사결정을 시작한다. 가장 중요한 속성에서 탈락 점수(cutoff value)를 정한 후에 이 탈락 점수 기준을 넘지 못하는 모든 대안을 제거한다. 만일 여러 개의 대안이 남아 있으면, 의사결정자는 그 다음으로 중요한 속성에서 탈락 점수를 정하고 이 기준에 맞지 않는 대안을 탈락시킨다. 이 과정을 반복하여 최종적인 선택을 한다. 탈락 점수가 비교적 극단적인 값을 갖게 되면 의사결정자는 모든 속성을 고려하여 모든 대안을 검토하지 않고도 최종 선택을 할 수 있는 가능성이 있다.

인지적 부담에 추가하여 보상적 모형은 의사결정에 영향을 미칠 수 있는 감정적인 결과도 보여주고 있다. 맞교환할 때 일어나는 인지갈등, 특히 맞교환해야 하는 속성들이 높은 가치가 있다고 여겨질 때에 일어나는 인지갈등(cognitive conflicts)은 부정적 감정을 생성한다(Hogarth, 1987; Luce et al., 2001). 의사결정자는 의사결정 자체를 회피하거나(Luce, 1998) 명시적인 맞교환을 회피하는 비보상적 모형을 사용함으로써 인지갈등 때문에 발생할 수 있는 부정적 감정을 회피할 수 있다.

비보상적 모형을 사용하는 의사결정은 얻을 수 있는 모든 정보를 다 활용하는 것은 아니다. 따라서 상대적으로 열악한 의사결정을 내릴 가능성이 있다. Payne et al.(1993)은 사람들이 보상적 모형과 비보상적 모형을 사용하는 것이 효익(의사결정의 정확성)과 비용(노력)을 맞교환하는 행위와 일관성이 있다고 주장하였다. 보상적 모형은 정보처리 욕구가 낮고(예: 대안의 수가 적다.) 맞교환이 인지갈등을 적게 유발할 의사결정을 내릴 때 사용될 가능성이 더 많다. 의사결정이 차츰 더 복잡해져 가면, 사람들이 인지적인 노력과 인지갈등을 감소시키기 위해 비보상적 모형을 사용할 가능성이 더욱 많아진다.

관리회계는 의사결정자를 위하여 정보를 제공하고 구조화하기 때문에 관리회계가 보상적 의사결정모형을 사용하는 비용을 계산하고 따라서 보상적 의사결정모형을 활용할 가능성을 결정하는 데 도움을 줄 수 있다. 다음에서는 관리회계가 보상적 의사결정모형을 사용하는 비용에 영향을 미치고 결과적으로 의사결정의 성과에 영향을 미치는 서로 다른 방법을 설명한 여섯 편의 논문을 검토하기로 한다.

Shields(1980)는 풍부한 경험을 가진 관리자가 성과를 평가할 때 성과보고서의 구조가 달라짐에 따라 다른 보상적 의사결정모형과 비보상적 의사결정모형을 사용하도록 어떻게 유도하는지에 관하여 이전의 이론과 일치하는 실험적 증거를 제시하였다. 이 연구의 종속변수는 정보검색활동의 측정치이다. 앞에서 언급한 것처럼 보상적 의사결정모형과 비보상적 의사결정모형의 정보 요구는 다르기 때문에 개인의 정보검색활동에 대한 측정치는 그들이 사용하는 의사결정모형에 관한 증거를 제공하여 줄 수 있다. 보상적 모형을 사용하는 사람들은 각 대안별 모든 속성에 관한 정보를 요구한다. 또는 모든 속성이 자신들의 의사결정에 충분히 적합한 것은 아니라고 판단하는 경우에는 최소한 각 대안별로 동일한 종류의 속성에 관한 정보를 요구한다. 그 결과 의사결정자들은 각 대안별로 모든 속성(또는 동일한 일부 속성)에 관한 정보를 탐색한다. 반면에 비보상적 모형을 사용하는 의사결정자들은 조금 더 선택적이면서 조금 덜 일관성 있게 정보를 탐색한다. 예를 들면, 특정한 속성별로 탈락 점수를 초과하는 대안만을 요구하는 모형을 사용한다면 이러한 탈락 점수 요건을 맞추지 못하는 대안에 대해서는 더 이상 정보검색활동을 하지 않을 것이다. 그러나 첫 번째 탈락 점수의 기준을 초과한 대안에 대해서는 추가로 정보를 검색할 것이다.

Shields(1980)의 실험에서 참가자들은 6개 또는 13개의 성과측정치를 기준으로 3명 또는 9명의 하위 사업부 관리자들의 성과를 평가하는 과업을 수행하였다. 그 결과 이들은 검토해야 할 정보 항목은 18개에서 117개 사이의 범위의 항목이었다. 많은 수의 관리자들을 평가하는 참가자들은 비보상적 의사결정모형을 더 많이 사용하는 경우와 일치하는 몇 가지의 정보검색행태를 보여주었다. 예상한 대로 많은 수의 관리자들을 평가하는 참가자들은 가능한 총정보 항목보다 적은 비율(절대적인 정보 항목의 수는 더 많지만)의 정보를 검색하였다. 이에 더하여 이들의 정보검색행태는 더 다양하고(마치 특정한 관리자에 관한 성과측정치를 모두 합하여 하나의 측정치를 구하는 것처럼), 특정한 관리자의 보고서에 대한 성과측정치를 모두 훑어보다가(마치 순위를 정하거나 속성별로 제거하는 의사결정모형을 사용하는 것처럼) 특정한 측정치를 기준으로 모든 관리자들을 훑어보는 등 정보검색활동의 방식이 이리저리 바뀌었다. 관리자 1명당 검토하여야 할 성과측정치의 수가 증가하는 것은 별로 영향을 미치지 못하였다.

탈락 점수를 적용하는 비보상적 의사결정모형을 사용하는 것 이외에 인간이 보상적 의사결정모형의 맞교환을 회피하는 또 다른 방법은 자신들이 고려해야 할 속성의 수를 제한하여, 좀 더 쉽게 비교할 수 있을 정도의 적은 부분만을 고려하는 것이다. 예를 들면, 생산 기능이 가장 활발한 부서의 관리자를 해당 부서의 수익성과 물리적 생산성에 의하여 평가하는 반면, 마케팅 기능이 가장 활발한 부서의 관리자를 해당 부서의 수익성과 시장점유율을 기준으로 평가한다고 가정해 보자. 수익성만을 근거로 평가한다면 그리고 생산성이 향상된 만큼 이와 동등한 시장점유율의 증가가 얼마나 되는지를 평가자들이 결정할 필요가 없다면 관리자들의 성과를 상대적으로 평가하기는 상당히 쉽다. 따라서 심리학 분야의 연구들은 사람들이 비교가능한 속성과 비교불가능한 속성이 혼재되어 있는 대안들 중에서 선택을 하여야 하는 상황에 처해 있으면 그들은 모든 대안에 공통적으로 적용되는 속성에 기반하여 의사결정을 내림으로써 인지적 노력을 경제적으로 행사하는 경향이 있다는 것을 발견하였다(Slovic and MacPhillamy, 1974).

Lipe and Salterio(2000)의 연구에서는 이러한 개념을 활용하여 조직내에서 활용하는 여러 개의 성과측정치 중 일부는 모든 하위 사업부서에 공통적으로 적용되고 또 다른 일부는 유일하게 특정한 사업부서에만 적용되는 경우에 하위 사업부의 관리자의 성과를 평가하는 과업은 일부 사업부서에 고유한 성과측정치보다는 공통적인 성과측정치에 의하여 더 많은 영향을 받을 것이라는 예상을 하였다. 이러한 예상은 Lipe and Salterio(2000)의 실험결과에 의하여 지지를 받았다. 이 실험에서 참가자들은 공통적인 성과측정치와 고유의 성과측정치가 모두 포함되어 있는 균형성과표(balanced scorecards)에 근거하여 두 사업부서의 관리자들을 평가하는 과업을 수행하였다.

Lipe and Salterio(2000)의 연구 결과는 고유의 측정치를 더 많이 사용하는 기법에 대하여 검증하는 후속 연구로 확장되었다. 고유의 측정치를 적게 사용하는 현상에 대한 설명에는 고유의 측정치의 적합성 그리고/또는 신뢰성에 대한 불확실성과 고유의 측정치를 서로 비교할 수 있도록 해주는 가중치를 결정하기 위하여 충분히 노력하지 않는다는 잠재적 가설이 포함되어 있다. Markman and Medin(1995)은 사람들이 인지적 노력을 충분히 행사한다면 이와 같은 비교를 할 수 있는 기반을 구축할 수 있다고 주장하였다. 그러므로 고유의 측정치를 좀 더 활용하도록 유도하는 기법은 고유의 측정치가 적합성 그리고/또는 신뢰성을 갖고 있다는 확신을 더욱 명확하게 제공하거나 평가자가 행사하는 인지적 노력을 증가시키는 것에 달려 있다(그러나 노력을 증가시킨다고 해서 고유의 측정치가 정확한 가중치를 갖는다는 것을 보장하는 것은 아니다. 이는 단지 고유의 측정치들이 무시당할 가능성을 줄여 줄 뿐이다.).

Lipe and Salterio(2000)의 연구를 발전시킨 연구에서 Banker et al.(2004)은 실험의 한 조건상황에서 성과평가의 측정치를 선택하기에 적합한 지식을 갖출 수 있도록 실험의 참가자들에게 조직의 전략을 도표로 표시하고 상세한 설명을 제공하였다. 실험에서 제공된 모든 성과 측정치가 조직의 전략과 연계되어 있지는 않았으며, 조직의 전략에 관한 정보를 제공한 것은 실험참가자로 하여금(공통적인 측정치뿐만 아니라) 일부 고유의 측정치가 전략적으로 적합하다는 것을 알 수 있도록 하기 위한 것이었다. 이 정보는 고유의 측정치에 적은 가중치를 부여하는 경향을 제거하지는 않는다. 전략과 연계된 측정치들 중 성과평가와 관련해서는 고유의 측정치보다 공통적 측정치에 무거운 가중치를 부여한다.[05] 그러나 Banker et al.(2004)의 예측과 같이 전략적 연계의 효과는 측정치의 고유함이 미치는 효과보다 강력하다. 전략적으로 연계된 고유한 측정치는 연계되지 않은 공통적인 측정치보다 미미하게 더 큰 가중치를 부여받았다.

Libby et al.(2004)은 고유의 측정치에 대한 확신을 제공해 주는 원천을 여러 가지 제공한다. 이전의 연구에 따르면 사람들은 신뢰성 또는

---

05 참가자들은 전략과 연계되지 않은(unlinked) 측정치에는 거의 가중치를 부여하지 않았다. 그러므로 연계되지 않은 측정치가 공통의 측정치이거나 개별적 측정치이거나 둘 사이에 의미 있는 차이는 없었다.

적합성이 낮거나 알려지지 않은 성과측정치에 기초하여 성과를 평가하기 주저한다는 것을 지적하고 있다. 또한 단지 하나의 하위 사업부에서만 사용하는 성과측정치는 모든 하위 사업부서에서 사용하는 측정치보다 더 낮은 품질의(신뢰성 또는 적합성이 떨어지는) 성과측정치라고 추정한다는 것을 지적하고 있다. 따라서 이 연구에서는 성과평가자가 해당 측정치가 적합하며 신뢰할 수 있다는 제3자의 인증을 받을 때, 고유의 측정치가 성과평가에 활용될 가능성이 더 높을 것이라고 예상하였다.

Libby et al.(2004)은 또한 한 실험상황에서 참가자들이 자신들의 평가결과를 상급 관리자들에게 정당화해야 한다고 알려 줌으로써 인지적 노력의 증가가 미치는 영향을 검증하였다. 이전의 심리학연구(Lerner and Tetlock, 1999)와 감사분야의 연구(Kennedy, 1995; Tan and Kao, 1999)에서는 사람들은 의사결정을 내리기 전에 자신들의 의사결정을 정당화하여야 한다는 것을 알면 활용가능한 정보를 더욱 완벽하게 처리하기 위하여 그들의 인지적 노력을 증가시킬 동기를 갖게 된다는 증거를 보고하고 있다. 이러한 예상과 일치하는 결과를 Libby et al.(2004)이 보고하였다. 이 연구에서는 제3자에 의한 인증 요구, 단순히 정당화를 요구하는 것, 또는 이 두 가지를 동시에 요구하는 것이 성과평가 작업을 할 때 공통측정치에 비하여 상대적으로 고유의 측정치에 부여하는 가중치를 증가시킨다는 증거를 제시하였다.

이 절에서 지금까지 살펴본 연구들 — Shields(1980), Lipe and Salterio(2000), Banker et al.(2004) and Libby et al.(2004) — 은 모두 부하 직원의 성과를 평가하는 과업을 검증한 것이다. 이러한 실험적

과업에 대하여는 가능한 최선의 평가를 한다고 해서 명시적인 인센티브가 주어진 것도 아니며, 최선의 평가란 무엇인지에 대해서도 명확하지 않다. 예를 들면, 균형성과표(balanced scorecard)를 이용한 연구에서 주어진 정보로는 복수의 성과측정치에 대한 적절한 가중치를 부여하기에 충분하지 않다. Kachelmeier et al.(2008)은 이 연구를 비보상적 의사결정모형에 확대 적용하여 다른 의사결정의 맥락에서 검증하였다. 이 실험에서는 '더 나은' 의사결정을 좀 더 단도직입적으로 파악할 수 있었으며, 인센티브가 제공되었다. 따라서 실험의 참가자들이 효과적인 맞교환 결정을 내리는 데 실패하는 경우의 원가를 화폐적으로 측정한 값을 제공하는 것이 가능하였다.

Kachelmeier et al.(2008)의 연구에서 참가자들은 퍼즐(puzzle)을 설계하는 과업을 수행하였는데 최종산출물의 수량 그리고/또는 창의성을 증가시키는 것을 목표로 노력의 수준을 결정하여야 한다. 참가자들에게는 고정임금이 지급되거나 3가지 종류의 인센티브 중 하나가 지급되었다. 이러한 인센티브는 참가자들이 만들어 낸 퍼즐의 수량에 따라 지급되거나, 자신들이 만든 퍼즐에 대하여 평가자들이 결정한 창의성의 평균 점수에 따라 지급되거나, 퍼즐의 수량에 평균 창의성 점수를 곱한 점수를 기준으로 지급된다. 창의성이 낮은 수준의 퍼즐은 실험에서 주어진 견본을 모방하여 빨리 만들 수 있으나 좀 더 창의적인 퍼즐은 더 많은 노력과 시간을 요구할 것으로 생각된다. 따라서 창의성과 수량의 두 가지에 따라 보상을 받는 조건에서는 자신들의 화폐적 보상을 극대화하기 위해서 참가자들은 얼마나 많은 수량을 희생하고 창의성의 평균 점수를 증가하기 위해 주의를 기울일 것인지를 결정할 필요가 있다. 만일 참가자들이 이러한 맞교환을 합리적으로 잘한다면 수량이나 창의성 하나만을 기준으로 보상이 주어지는 경우보다 두 기준을 조합한 점수에 따라 보상이 주어지는 경우에 수량–창의성의 조합 점수는 더 높아야 한다.

실험에서 맞교환이 필요하지 않은 보상계획은 예상된 영향을 보였다. 평균 산출물 수량의 최대값은 수량을 기준으로 보상하는 조건하에서 나타났으며, 산출물 창의성의 최대값은 창의성을 기준으로 보상하는 조건하에서 나타났다. 그러나 심리학에 기반한 연구(Payne et al., 1993)들이 인간은 맞교환을 제대로 다루지 못할 것이라고 예상한 대로, 수량×창의성의 조합으로 측정된 성과는 두 가지 측정치를 기준으로 보상하는 조건하에서 가장 높지는 *않았다*. 실상은 수량 한 가지만을 기준으로 보상하는 조건하에서 수량×창의성의 조합 점수가 가장 높았다.

Kachelmeier et al.(2008)는 이러한 실험 결과에 대하여 실험의 참가자들이 수량과 창조성을 잠재적으로 맞교환하여야 하는 문제에 직면하였을 때 실험 과업의 특정한 속성과 비보상적 의사결정모형을 사용하는 것이 맞물리기 때문이라고 설명한다. 창조성이 전적으로 노력에 따라 결정되는 것이 아니라는 것이 바로 과업의 적합한 속성이다. 창조성은 어느 정도 자연발생적이다(Amabile, 1996). 따라서 단순히 퍼즐을 가능하면 많이 만들기 위해 노력하는 실험의 참가자들은 매우 창조적인 것으로 평가되는 것도 만들지만 자신들에게 주어진 표본을 단지 모방하기 때문에 창조성의 측면에서 그저 그런 수준의 퍼즐을 많이 만들어 낸다. 그 결과 참가자들이 목표로 삼은 것은 아니지만 그들의 생산품은 수량과 창조성을 모두 과시하기도 하고, 수량×창의성의 점수가 비교적 높다.

반면에 수량과 창조성 모두에 기반하여 보상을 받는 참가자들은 보상을 높이는 방식으로 이 두 가지 목표를 결합하지는 않는다. 수량×창의성의 점수를 증가하기 위한 맞교환 전략 — 즉, 창조성을 발휘하기 위한 노력을 추가해 보아야 별 소용이 없는 경우에 많은 수의 그저 그런 퍼즐을 만들어 내기 — 을 선택하는 대신 참가자들은 전체적으로 창조성이 낮은 퍼즐을 만드는 것을 회피하는 전략을 사용하는 듯 하였다. Kachelmeier et al.(2008)은 참가자들이 암묵적으로 사용한 의사결정모형이란 창조성에 관한 탈락 점수(cutoff)를 초과하면서 퍼즐의 생산수량을 극대화하는 것이라고 설명하였다. 이러한 전략은 온전히 신중하게 생각하여 의사결정모형을 선택한 것은 아닐 수 있다. 이 전략은 개인의 인센티브를 수량과 창조성 모두에 기반하여 결정하는 조건하에서는 어떠한 경우에도 수량×창의성 측정치에서 높은 점수를 받는 데 효과가 없는 전략이다.

의사결정자들은 맞교환을 하여야 하는 어려움과 그 맞교환이 형편없이 이루어질 확률을 의식하는 경우가 종종 있다. 그래서 그들은 비용을 치르더라도 가능한 경우에는 이러한 의사결정을 대체로 회피하려 든다. 심리학의 이론과 실증 증거는 의사결정의 대안들을 비교하기 어렵거나 의사결정을 하기 위하여 매우 가치 있는 목표들을 맞교환하여야만 하기 때문에 의사결정을 내리기 더 어려운 때에는 의사결정 때문에 부정적인 감정(예를 들면, 신경질(nervousness), 정신적 고통(distress), 불안(anxiety), 근심(worry), 불편함(unease)의 느낌)을 일으키게 된다는 것을 지적하고 있다(Janis and Mann, 1977; Luce, 1998; Tversky and Shafir, 1992). 그 결과 개인은 더욱 의사결정을 회피하고자 하는 또는 지연시키려는 욕구를 일으키게 된다.

Sawers(2005)는 자본예산의 상황에서 보상적 맞교환의 어려움이 의사결정의 회피에 미치는 영향에 관한 증거를 수집하였다. 실험에 참가한 피험자들은 두 가지 자본 투자 프로젝트에 대한 정보를 받았다. 이 두 가지 투자안은 회사의 시장점유율에 심각하게 손실을 끼치는 것을 방지할 것이다. 실험은 세 가지 상황에서 진행되었는데 모든 상황에서 프로젝트 A는 프로젝트 B보다 NPV도 높고 예상고객만족도도 높다. 통제상황에서는 NPV가 낮은 프로젝트 B를 선택할 이유가 전혀 없었다. 한 실험상황에서는 프로젝트 A를 선택하면 프로젝트 B를 선택하는 것보다 품질이 더 좋은 제품을 생산할 것으로 예상되는 반면, 프로젝트 B는 프로젝트 A의 경우보다 작업의 효율성이 높아질 것으로 기대된다. 또 다른 실험상황에서는 투자대안의 선택이 매우 가치 있는 목표를 맞교환하도록 강요하게 된다. 프로젝트 A는 친환경적이기는 하지만 해고 없는 직장을 목표로 하는 기업에서 많은 수의 종업원들을 정리해고하여야 한다. 반면, 프로젝트 B를 선택하면 해고되는 종업원들의 수를 실질적으로 줄일 수 있지만 환경친화적이지 않은 폐기물질의 생산을 초래한다. 투자안에 대한 선택을 미루면 비용이 들게 되지만, 불가능한 것은 아니다. 의사결정의 회피에 대한 심리학의 연구들처럼 Sawers(2005)도 통제상황과 비교하여 투자안을 비교하기 어려울 때 또는 매우 가치 있는 목표들이 맞교환되어야만 할 때에는 실험의 참가자들이 좀 더 부정적인 감정을 경험하고 투자대안에 대한 선택을 늦출 가능성이 더 많을 것이라고 예측하였다.

Sawers(2005)는 또한 의사결정의 구조나 방향에 대하여 추가적인 정보를 제공하여 의사결정을 보조해 주는 도구가 있다면 즉각적으로 발생하는 부정적 감정을 회피하기 위하여 의사결정을 지연시키는 것과 같이 감정에 기반하여 대처하는 전략(affect-based coping strategy)의 사용을 감소시킬 것이라고 예측하였다. 이러한 보조도구는 실험의 참가자들이 각각의 대안을 독립적으로 고려하여 대안별로 정보를 검색하도록 만들어 좀 더 문제에 집중(problem-focused)하고 감정에 집중(affect-focused)하지 않는 의사결정전략을 채택하도록 한다. 예상대로 Sawers(2005)의 실험에서 프로젝트의 속성들을 비교하기 어려울 때에 또는 매우 가치 있는 속성들을 맞교환하여야 할 때에(경험이 있는 관리자들로 구성된) 참가자들은 부정적 감정을 더 많이 보고하였으며 투자대안의 선택을 미루려고 하는 경향을 더 많이 보였다. 또한 예상과 마찬가지로 의사결정 보조도구는 관리자들의 부정적 감정을 줄이고 투자대안을 선택하기 어려워서 결정을 연기하려는 경향을 줄여 주었다.

5.6 변수의 포함: 기회원가와 매몰원가(Variable Inclusion: Opportunity Costs and Sunk Costs)

제5장의 앞부분에서 요약한 휴리스틱 의사결정모형과 비보상적 의사결정모형은 개인으로 하여금 변수들을 생략하는 방식으로 자신들의 의사결정모형을 단순화시킬 수 있도록 허용한다. 심리학에 기반한 관리회계분야의 연구들은 기회원가(opportunity cost)나 매몰원가(sunk cost)

와 같은 전통적인 관리회계의 주제들을 이용하여 변수를 포함하는 주제를 더욱 집중적으로 심층하였다. 1970년대부터 시작된 일련의 연구들이 주관적으로 자원을 배분하는 의사결정에 적합한 기회원가를 포함시키는 과업에서는 의사결정의 성과가 혼재되어 있음을 제시하고 있다. 이 연구들은 기회원가를 더욱 명시적으로 보고할수록 의사결정에 이러한 원가를 활용할 가능성이 더 많아진다는 것을 발견하였다(Becker et al., 1974; Neumann and Friedman, 1978; Friedman and Neumann, 1980; Hoskin, 1983). 그러나 이러한 연구들은 심리학적 이론에 대한 해박한 지식이 없는 채로 이루어졌으며, 지정한 보고서 형식을 사용하는 경우에도 기회원가의 활용이 변동하는 현상을 관찰된 것에 대한 설명을 제공하지 않았다.

Vera-Muñoz와 그의 동료들(Vera-Muñoz, 1998; Vera-Muñoz et al., 2001)은 회계 교육과 경험이 기회원가의 활용에 미치는 (항상 유리하지만은 않은) 영향을 설명하기 위하여 심적 표상과 문제해결에 관한 심리학의 연구들을 확장하여 적용하였다. 심리학분야의 연구들은 특정한 분야에서 경험을 더 많이 쌓은 개인이 해당 분야에서 더욱 잘 발달된 지식구조를 갖고 있다는 것을 발견하였다. 이러한 지식구조는 개인이 특정한 의사결정에 대한 심적 표상을 형성하는 데 도움을 주며 이러한 심적 표상은 다시 의사결정 환경 속에서 개인이 주의를 집중하거나 기억 속에서 회상하는 정보와 이러한 정보를 주관적 의사결정모형에서 종합하는 방식에 영향을 미친다(Anderson, 2000, 2005). 지식구조는 특정 영역에만 해당되는 지식(domain-specific knowledge)인 경우가 일반적이며 따라서 해당 영역에 대한 신호에 의해 활성화된다.

Vera-Muñoz(1998)는 기업활동의 맥락이 회계지식을 더 많이 소유한 사람의 회계적 지식구조를 활성화시킨다고 주장하였다("회계는 기업의 언어이다."). 이러한 회계적 지식구조는 회계원칙인 GAAP에 의하여 지배를 받는데, GAAP은 기회원가를 보고하지 않는다. 그 결과, 폭넓은 회계지식(회계지식은 수강한 회계과목을 숫자로 측정하였다.)을 갖고 있는 개인은 비록 비기업활동의 맥락에서는 GAAP에 의하여 지배를 받는 지식구조가 활성화되지 않기 때문에 그렇지는 않겠지만, 기업활동의 맥락에서는 의사결정을 내릴 때 기회원가를 무시하려는 경향이 있을 것이라고 예상하였다.

이 실험에서 참가자들의 과업은 자원배분과 관련하여 중요한 의미가 있는 의사결정의 날짜를 앞당길 것을 고려하고 있는 고객에게 분석결과를 제시하는 것이다(지금 행동을 취할 것인가 또는 나중에 행동을 취할 것인가의). 대안들은 지출원가(outlay costs)와 기회원가(opportunity cost)를 모두 갖고 있으며 이러한 원가에 관한 정보는 각 상황별로 주어지는 메모에 포함되어 있다. 실험에서는 지출원가와 기회원가가 완벽하게 판박이인 두 종류의 의사결정 — 소매 대리점을 폐쇄하는 것 (업무 의사결정) 또는 현재의 직장을 떠나는 것 (사적 의사결정) — 을 이용하여 실험상황을 조작하였다. Vera-Muñoz(1998)는 업무 의사결정의 맥락에서 실험의 참가자들 중 더 많은 회계학 과목을 수강하고 따라서 회계지식을 더 많이 보유하고 있을 것으로 생각되는 참가자들이 회계학 과목을 적게 수강하고 (따라서 회계지식이 적을 것으로 생각되는 참가자들보다) 상황을 분석함에 있어 기회원가를 덜 포함시킬 것이라고 예상하였고 또한 그러한 결과가 발견되었다. 또한 예상대로 개인적 의사결정의 맥락에서 회계적 지식은 기회원가에 동일한 효과를 발휘하지 않았다. 즉, 회계적 지식이 많은 참가자들은 업무의사결정의 맥락보다 사적인 의사결정의 맥락에서 기회원가의 개념을 유의하게 많이 포함시켜 분석하였다. 업무의사결정의 맥락에서 더 많은 기회원가를 누락시킨 것이 그 상황에서 기회원가가 덜 적합한 것이라고 신중하게 생각하여 판단한 결과인 것처럼 보이지는 않는다. 즉, 실험 후 설문조사를 통하여 기회원가의 적합성에 대한 참가자들의 의식적인 신념을 측정한 결과에 따르면 그러하다. 이러한 신념을 통계적으로 통제하여도 맥락에 따른 효과를 제거하지는 못하였다. 오히려 업무의사결정의 맥락에서는 회계시스템이 기록하는 현금지출원가로 참가자들의 주의를 자동적으로 이동시키도록 유발하는 것으로 보였다.

후속 연구에서 Vera-Muñoz et al.(2001)은 경험과 지식이 기회원가의 누락에 미치는 영향을 조금 더 깊이 탐구하였다. Vera-Muñoz (1998)의 연구에서는 학생들을 실험의 참가자로 동원하여 수강한 회계과목의 수를 회계지식으로 측정하였지만, Vera-Muñoz et al.(2001)의 연구에서는 경험이 있는 회계담당자들을 실험에 참가시켰으며 관리회계 또는 회계법인에서 업무를 경험한 개월 수를 회계지식으로 측정하였다. 이 연구는 업무의사결정의 맥락만을 대상으로 하였으며 회계이익 또는 현금흐름의 형태로 회계보고서의 형태를 조작하였다. 실험의 참가자들은 자신들이 받은 회계보고서의 형태를 다른 형태로 전환시키기에 충분한 정보를 제공받았다.

문제는 미래 현금의 흐름을 극대화(할인)하는 것이기 때문에, 미래의 현금흐름에 관한 것이라고 의사결정을 표상하는 것이 동일한 의사결정을 미래의 이익에 관한 것으로 심적 표상을 하는 것보다 더 적합하며 (하나의 대안을 선택하면 미래의 현금흐름이 더 낮아지도록) 기회원가를 포함시키도록 유도할 가능성이 더 높아진다. Vera-Muñoz et al.(2001)은 폭넓은 회계 경험이 많을수록, 그러한 경험이 관리회계분야의 경험이거나 회계법인에서의 경험이거나에 관계없이, 복수의 지식구조(현금흐름과 이익으로 표상하기)를 개발하는 데 도움이 되고 의사결정에 적절한 지식구조에 접근할 수 있는 능력을 더욱 많이 개발할 것이라고 주장하였다. 그러한 주장에 따라 특정한 상황에 대한 역사적 정보가 회계 이익을 보고하는 형태로 제시되었을 때에는 경험이 더 많은 회계사일수록 이러한 정보를 현금흐름의 형태로 전환하여 미래의 원가와 효익을 추정할 가능성이 높다고 예상하였고 또한 이를 뒷받침하는 결과를 발견하였다. 경험이 적은 회계사들은 자신들에게 제시되는 회계 보고서의 형태에 의하여 더 많이 영향을 받으며 역사적 이익 정보를 받으면 이 문제를 미래의 이익을 극대화하는 것으로 표상할 가능성이 더 많다.

Vera-Muñoz et al.(2001)은 한 걸음 더 나아가서 회계법인에서의 경험이 실험의 참가자들로 하여금 당면한 의사결정 문제를 현금흐름으로 표상을 만들어 낼 만큼 잘 발달된 지식구조를 충분히 생성하여 주기는 하지만 회계법인에서의 경험은 관리회계분야의 경험에 비하여 이와 같은 표상을 활용하기에는 그다지 효과적이지 않다고 주장하였다. 관리회계분야의 경험이 자원배분의 의사결정을 현금흐름으로 표상할 실무경험의 기회를 더 많이 제공할 가능성이 있다. 실무에서는 자원배분의 의사결정을 분석할 수 있도록 특정한 과업에 해당되는(task-specific)

모형을 더 많이 포함하고 일반적 지식구조와 특정한 절차적 모형을 연결하는 더욱 강력한 심적 고리를 포함하는 절차적 지식(procedural knowledge)을 개발할 것으로 기대된다(Anderson, 2000). Vera-Muñoz et al.(2001)은 실험을 통하여 의사결정을 (현금의 흐름 또는 이익 중) 무엇으로 표상하는가를 일정하게 통제하면 관리회계분야의 경험이 많을수록 기회원가를 의사결정과 더 많이 연관시키지만 회계법인에서의 경험은 그렇지 않다는 자신들의 예상에 부합하는 증거를 제시하였다.

Vera-Muñoz(1998)와 Vera-Muñoz et al.(2001)은 개인마다 자신들의 의사결정모형에 적합한 원가정보를 포함시키면서 생기는 이질성의 원천으로서 교육과 경험에 초점을 맞추었다. 즉, 시간이 지남에 따라 변화할 수도 있는 개인적 특성에 초점을 맞추었다. Vera-Muñoz(1998)는 비교적 안정적이면서 성과에 유의적인 영향을 미치는 것으로 여겨지는 분석적 능력의 측정치도 통제하였다. 분석적 능력이 높은 개인은 의사결정상황이나 회계지식에 관계없이 기회원가를 거의 생략하지 않는다. Chenhall and Morris(1991)와 Awasthi and Pratt(1990) 역시 적합한 원가를 주관적 의사결정모형에 포함시키는가에 영향을 미칠 것으로 예상되는 안정적인 개인 특성(인지방식)을 검증하였다.

인지방식(cognitive style)이란 개인이 어떻게 정보를 사고하고, 지각하고 기억하는가 그리고 문제를 해결하기 위하여 정보를 어떻게 사용하는가를 지칭한다(Sternberg and Zhang, 2001). 인지방식에 관한 복수의 측정치와 이론이 개발되어 왔다. Chenhall and Morris(1991)는 Myers and Myers(1980)의 연구에 기초하여 개인이 환경으로부터 정보를 지각하는 두 가지 방식(*감각*과 직관)을 구분하는 이론을 개발하였다. 이 이론에 따르면 감각에 의하여 정보를 지각하는 사람들은 현재 존재하고 유형적, 실체적, 객관적이며 구체적인 정보를 선호한다. 직관에 의하여 정보를 지각하는 사람들은 추상적, 상징적, 이론적이며 다른 정보와 연관지을 수 있는 정보를 선호한다. 직관적 인지방식을 가진 사람들은 전체적인 상황에 주의를 집중하며 정보에서 의사결정으로 직관적 도약을 할 수 있다.

Chenhall and Morris(1991)는 직관적인(intuitive) 방식을 가진 사람들은 전체적인 상황에 주의를 기울이고 특정한 정보에서 시작하여 해당 정보에 대한 전반적이고 추상적인 해석으로 옮겨갈 것이라고 예상하였다. 그러므로 다른 모든 상황이 동일하다면, 직관적인 사람들이 기존의 자산을 달리 활용할 가능성, 즉 기회원가를 더 고려할 수 있을 것으로 예상하였다. 그러나 다른 모든 상황이 동일하지 않을 수도 있다. 예를 들면, 제품과 후원 관계를 맺고 있는 사람들은 자신들의 인지방식과 관계없이 자신들이 연관된 프로젝트에 부정적인 의미를 투영할 수도 있는 기회원가정보를 무시할 가능성이 있다. Chenhall and Morris(1991)는 감각적 인지방식(sensation cognitive style)을 가진 사람들은 구체적인 특정 정보에 초점을 맞출 것이고, 따라서 기존의 자산을 다르게 활용하는 대안이 명시적으로 설명되지 않았을 때에는 이와 같은 대안을 별로 고려하지 않을 것이라고 예상하였다. 감각적 방식을 가진 사람들은 후원관계에 의하여 그러지 말도록 하는 유인이 있을 때에도 기회원가를 대체로 무시하기 때문에 그들의 의사결정 성과는 후원관계에 의하여 영향을 받지 않을 것이다.

Chenhall and Morris(1991)의 실험에 참가한 피험자들은 신제품을 시장에 출시하기 위한 의사결정과 관련된 정보를 검토하여 의사결정의 각 단계별로 적합한 원가를 명시하는 과업을 맡은 중간관리자와 상위관리자들이다. 실험의 한 조건에서 참가자들에게 자신들이 맡은 부서에서는 이 제품이 출시될 가능성에 환호하고 있다는 것과 자기 자신들도 제품의 개발에 깊숙이 관련되어 있다는 것을 알려 주었다. 실험의 다른 조건에서는 피험자들이 이러한 정보를 받지 못했다. Chenhall and Morris(1991)의 예측대로 직관적 인지방식을 갖고 있는 참가자들은 자신들이 이 프로젝트를 후원하고 있지 않을 때보다는 프로젝트를 후원하고 있을 때 기회원가를 의사결정에 적게 반영하였다. 감각적 인지방식을 가진 피험자들의 경우에는 직관적 인지방식을 가진 피험자들보다 기회원가를 제외시킬 가능성이 더 많았다. 또한 이 경우에 이러한 원가를 제외하는 것은 프로젝트를 후원하는가의 여부에 영향을 받지 않았다.

인지방식은 또한 매몰원가를 부적절하게 자신들의 주관적 의사결정모형에 포함시키는 개인적 성향에 영향을 미치는 변수로서 탐구되어 왔다. 고정자산의 대체 여부를 결정하는 의사결정상황에서 Awasthi and Pratt(1990)은 소위 지각적 차별화(perceptual differentiation)라고 불리는 인지방식의 영향을 조사하였다. 지각적 차별화란 대상을 상황으로부터 지각적으로 분리(예를 들면, 인물을 배경으로부터 분리)할 수 있는 개인적 능력이다(Sternberg and Zhang, 2001; Witkin et al., 1962; Witkin and Goodenough, 1981). 지각적 차별화는 심리적 차별화(psychological differentiation) 또는 장-독립성(field independence)으로 불리기도 한다. 지각적 차별화가 높은 사람들은 복합적인 상황에서 친숙한 개념이나 관계를 성공적으로 추출해 낼 수 있다. Awasthi and Pratt(1990)은 지각적 차별화 능력이 높은 사람들이 지각적 차별화 능력이 낮은 사람들보다 의사결정을 내릴 때 매몰원가를 제외시킬 가능성이 높다고 주장하였다. 왜냐하면 지각적 차별화 능력이 높은 사람들은 "매몰원가는 의사결정에 적합하지 않다"는 친숙한 규칙을 비교적 복합적인 의사결정상황에서 더 잘 분별해 낼 수 있기 때문이다.

Awasthi and Pratt(1990)은 지각적 차별화가 성과에 기반하여 지급하는 화폐적 인센티브와 상호작용할 것이라는 예측도 하였다. 이 경우 화폐적 인센티브는 노력에 비례하여 증가할 것으로 예상된다. 인센티브가 유도해 내는 노력이 성과에 미치는 영향은 과업이 노력의존적인지 또는 기술의존적인지에 따라 달라지는 것은 심리학과 회계학분야의 이전 연구에서 발견되었다. Awasthi and Pratt(1990)은 개인이 의사결정 과업에 투입하는 노력을 증가시켜도 과업에 필요한 기술(높은 지각적 차별화 능력)을 보유하고 있을 때에만 성과를 향상시킨다고 예측하였다.

예측대로 Awasthi and Pratt(1990)의 실험에서는 성과에 따른 재무적 인센티브가 노력(의사결정에 소요된 시간으로 측정되었음)을 증가시켰다. 또한 이 인센티브 역시 지각적 차별화가 낮은 개인들이 매몰원가를 활용하는 데에 영향을 주지 않은 것도 예측과 일치하였다. 그러나 예측한 것과는 달리 이 인센티브는 지각적 차별화가 높은 개인이 매몰원가를 활용하는 데에도 영향을 주지 않았으며 지각적 차별화는 매몰원가를 활용하는 것에도 영향을 미치지 않았다. 이처럼 예상치 못한 결과는 조작화가 실패한 때문은 아닌 듯하다. 실험에서 제시한 두 개의 확률판단 과업(표본크기와 결합확률 과업)에 대한 성과는 예상과 일치하였다. 즉, 인센티브가 지각적 차별화가 높은 개인의 성과를 향상시키지만 지각적 차별화가 낮은 개인의 성과는 향상시키지 못할 것이라는 예측과 일치하였다. 아마도 매몰원가의 프레이밍효과가 매우 강력해서 실험에서 관찰된 화폐적 보상과 지각적 차별화가 온건하게 변동하는 데 따른 효과를 충분히 압도할 수도 있다. 또는 매몰원가를 무시하기로 한 의사결정이 Awasthi and Pratt(1990)의 연구에서 파악되지 않은 인지적 요소를 추가로 요구할 수도 있다.[06]

5.7 요약(Summary)

주관적 의사결정모형은 구조적 측면에서 회계학자, 경제학자, 경영학자 그리고 기타 다른 사람들이 만든 계량적 모형보다 단순한 경우가 종종 있다. 개인들은 특징적인 여러 전략을 활용하여 자신들의 주관적 의사결정모형의 복잡성을 감소시킨다. 그들은 동시에 고려할 하위의사결정과 정보 항목의 수를 제한하기도 하고, 커다란 의사결정 과업을 여러 개의 작은 의사결정 과업으로 쪼개어 놓은 후 이 작은 의사결정을 순차적으로 내린다(Ball et al., 1998; Gonzalez et al., 2002). 인과적 추론의 긴 사슬에서 마지막 연결고리를 생략하거나(Paich and Sterman, 1993; Krishnan et al., 2005) 광범위하게 사용되는 준거점의 설정 후

06 Stanovich and West(1999)는 많은 수의 학부생들을 대상으로 연구한 결과 개인의 의사결정에서 매몰원가를 제외시키면 SAT점수가 높고 인지의 개인적 속성 점수가 높다는 것을 발견하였다. 이는 곧 더욱 지적인 활동에의 몰두, 더욱 철저한 정보처리와 정보검색활동, 그리고 더 높은 수준의 사고(reflection)를 의미한다.

조정이나 대표성(representativeness)과 같은 의사결정 휴리스틱과 어울리지 않는 변수들을 생략하기도(Lewis et al., 1983; Diehl and Sterman, 1995) 한다. 그들은 대안을 선택하는 과정에서 비보상적 의사결정모형을 활용하거나(Shields, 1980; Kachelmeier et al., 2008), 대안들 사이에 쉽게 비교할 수 있는 속성만을 사용하거나(Lipe and Salterio, 2000), 복수의 속성들을 어렵게 맞교환할 필요가 있는 의사결정을 회피함으로써(Sawers, 2005) 복수의 속성을 고려할 필요를 제한한다.

정해진 의사결정 과업을 수행하는 개인들은 서로 다른 주관적 의사결정모형을 활용하는 두세 가지의 뚜렷한 차이가 나는 집단으로 구분될 수 있다(Lewis et al., 1983; Ball et al., 1998). 주관적 의사결정모형을 선택하는 것은 교육과 실무경험을 통해 발달되는 심적 표상(mental representation)의 영향을 받고(Vera-Muñoz, 1998; Vera-Muñoz et al., 2001) 차별적인 수준의 의사결정 복합성을 다룰 수 있는 인지능력과 양식 등의 개인적 속성에 의해 영향을 받는다(Chenhall and Morris, 1991; Vera-Muñoz, 1998). 의사결정모형을 관찰한 결과 신중한 의사결정과 직관적 의사결정이 혼합되어 있다. 예를 들면, Vera-Muñoz et al.(2001)의 실험참가자들 중 일부는 의식적으로 자신들에게 제시된 의사결정 문제에서 이익 위주로 표시된 것을 현금의 흐름에 관한 표현으로 변경하였다. 그러나 주관적 의사결정모형에서 참가자들이 기회원가를 활용(또는 생략)하는 것은 최소한 부분적으로 직관적인 차원에 머물러 있으며, 기회원가의 적합성에 관한 신중한 진술과 전적으로 일관성을 유지하는 것은 아니다.

Chapter

06

모수와 변수의 획득과 주관적 추정에 관한 모형

Models of Parameter and Variable Acquisition and Subjective Estimation

Chapter **06**

모수와 변수의 획득과 주관적 추정에 관한 모형 (Models of Parameter and Variable Acquisition and Subjective Estimation)

마지막으로 다룰 의사결정과정은 사람이 자신의 주관적 의사결정모형에 포함된 모수(예: 평균, 회귀계수)와 변수(예: 당기의 매출)를 특정한 값으로 채우기 위해 필요한 정보를 어떻게 획득하는가에 관한 것이다. 종종 개인은 이러한 변수 또는 모수의 값을 구매하거나 조직 내의 문서기록을 탐색하여 획득한다. 때로는 과거의 경험으로부터 얻거나 장기기억으로부터 단기의 작업기억으로 인출해 온다. 또 어느 경우에는 활용가능한 자료로부터 직접 주관적으로 추정하기도 한다. 이 모든 정보획득 과정(정보의 구매와 탐색, 기억에의 저장과 인출, 그리고 주관적 추정)은 대가를 치러야 한다. 그 결과, 개인은 지극히 정확한 모수와 변수의 값을 획득하지는 못한다. 의사결정의 정확성과 정보획득의 원가를 맞교환하는 결정은 그 자체로 어려운 판단 작업이다(Payne et al., 1993). 그러므로 비용을 치르지 않고도 보상을 극대화하는 맞교환을 계산할 수 있을 경우에 이루어지는 맞교환이 실제 발생하는 맞교환과 동일할 필요는 없다.

조직 내의 문서기록과 기억으로부터 정보를 획득하는 것에 관한 연구는 개인이 자신의 인지능력을 초과하는 정보량에 어떻게 대처하는가에 초점을 맞추어 왔다. 모수의 주관적 추정에 관한 연구는 관리회계의 특성이 개인의 회계지식 및 특정한 경험과 어떻게 결합하여, 모수의 정확한 추정에 의존하는 의사결정의 정확성에 영향을 미치는가에 초점을 맞추어 왔다. [도표 6-1]은 이 장에서 검토할 연구문헌에서 사용된 관리회계의 구성개념과 심리학적 개념을 도표를 이용하여 요약하고 있다.

| 도표 6-1 | 모수 및 변수의 획득과 추정

관리회계의 구성개념 : 독립변수		심리학적 개념		관리회계의 구성개념 : 종속변수
조직 내의 기록에서 변수에 관한 정보 획득 (Acquiring Information about Variables from Organizational Records)				
회계보고서의 정보량	——1——	정보처리의 제한된 인지 능력	——1——	*성과평가의 판단 성과*
정보를 기억에 저장하고 기억에서 인출하기 (Storing and Retrieving Information in Memory)				
활동의 집적	——2——	기억에서 정보를 부호화하고 인출함	——2——	활동시간 추정 성과
인센티브의 통지 시점	——2——			

회계정보를 활용하여 모형의 모수를 주관적으로 추정하기

(Subjectively Estimating Model Parameters Using Accounting Information)

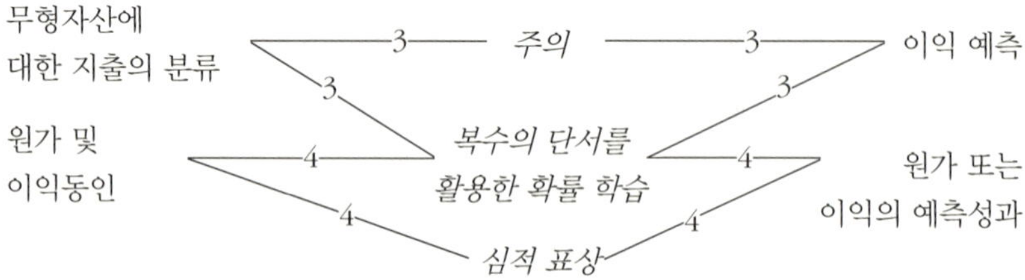

회계지식이 모수의 주관적 추정에 미치는 영향

(Influence of Accounting Knowledge on Subjective Parameter Estimation)

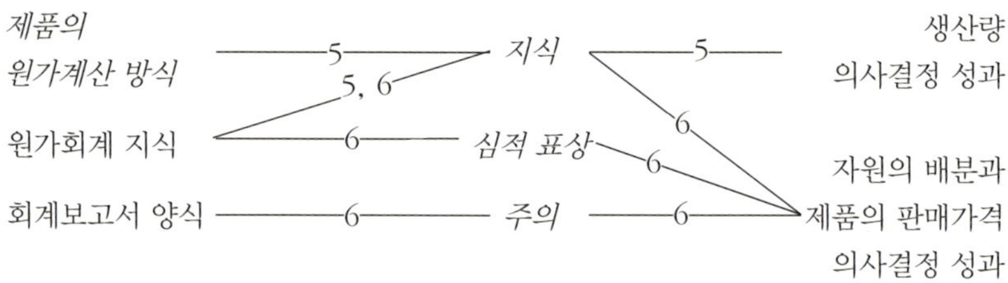

특정한 경험이 모수의 주관적인 추정에 미치는 영향

(Influence of Specific Experiences on Subjective Parameter Estimation)

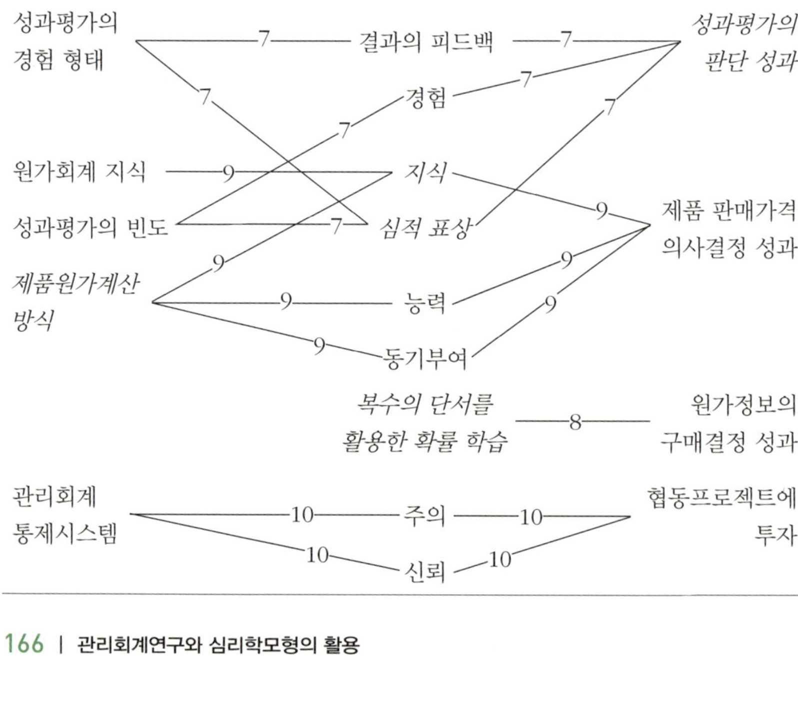

도표를 해석하는 방법에 관한 설명은 [도표 3-1]을 참조할 것.

1. Shields(1983)
2. Cardinaels and Labro(2008)
3. Luft and Shields(2001)
4. Farrell et al.(2007)
5. Dearman and Shields(2001)
6. Cardinaels(2008)
7. Frederickson et al.(1999)
8. Krishnan et al.(2002)
9. Dearman and Shields(2005)
10. Coletti et al.(2005)

6.1 조직 내의 기록으로부터 변수에 관한 정보를 획득하기(Acquiring Information about Variables from Organizational Records)

회계정보시스템은 종종 의사결정자가 보유한 인지능력을 초과하거나 획득하고 처리하려는 의도를 초과하여 더 많은 정보를 생성할 수도 있다. 자신들이 활용하기에 원가효율적이지 않은 정보를 단순하게 무시할 수만 있다면 의사결정자가 추가적인 정보를 얻을 수 있다고 해서 의사결정 성과가 감소되는 것은 아니다. 그러나 심리학에서의 연구들은 대량의 정보를 입수하여 활용할 가능성은 의사결정 성과에 부정적인 영향을 미칠 수 있다는 것을 암시하고 있다(Payne et al., 1993; Schroder et al., 1967). 의사결정의 성과는 정보의 양이 적당할 때 최고에 도달하며 정보의 양이 증가함에 따라 감소하는데, 그 원인은 최소한 두 가지이다.

첫째, 활용가능한 정보의 절대량이 증가하면서 획득한 정보의 *상대적* 수량(즉, 활용가능한 총정보의 비율)이 감소한다. 그 이유는 추가로 획득한 한 단위의 정보에 대한 한계가치가 감소하고/하거나 추가적인 정보 한 단위를 인지적으로 처리하는 한계비용이 증가할 것이기 때문이다(Payne et al., 1993). 따라서 Payne et al.,(1993)이 시사한 대로 만일 사람들이 정보를 선택하는 전략이 최선이 아닌 경우에는 선택성(selectivity)이 증가하여 (즉, 상대적으로 정보를 사용하는 비율이 낮아져서) 더 열등한 품질의 정보를 선택하고 따라서 의사결정의 정확도가 떨어지게 됨을 의미한다.

둘째, 활용가능한 정보의 양이 증가하면 정보를 선택하는 과업만으로도 의사결정 자체에 사용할 수 있는 자원을 감소시켜 인지적으로 제한된 정보처리 능력에 무거운 부담을 지우게 된다. 그 결과, 의사결정의 성과(정확도)는 활용가능한 정보에 대하여 역 U자 형의 함수 모양을 갖게 된다(Schroder et al., 1967). 처음에는 정보의 양이 낮은 수준에서 시작하여 점차 증가하면서 의사결정의 성과 또한 증가한다. 그러나 정보의 양이 더욱 증가하여 개인이 인지적으로 처리할 수 있는 능력의 한계에 도달하면, 주관적인 정보처리의 원가가 추가된 정보가 실현시켜주는 효익을 초과하게 된다.

심리학의 이러한 연구성과에 기반하여 Shields(1983)는 성과보고서에 포함되어 있는 활용가능한 정보의 양이 개인이 획득하는 정보의 양과 보고서에 담긴 성과의 원인에 대한 판단의 정확성에 어떻게 영향을 미치는가에 관하여 이전의 이론과 일치하는 증거를 제시하였다. 이 실험에서는 정보의 제시방식에 대한 이전의 심리학분야의 연구(Payne et al., 1993)와 같이 (열로 나열된) 성과보고서를 복수의 하위사업부 각각에 대한 복수의 (행으로 나열된) 성과측정치를 보여줄 수 있도록 이차원의 매트릭스 형태로 작성하였다. 실험에서 제공된 보고서의 매트릭스의 각 셀(cell)은 정보 한 단위임을 표시하며 보고서에서 활용가능한 정보의 총량은 셀의 총합과 같다.

Shields(1983)는 경험 많은 노련한 관리자가 보고서에서 선택한 정보의 절대량은 증가하지만 성과측정치의 수가 증가하고 또는 하위사업부의 수가 증가할수록 선택한 상대적인 정보의 양(즉, 보고서로부터 활용가능한 정보단위의 비율)은 감소할 것이라 예상하였고 이 예상을 지지하는 결과를 보고하였다. 이에 더하여 Shields(1983)는 Schroder et al.(1967)의 연구에 따라 (전문가 집단이 평가한 것과 합치하는 정도로 측정한) 의사결정의 정확도는 활용가능한 정보의 양에 대하여 역 U자 모양의 함수일 것이라 예측하였으며 그러한 결과를 관측하였다. 전반적으로 Shields(1983)가 보고한 (그리고 위에서 언급한 것처럼 Shields (1980)의 연구에서도 보고된 것과 같은) 이러한 결과는 점점 더 많은 정보가 활용가능해지면서 개인이 성과보고서에서 정보를 선택하는 것이 차츰 비효율적이 되어 간다는 주장과 일관성이 있다. 활용가능한 정보의 양이 증가하면서 활용하는 정보의 절대량이 증가하기 때문에 처음에는 의사결정의 정확성이 증가한다. 그러나 정보 선택이 열등해지고 정보를 처리하기 위하여 인지능력에 요구하는 부담이 증가하면서, 활용하는 정보의 양이 증가하는 효과보다 정확성이 감소하는 효과가 더 커진다.

6.2 기억 속에 정보를 저장하고 인출하기(Storing and Retrieving Information in Memory)

사람들은 의사결정에 활용하기 위하여 정보를 회계보고서와 같이 외부의 출처에서 획득하는 것에 더하여 자신들의 장기기억(long-term memory)에서 정보를 획득(또는 인출)하기도 한다. 부록에서 제시된 모형과 같은 경제학적 모형에서 제시된 관리회계분야의 여러 의사결정과 관련하여 기억 속에 저장된 정보는 매우 중요하다. 예를 들면, 특정한 과업에 투입할 노력을 결정해야 하는 대리인은 종종 투입할 노력의 원가와 효익에 관하여 기억 속에 저장하여 놓았던 정보에 근거하여 의사결정을 내린다. 회계시스템이 종업원의 노력에 대한 지표를 포함하고 있음에도 불구하고, 이러한 지표 중 일부는 종업원에 대한 조사를 통해 파악하며 따라서 기억에 근거하고 있다.

Cardinaels and Labro(2008)는 개인이 기억에 근거하여 추정한 활동시간의 정확성에 영향을 미치는 요소에 대하여 실험을 통해 수집한 증거를 제시하였다. 이러한 추정은 중요한데 그 이유는 "종업원들이 다양한 활동에 얼마나 많은 시간을 소비하는가에 대한 조사는 많은 원가시스템에서 고정변수"(Cardinaels and Labro, 2008, p. 736)이기 때문이며, 많은 종업원들은 자신들의 활동을 그때그때마다 기록을 계속하기보다는 기억에 의존하여 이러한 추정치를 얻기 때문이다.

정보의 양이 더 많아지면 조직의 기록으로부터 정보를 획득하는 것과 마찬가지로 기억 속에 정보를 저장하고 인출함에 있어 문제를 일으킨다. Cardinaels and Labro(2008)는 원가회계시스템이 활동에 관한 정보를 집약하는 수준이 저장하고 인출해야 할 정보의 양에 영향을 미친다는 사실을 관찰하였다. 예를 들면, 구성원들로 하여금 세 가지 활동에 소비한 시간을 추정할 것을 요구하는 시스템은 이러한 세 가지 활동을 여섯 가지로 나누어 각각의 여섯 가지 활동에 소비한 시간을 추정하도록 하는 시스템보다 부담을 덜 준다. 인지심리학의 연구는 한 사건에 대한 분류를 더 작게 세분화하면 해당 사건의 발생 빈도를 회상함에 있어 정확성이 감소한다는 것을 발견하였다(Fiedler and Armbruster, 1994). 다양한 과업의 발생 빈도를 정확하게 기억하는 것이 이러한 과업에 종업원들이 소비한 시간의 비율을 스스로 추정하는 데 있어 매우 중요한 요소일 가능성이 높기 때문에 Cardinaels and Labro(2008)는 활동을 좀더 집약할 때 시간을 추정하는 것이 더욱 정확해질 것이라고 예상하고 이를 지지하는 결과를 발견하였다.

그러나 정보의 양은 기억 속에 저장된 정보에 근거하여 시간을 정확하게 추정하는 데 영향을 미치는 유일한 요소는 아니다. 시간추정의 정확성을 증가시키는 데 더욱 효과적이 되도록 또는 덜 효과적이 되도록 인센티브를 구축할 수 있으며 이러한 인센티브는 다시 활동의 구조에 따라 그 효과가 달라진다. 정보를 기억에서 부호로 변환하여 기록하는 것과 그 정보를 기억에서 다시 인출하는 것은 노력에 민감하기 때문에(Boltz, 1998), Cardinaels and Labro(2008)는 정확한 활동시간을 추정하는 것이 필요하며 그에 따라 보상이 이루어질 것(전향적 공지, prospective notification)이라고 개인들이 활동을 수행하기 *전에* 알려주면 그들이 의식적으로 소비한 시간에 대한 정보를 계속 추적하기 위한 노력을 들일 것이기 때문에 활동시간을 추정하는 것이 더욱 정확할 것이라고 예상하였고 그 예상을 지지하는 결과를 제시하였다. 종업원들이 시간을 추정해야 한다는 요구사항과 이에 관한 인센티브를 활동을 수행한 후에야 알게 되면 (회고적 공지, retrospective notification) 그들은 정확하지 못한 무의식의 기억에 의존하여 시간을 추정해야 하기 때문에 활동시간을 추정하는 것이 덜 정확해진다. 더구나 이러한 공지의 시점이 갖는 효과는 활동에 관한 정보를 더 많이 집약시킬 때 효과가 커진다. 정보의 집약도가 감소하면서 처리하여야 할 정보 항목의 수가 전향적 공지에 의하여 사람들이 의식적인 노력을 추가하도록 유도하는 경우에도 효과적으로 부호화할 수 있는 한도를 초과하여 증가한다.

이 연구에서 검증한 활동의 또 다른 성질은 일관성(coherence)이다. 일관성 있는 활동은 구조적이고 체계적인 순서대로 수행하게 되지만, 비일관적인 활동은 필요할 때마다 그리고 비교적 무작위적인 순서에 의해 '임기응변 방식으로(addressed as they come in)' 처리된다(Cardinaels and Labro, 2008, p. 739). 일관성 있는 활동의 구조에 따라 시간적 제약을 받지 않는(nontemporal) 정보(예: 내용에 관한 정보)는 기억 속에서 비교적 쉽게 부호화되고, 그에 따라 활동에 관한 정보 중 시간적 제약을 받는 정보를 부호화하는 데 더 많은 인지적 자원을 투입할 수 있게 된다(Brown and Boltz, 2002). 따라서 전향적으로 공지된 인센티브를 이용하여 유도하려 한 부호화 노력을 추가로 들이지 않고도 사람들은 비교적 정확하게 기억에 의존하여 일관적인 활동에 대한 시간을 추정할 수 있게 된다. 반면에 비일관적인 과업의 경우에는 좀 더 의식적으로 부호화하기 위한 노력이 필요하다. 과업의 일관성과 기억에 관한 심리학분야의 연구에 근거하여 Cardinaels and Labro(2008)

는 (회고적 공지에 비하여) 전향적 공지가 일관적인 작업보다 비일관적인 작업에 대한 시간 추정의 정확성을 증가시킬 것이라고 예상하였고 그러한 예상을 지지하는 결과를 보고하였다. 이 같은 결과는 원가시스템의 설계작업에 내재되어 있는 복합적인 맞교환을 강조하고 있다. 이 과정에서 복수의 활동원가 풀(activity cost pool)을 유지하는 잠재적인 효익은 활동시간 추정의 부정확성이 증가함에 따라 차츰 감소하기도 하고, 결함이 있는 기억을 대체하기 위하여 기록을 유지하는 원가가 증가함에 따라 소멸될 수도 있다.

6.3 회계정보를 활용하여 모형의 모수를 주관적으로 추정하기(Subjectively Estimating Model Parameters Using Accounting Information)

자신들의 노력을 최적으로 배분하기 위한 방법을 결정하기 위해서 사람들은 자신들의 성과측정치에 관한 정보(Shields(1983)가 제시한 대로 조직의 회계시스템에서 얻을 수 있다.)가 필요할 뿐만 아니라 자신들이 다양한 활동에 소비한 시간에 대한 정보(Cardinaels and Labro(2008)이 제시한 대로 자신들의 기억에서 얻을 수 있다.) 역시 필요하다. 특정한 활동을 위해 노력한 대가가 다른 활동을 위해 노력한 대가보다 더 큰지를 계산하려면 의사결정자들은 노력을 결과물과 연결시켜 줄 모수를 추정할 필요도 있다. 모수에 대한 다양한 추정치는 보통 주관적으로 결정되는데 다른 사람들의 성과를 평가하고 자기 자신이 노력하는 활동 이외에도 자원을 배분하기 위하여 필요하다(부록에 있는 모형 참조). 관리자들은 여러 기간 또는 여러 사업부의 성과를 요약한 균형성과표나 내부보고서에 기재된 정보에 기초하여 종종 재무성과와 그 성과의 동인(driver) 사이의 관계를 주관적으로 판단한다(Ittner et al., 2003a,b; Kaplan and Norton, 2001, 2004; McKinnon and Bruns, 1992). 이러한 관계 또는 모수에 관한 불확실성(예를 들면, *활동 x와 활동 y*가 재무성과에 상대적으로 기여한 몫)이 앞의 제5장에서 설명한 맞교환에 관한 의사결정이 어려워지는 이유이다.

관리회계는 모수를 주관적으로 추정하는 경우에도 중요한 역할을 수행한다. 관리회계정보가 모수를 추정하는 데 활용될 수 있으며, 관리회계가 모수를 정확하게 추정하도록 인센티브를 제공할 수도 있다. 좀 더 문제가 되는 것은 모수의 추정과는 별개의 이유로 선택된 관리회계의 성격이 사람들의 주의, 기억 및 인지처리과정의 기타 요소에 영향을 미침으로써 의도하지 않게 모수의 추정에 영향을 미칠 수도 있다는 것이다.

다음에서 검토할 연구문헌들은 통제된 실험환경에서 사람들이 내리는 의사결정으로부터 그들의 주관적 모수 추정치를 추론해 내는 전형적인 연구들이다. 이 연구들은 모수를 의사결정에 대응시키는 것이 비교적 명백하도록 실험환경을 설정하였다. 사람들이 관리회계를 이용함에 있어 예측가능한 이질성을 보인다는 것은 반복되는 주제이다. 즉, 동일한 관리회계정보도 경험, 기술적인 회계지식 또는 인지능력이 다르다면 그 사람들이 내리는 의사결정에 서로 다른 영향을 미친다는 것이다. 지식과 능력, 특정한 경험 및 관리회계로부터의 자극이 결합하여 사람들이 정보에 기울이는 주의와 정보의 해석을 유도함으로써 그들이 모수를 추정하는 데 영향을 미치기는 하지만, 항상 이로운 방향으로 유도하지는 않는다.

불리한 조건(예: 적은 수의 예측변수와 이들 간의 선형관계 그리고 잡음이 없는 경우)하에서 많은 연구들이 렌즈모형 패러다임을 잘 활용하는 것을 보여준 것처럼 개인도 회귀계수에 해당하는 주관적 수치를 상당히 정확하게 추정하고 사용할 수 있다(Karelaia and Hogarth, 2008).[01] 렌즈모형 패러다임을 활용한 최근의 관리회계연구는 시간차이가 나는 비선형적 효과가 의사결정의 성과를 감소시킬 수 있는 보다 복합적인 상황을 검증하고 있다.

Luft and Shields(2001)는 렌즈모형 패러다임을 이용하여 무형자산과 관련된 지출에 관한 회계가 개인이 회계정보를 이용하여 이러한 지출이 이익에 미치는 효과를 학습하는 데 어떻게 영향을 주는지를 검증하였다. 복수의 단서에 의한 확률학습[02]에 관한 연구에 기초하여 Luft and Shields(2001)는 잠재적으로 적합한 정보의 양이 개인의 인지적 정보처리능력보다 상대적으로 클 때에 사람들은 정보들 사이의 잠재적으

---

01 사람이 정보(또는 단서, cue)의 기준(criterion)을 판단하는 데에(예: 이익을 예측하거나 성과를 평가하기) 어떻게 활용하는가를 살펴보기 위하여 렌즈모형(lens model)의 패러다임을 이용하였다. 렌즈모형을 활용한 연구자들은 개인의 주관적 판단에 관한 모형을 추정할 때 활용가능한 단서를 판단에 회귀시킨다. 이러한 추정모형은 환경에 대한 최적모형과 또는 추정된 다른 사람의 주관적 모형과 비교할 수 있다. 좀 더 자세한 내용은 Hammond and Stewart(2001)와 Karelaia and Hogarth(2008)를 참조하기 바란다.

02 복수의 단서에 의한 확률학습(multiple-cue probability learning) 연구는 렌즈모형 패러다임을 이용하여 확률적으로 관련되어 있는 단서(예측변수, predictor)로부터 기준변인(criterion variable, 예: 이익)을 예측하는 법을 개인이 어떻게 학습하는가 그리고 그들의 학습이 피드백에 따라 어떠한 영향을 받는가를 조사하였다(Karelaia and Hogarth, 2008).

로 적합한 관계(예: 당면한 관계와 시차를 두고 연결되는 관계)에 자신들의 한정된 주의를 비대칭적으로 나눈다. 따라서 모든 관계를 동일한 수준으로 훌륭하게 학습하지 못한다. 관리회계는 개인에게 어느 곳으로 주의를 기울여야 할지에 관한 — 이 경우에 무형자산에 관련된 지출을 내부보고 목적으로는 비용으로 분류할 것인지 또는 투자로 분류할 것인지에 관한 — 단서를 제공한다.

Luft and Shields(2001)의 실험에서 참가자들은 동일한 20개의 공장으로부터 방금 마감한 분기의 총이익 그리고 방금 마감한 분기와 그 전의 3개 분기 동안에 이루어진 무형자산 관련 지출에 대한 정보를 수령하였다. 지출-이익은 세 회계기간의 시차를 두고 있는 관계이다. 무형자산 관련 지출은 비용 또는 투자라는 이름표를 달고 있다. 실험의 참가자들은 이 정보를 활용하여 지출-이익 관계를 주관적으로(즉, 계산기를 사용하지 않고) 학습하여야 한다. 그 다음에는 참가자들이 비슷한 유형의 20개 공장에 대하여 방금 마감한 분기와 그 이전의 3개 분기 동안에 이루어진 무형자산 관련 지출에 대한 정보를 받는다. 그리고는 첫 20개의 공장에 대한 지출과 이익에 관한 정보에서 자신들이 학습한 내용을 바탕으로 나중 20개 공장에서 방금 마감한 분기의 총이익이 얼마나 될지 예측하는 과업을 부여받는다.

예상대로 Luft and Shields(2001)는 무형자산에 관련된 지출이 자본화(비용으로 처리)될 때, 무형자산과 관련된 지출과 이익의 통계적 관계가 일정하다고 가정하면 개인의 판단 성과는 높아진다(낮아진다)는 것을 발견하였다.[03] 이러한 결과는 비용으로 분류된 항목이 미래에 아무

03 렌즈모형을 이용한 연구들과 동일하게 판단의 성과는 예측변수의 평균오차, 달성도

런 효익을 창출하지 않는다는 순진한 믿음에서 비롯되는 것이 아니다. Luft and Shields(2001)는 실험 전에 미리 측정한 값을 이용하여 참가자들이 무형자산에 대한 지출이 비용으로 처리되었을 때 미래의 이익을 증가시킬 것이라고 믿는다는 사실을 검증하였다. 그리고 비용으로 처리하는 실험조건의 참가자들이 한 예측을 살펴보니 당기의 이익을 예측함에 있어 전기의 지출에 양(+)의 가중치를 부여한다는 것을 의미하였다. 그러나 이러한 가중치는 투자로 처리하는 실험조건의 참가자들이 한 예측에 암묵적으로 포함된 가중치만큼 정확한 것은 아니다. 실험 후 설문에 대한 응답을 분석한 결과 투자로 처리하는 조건의 참가자들은 정보를 검증할 때 지출과 이익실현 관계의 시간지연 효과에 주의를 집중하였다는 것을 알 수 있었다. 반면에 비용처리 조건의 참가자들은 동일한 회계기간 내의 관계에 주의를 더 집중하였다. 지연된 관계는 더욱 강력한 예측변수이기 때문에 지연된 관계에 대한 학습이 정확하지 않으면 이익을 예측하는 성과가 떨어지게 된다.

지출과 이익의 지연시간과 두 요소 사이의 관계가 어떤 모양인가는 모수를 주관적으로 추측하는 데 유의한 영향을 미칠 수 있다. 렌즈모형과 복수의 신호에 의한 확률 학습연구에 따르면 다른 모든 조건이 동일하다면 두 요소가 양의 선형적 관계를 보일 때 정확성이 가장 높고, 그 다음으로 음의 선형적 관계, 양의 곡선형(역 U자형) 관계, 그리고 음의

(achievement, 개인의 예측과 실현된 결과와의 상관관계), 일관성(consistency, 개인이 예측할 때마다 동일한 모형을 사용하는 정도), 합치성(consensus, 개인들 간의 예측의 유사성), 그리고 자기 통찰력(self-insight, 개인이 예측을 어떻게 한 것인가에 관한 사후적 설명이 자신이 실제로 한 예측과 부합하는 정도)로 측정하였다.

곡선형 관계일 때의 순서로 정확성이 차례대로 낮아진다는 것을 발견하였다(Hammond and Summers, 1965; Deane et al., 1972; Brehmer et al., 1974).

Farrell et al.(2007)은 이상에서 언급한 연구들과 5.3에서 검토한 시스템역학모형에 관한 연구들을 종합하여 다른 재무적 성과측정치(제조공장의 경우, 제품의 원가와 총이익)가 재무적 성과와 그 동인의 곡선형 관계를 사람들이 학습하는 데 영향을 미친다는 가설을 발전시켰다. Farrell et al.(2007)은 곡선형 관계에 초점을 맞추었다. 그 이유는 심리학분야의 연구들은 사람들이 선형적 관계보다는 곡선형 관계를 배우기 더 어려워한다는 것을 알려 주었기 때문이다. 또한 관리회계의 연구들은 원가동인과 이익동인의 곡선형 관계가 매우 강건해서 제한된 범위 내이기는 하지만 기업의 의사결정에 매우 중요하다는 증거를 제시하였기 때문이다. 예를 들면, 한 회계법인이 여러 산업에 속한 기업들을 조사하였는데, (주요 재무성과 동인인) 고객만족과 관련된 캠페인을 주도하는 관리자들은 가장 큰 문제 두 가지는 "① 고객 만족과 이익을 연결하는 것, ② 고객 만족을 제고시키는 운동의 수익체감의 법칙이 적용되는 점(point of diminishing returns)을 파악하는 것"이라고 믿는다고 한다(Ittner and Larcker, 1998, p. 3).

Farrell et al.(2007)의 실험에서 실험참가자들은 비슷한 여러 사업부에서 (종업원의 훈련 등) 특정한 캠페인에 지출하는 금액과 그 사업부의 재무성과에 관한 정보를 (총생산원가 또는 총이익의 형태로) 받는다. 피험자들은 이 정보를 이용하여 학습한 내용을 바탕으로 해서 비슷한 사업부들이 종업원의 훈련에 지출한 금액이 다양할 때 이 사업부들의 미래 재무성과를 예측한다. 그리고 난 후에 그들의 예측을 바탕으로 재무성과와 캠페인에 소비한 금액과의 관계에 관한 피험자들의 주관적 모형을 추론해 낼 수 있다. 굴곡되어 있는 정도 그리고 관계를 통계적으로 예측할 수 있는 정도가 원가동인의 조건과 이익동인의 조건에서 동일하도록 추론에 필요한 정보를 구성하였다.

원가동인과 이익동인의 보고서를 활용하는 것은 보고서에 포함된 정보를 사람들이 주관적으로 처리하는 성과에 영향을 미치는 두 가지 심리적 효과가 있다. 첫째, 전반적인 관계의 방향은 이익동인과 양의 부호를 갖고 있으며(종업원의 훈련에 지출하는 금액이 총이익을 증가시킨다.), 원가동인과는 음의 부호를 갖고 있다(종업원의 훈련에 지출하는 금액이 훈련비를 제외한 제품의 원가를 감소시킨다.).

둘째, 훈련비 지출-원가와 훈련비 지출-이익의 관계가 모두 통계적으로는 두 변수의 (직접적) 관계로 모형이 구성됨에도 불구하고, 사람들은 훈련비 지출-원가의 관계를 직접적인 것으로 각인하고 훈련비용-이익의 관계는 간접적인 것으로 각인하여 심적으로 표상시킬 가능성이 있다. 사람들은 원가동인의 관계(종업원의 훈련에 지출하는 비용에서 제품원가)보다 이익동인의 관계를 더 장기적인 인과관계의 사슬로 (종업원의 훈련에 지출하는 비용에서 제품의 원가, 다시 제품의 원가에서 총이익으로) 심적 *표상*을 만들 가능성이 높은데, 이러한 간접적인 인과관계는 인지적으로 처리하기가 더욱 어렵다(Sterman, 2000). 더구나 직접적 관계와 간접적인 관계에서의 불확실성이 실제로 동일하더라도 심적으로 표상되는 인과관계에 추가되는 각각의 사슬은 이러한 관계에 대하여 주관적으로 느끼는 불확실성을 증가시킬 수 있다. 왜냐하면 각각의 연결고리가 추가되면서 사람들로 하여금 기대하였던 효과가 발생하지 않는 또 다른 이유들을 상기시키는 자극이 될 수 있기 때문이다.

두 가지의 심리적 요인(음의 부호를 갖는 관계와 간접적인 관계를 처리하여야 하는 인지적인 어려움)은 원가동인과 이익동인의 대립적 관계의 영향에 관하여 상반된 예상을 지지한다. 이익동인의 관계가 양의 부호를 가졌다는 것은 원가동인의 관계보다 수월하게 처리할 수 있어야 한다는 것을 뜻하며 그 결과 예측의 성과가 더 좋아야 한다. 그러나 이와는 반대로 이익동인의 관계가 가진 간접성 때문에 인지적으로 처리하기 더욱 힘들게 만들고 따라서 예측성과는 더 열악해지는 것이다. 이처럼 상반된 효과 중 어느 것이 더욱 강력할지에 관한 예상에 대한 근거를 제공하는 심리학분야의 연구들이 추가로 존재한다(이에 관하여서는 Farrell et al.(2007)의 연구를 참조할 것).

첫째, 심적 표상(mental representation)은 재무성과 동인의 관계에 대하여 사람들이 보유하고 있는 이론이며, 이전의 연구들은 정보의 통계적 속성(예: 관계의 방향성인 부호)보다는 인과관계에 관하여 사람들이 보유하고 있는 이론(예: 동인과 총이익을 연결하는 인과관계의 사슬)이 종종 그들의 판단에 더 많은 영향을 미친다는 것을 암시하고 있다. 둘째, 이전의 연구들은 사람들이 제공된 정보에만 전적으로 의지하여 학습할 때보다 부호에 관하여 사전에 분명한 믿음을 가지고 있을 때 학습과 판단의 정확성에 대한 부호의 영향이 유의하게 감소한다는 것을 발견하였다. Farrell et al.(2007)은 실험의 참가자들이 이익동인의 관계가 더 간접적이고 지출액이 제품의 원가를 감소시켜 주거나 총이익을 증가시켜 줄 것이라고 보고하였다. 그러므로 관계의 간접성이 관계의 부호보다 더욱 중요해야 하는 조건이 충족되었다.

Farrell et al.(2007)은 재무성과가 매출총이익(간접적인 양의 관계)으로 표현된 보고서를 받을 때보다는 제품의 원가(직접적인 음의 관계)로 표현된 보고서를 받을 때 재무성과에 관한 사람들의 주관적 예측이 더욱 정확하다는 실험실 증거를 제시하였다. 평균적으로 제품 원가에 관한 사람들의 예측은 정확한 편이다. 그러나 그들이 매출총이익을 예측할 때에는 평균적으로 사람들의 주관적 모형이 지나치게 선형적이어서 훈련비에 대한 지출이 매우 낮은 수준에서부터 증가함에 따라 매출총이익이 어느 정도나 빠르게 증가할지와 훈련비에 대한 지출액이 이미 높은 수준에서 추가로 증가할 때 매출총이익이 얼마나 빨리 정체되었다가 다시 감소하기 시작할지에 대해서는 모두 과소평가하였다.

6.4 회계지식이 모수의 주관적 추정에 미치는 영향(Influence of Accounting Knowledge on Subjective Parameter Estimation)

활용가능한 정보가 세 개의 예측 변수(지출금액들)와 한 개의 결과 변수(이익) 뿐인 Luft and Shields(2001)의 실험 환경과 같이 제한된 정보 환경에서일지라도 관리회계의 고유 기능 중 하나인 주의를 기울이도록 하는 효과는 변수의 추정에 유의적인 효과를 보여주고 있다. 좀 더 풍부한 정보를 활용할 수 있는 환경에서는 모수의 추정에 적합한 정보를 파악하는 것이 더욱 어려우며, 회계지식은 사람들이 복수의 항목과

정보의 형태에 주의를 기울이도록 만드는 역할을 할 가능성이 있다.

Dearman and Shields(2001)는 Harvard 대학에서 사용하는 사례에 바탕을 두고 만들어 낸 비교적 풍부한 의사결정 시나리오를 활용하여 실험의 참가자들(다양한 수준의 원가회계 지식을 가지고 있고 실무경험을 보유한 관리자들)에게 이 같은 상황에서 복수의 제품에 대한 생산수량을 결정하라는 과업을 주었다. 이러한 환경에서 실험의 참가자들이 의사결정을 내리기 위해서는 사실상 특정한 제품의 생산량과 이익을 연계시킬 모형이 필요하다. 그런데 회계시스템은 적합한 모수를 오도하기도 하는 대리변수(proxy)를 단위당 이익의 형태로 제공한다. 즉, 수량에 기준한 원가회계시스템은 조업도가 낮은 특수한 제품에 대해서는 단위당 이익이 높다고 표시하는데, 제품별로 사용하는 자원에 관한 다른 정보를 활용하면 사실은 조업도가 높은 제품이 낮은 원가와 높은 이익금액을 달성한다는 것을 알려주고 있다.

Dearman and Shields(2001)는 실험의 참가자들이 보유한 원가회계의 지식내용과 지식구조(개인이 보유하고 있는 지식 항목들 간의 연결양식)가 의사결정 성과에 영향을 미칠 것이라고 예측하였다. 이러한 예측은 과업에 적합한 지식내용[04]을 더 많이 가졌을 때 그리고/또는 지식이 과업에 적합한 인과(cause-and-effect)관계에 따라 조직화되어서 지

04 지식내용(knowledge content)이란 기억 속의 정보를 지칭하는 것으로 일반적인 범용 정보와 특정한 과업에 해당되는 정보를 포함한다(Bonner, 2008). 지식구조(knowledge structure)란 기억 속에서 개별적 지식이 서로 연계되어 있는 방식(예: 인과적(causally), 계층적(hierarchically), 공간적(spatially), 시간적(temporally))을 지칭한다. 개인이 보유하고 있는 지식은 그 구조에 따라 그리고 지식구조가 과업구조에 어느 정도나 부합하는가에 따라 일정한 정도 접근할 수 있다(따라서 활용될 수 있다)(Anderson, 2000, 2005).

식의 범주가 정밀하게 구분되어 있을 때 개인의 의사결정 성과가 향상된다는 심리학적 연구에 근거를 두고 있다(Bonner, 2008). Dearman and Shields(2001)는 ABC 관련 지식내용을 더 많이 보유하고 조업도에 기반한 지식내용을 더 적게 보유한 참가자들의 의사결정의 성과가 가장 높을 것으로 예측하였고 그러한 증거를 찾아냈다. ABC 관련 지식을 보유하면 다양한 자원을 소비하여 제품이 제조될 때 원가의 인과관계를 더욱 정확하게 표시할 수 있다. 따라서 ABC 관련 지식을 보유한 참가자들은 낮은 조업도의 제품 원가가 더 높을 것임을 시사하는 정보에 더욱 주의를 기울일 가능성이 많다. 반면에 조업도에 기반한 원가시스템과 관련된 지식은 참가자들이 수량기준 원가계산시스템에서 산출된 단위당 이익에 더욱 주의를 기울이도록(호도하는) 단서를 제공한다.

또한 Dearman and Shields(2001)는 개인의 원가회계 지식이 활동기준 지식구조와 더욱 일치하는 구조일수록 의사결정 성과가 높을 것이라 예측하고 그러한 증거를 발견하였다. 실험참가자의 지식이 활동기준 지식구조일 때에는 활동 지식의 한 항목이 기억 속의 다른 항목들을 자극하여 더욱 적합한 지식들이 인출되어 의사결정에 영향을 미친다.[05] Dearman and Shields(2001)는 또한 실험참가자들의 원가지식이 물리적 자원(원재료-노동-제조간접원가)에 기반한 지식구조와 더 가까울 경우에는 의사결정 성과가 낮을 것이라고 예측하였으나 이와 일치하는

---

05 활동기준 구조가 미약하다는 것이 곧 물리적 자원기준 구조가 강력하다는 것은 아니다. 개인의 지식은 제 3의 구조로 이루어질 수도 있으며 전혀 구조적이지 않을 수도 있다. 그러므로 ABC구조가설에 대한 유의미한 결과가 반드시 다른 구조가설에 대한 유의미한 결과를 시사하는 것은 아니다.

증거를 발견하지는 못하였다.

Dearman and Shields(2001)의 실험에서는 피험자들에게 제공하는 회계지식은 일정하게 유지한 채로 (조업수량기준 또는 활동기준의) 두 가지 형태의 원가회계 지식과 지식의 수준을 변화시켰다. 반면에 Cardinaels(2008)의 실험에서는 지식의 형태를 일정하게 유지한 채로 지식의 수준과 제공되는 회계정보의 형식을 변화시켰다. 또한 그 실험에서는 정확하게 모수를 추정하는 것을 도와주는 관리회계정보의 가치가 지식의 수준에 따라 달라지지만, 지식의 수준은 관리회계정보의 형태와 상호작용한다.

Cardinaels(2008)의 실험에서 실험의 참가자들에게 주어진 과업은 이익을 증가시키기 위하여 세 명의 주요 고객들에게 판매할 제품의 가격을 어떻게 책정하고 자원을 배분할지(즉, 값비싼 서비스를 제공할지)에 관한 의사결정을 내리는 것이다. 실험의 참가자들은 각 고객별로 다양한 가격이 책정되고 다양한 자원배분 의사결정이 이루어졌을 경우의 수익성에 관한 ABC(활동기준 원가회계) 정보를 받는데, 이 정보는 피험자들로 하여금 가격과 자원의 배분을 이익과 연계시켜 줄 모수를 추정할 수 있도록 해준다. ABC 정보는 그래프나 표의 형태로 만들어져 제공되는데 두 가지 형태는 모두 같은 내용의 정보를 담아서 제공된다.

Cardinaels(2008)는 (실험에서 의사결정 과업을 수행하기 전에 실시한 검사에서 측정한) 원가회계에 관한 지식을 더 많이 보유한 피험자들이 더욱 세련된 원가회계의 심적 표상을 갖고 있는 것으로 예상된다고 주장하였다. 원가회계의 세련된 심적 표상은 원가회계의 변수들 사이의 특정한 관계를 포함하고 있을 것이다. 이 실험에 참가한 피험자들은 사실상 자신들이 찾아야 할 것이 무엇인지를 알고 있기 때문에 주어진 표에서 쉽게 적합한 세부정보를 획득하고 이 정보를 이용하여 이익동인의 관계를 학습하고 검증할 수 있었다. 반면에 원가회계 지식을 상대적으로 조금 덜 보유하고 아직 정교하게 개발되지 않은 심적 표상을 갖고 있는 피험자들은 적합한 정보를 파악하고 제공된 표에서 유익한 정보를 제공하는 행태(pattern)를 찾아내는 데 더욱 어려움을 느끼게 될 것이다.

Cardinaels(2008)의 실험에서 고객별 수익성에 관한 정보를 그래프의 형태로 제공받은 경우에는 이익과 이익동인의 추세(trend)를 더욱 명백하게 잘 보여주며 원가회계에 관한 지식이 적은 피험자들이 정보의 행태에 주목하도록 유도하였다. 따라서 지식이 적은 피험자들은 그래프가 모수를 추정하기 위해 매우 중요한 적합한 형태를 (예를 들면, 서비스 활동 y에 대한 자원배분이 증가할 때보다 서비스 활동 x에 대한 자원 배분이 증가하면 이익이 증가한다.) 파악하도록 유도한 그래프 방식의 보고서를 받고 도움을 받았다. 지식이 많은 피험자들은 이러한 행태를 파악하기 위해 그래프 방식으로 작성된 보고서의 도움을 받을 필요는 없었다. 오히려 그래프 방식은 개괄적인 행태를 두드러지게 나타내기 때문에 이러한 피험자들이 자신들의 지식이라면 활용가능할 수도 있었던 상세한 정보에 초점을 맞추는 것을 방해한다. 따라서 지식이 많은 피험자들은 그래프 방식보다는 표의 형태로 구성된 보고서를 사용하면 더 나은 의사결정을 내릴 것으로 예상된다. 반면에 지식수준이 낮은 피험자들은 그래프 방식의 보고서를 사용하면 표의 형태로 만들어진 보고서의 경우보다 더 좋은 의사결정을 내릴 것으로 예상된다. Cardinaels(2008)

의 실험에서 수집한 결과는 이러한 예상과 일치한다.

6.5 특정한 경험이 모수의 주관적인 추정에 미치는 영향 (Influence of Specific Experiences on Subjective Parameter Estimation)

앞의 절에서 검토한 연구에서 의사결정에 영향을 미치는 회계지식은 (간접적인 경험인) 교육과 훈련을 통해서뿐만 아니라 업무의 (직접) 경험을 통해서 획득된다. 그러나 관리회계분야의 특정한 경험은 기술적인 회계지식을 개발하는 것뿐만 아니라 모수를 추정하는 데에도 다양한 영향을 미칠 수 있다. 특정한 경험은 사람들이 새로운 정보에 주의를 기울이고 해석하는 데에 영향을 미친다. 이 절에서 소개할 처음 두 편의 논문은 이러한 현상을 기록하고 있으며 세 번째 논문은 이전의 경험 때문에 받는 영향을 극복하기 위하여 필요한 (능력, 지식, 그리고 동기와 같은) 개인적 속성들의 조합을 기록하고 있다.

Frederickson et al.(1999)은 결과(outcome)에 관한 정보, 결과에 기초한 성과평가 및 결과에 기초한 인센티브 보상과 관련된 구체적인 경험은 개인의 심적 표상 안에서 결과와 평가 간의 연계를 더욱 강화시킬 것이라고 주장하였다.[06] 사람들의 정신 속에서 결과가 돋보이고 결과를 성과평가와 연계하는 강도가 세지면서, 원칙적으로는 의사결정의 품

06 이 연구에 대한 설명을 할 때에는 정보, 성과평가, 그리고 인센티브 보상의 조합을 단순하게 성과평가로 지칭하기로 한다.

질(decision quality)이 결과보다 타인에 대한 평가기준으로는 더 좋다는 것을 알면서도 결과를 활용할 가능성이 더욱 높아진다. 반면에 의사결정의 품질에 기초하여 평가를 해본 사전의 경험이 있으면 의사결정의 품질이 현저히 돋보이도록 만들고 따라서 타인을 평가할 때 의사결정의 품질에 직접적으로 주의를 기울이게 된다.

Frederickson et al.(1999)은 또한 사람들이 경험해 본 평가의 형태(즉, 결과에 기초한 평가방식 또는 의사결정의 품질에 기초한 평가방식)에 따라, 평가를 받는 빈도에 따라 지식에 차별적으로 영향을 미칠 것이라고 예상하였다. 결과에 기초한 평가를 경험하였으면 빈번하게 평가를 받을 때에 그 영향이 더 강력할 것으로 예상된다. 한 번씩 더 평가를 받을 때마다 사람들의 마음속에서 결과와 성과평가 사이의 연결고리를 강화(reinforce)시켜 준다. 반면에 의사결정의 품질에 기초한 평가를 자주 받은 사람들에게는 결과에 대한 피드백이 적합하지 않으며 이러한 사실은 결과와 성과평가 사이의 연결고리가 없음을 강화시켜 준다.

이와 같은 예상과 일치하는 결과를 Frederickson et al.(1999)은 발견하였다. 즉, 결과에 기초한 평가를 경험해 본 경우에는 의사결정의 품질에 기초하여 평가하는 것이 적절하다는 소신에 평균적으로 동의하는 정도가 유의하게 감소하였고 다른 사람들을 평가하는 경우에도 결과에 기초하여 평가할 가능성을 한층 높여 주었다. 평가자가 과거에 결과에 의해 평가를 받은 경험이 있는 경우와 그러한 평가가 자주 있었던 경우에 (즉, 12번의 의사결정을 한 번에 평가를 받는 경우보다는 각각의 의사결정마다 평가를 받는 경우에) 다른 사람들의 성과를 평가하는 일이 결과에 의하여 가장 영향을 받는다. 평균적으로 사람들은 의사결정의 품질에 기초한 평가를 과거에 자주 받았을 경우에는 결과에 의한 영향을 최소로 받는다. 또한 어떠한 기준에 의한 평가방법이든 과거에 평가를 자주 받지 않은 사람들의 경우에는 결과에 기초한 평가와 의사결정의 품질에 기초한 평가의 양 극단의 중간을 선택하였다.

실험에서 연구자가 의도한 조작이 모든 참가자들에게 동일한 방식으로 영향을 미치지는 않는다는 것을 언급하는 것이 필요하다. 즉, 실험에서 관찰된 평균적인 효과란 실험실에서 주어진 여러 조건에 따라 비례적으로 행동한 사람들의 의사결정 행태가 이질적으로 혼합된 결과이다. 예를 들면, 이전에 결과에 기초하여 평가를 받은 경험이 있었던 상황에서 피험자들이 다른 사람들을 새롭게 평가할 때 의사결정의 품질보다는 결과에 기초하여 평가한 비율이 84%에 이르렀다. 반면에 나머지 16%는 의사결정의 품질만으로 평가하였다. 이와 비교하여 이전에 의사결정의 품질에 기초하여 평가를 받은 경험이 있었던 경우에는 이 비율이 각각 56%와 44%이었다.

Frederickson et al.(1999)의 연구에서 참가자들이 가지고 있는 성과평가의 경험은 의사결정의 품질에 기초한 평가의 적절성에 대하여 자신들이 가지고 있던 최초의 소신을 완전히 활용하는 것을 방해하도록 주의 및 기억 과정을 자극한다. 그렇지만 정보가 해석하기에 따라 달라지는 조금 더 복합적인 상황에서는 최초의 소신이 사람들이 경험으로부터 효과적으로 학습하는 것을 제한할 수도 있다. 복수의 단서에 의한 확률학습을 다룬 심리학분야의 연구에 따르면 사람들이 관찰을 통하여 인과관계를 학습할 때에는 자신들이 관찰한 모든 것을 동일하게 활용하지는 않는 경향이 있다고 한다. 측정한 행동(예: 자원배분에 관한 의사결정)

을 취한 결과가 복합적이어서 여러 가지가 원인으로 지목될 수 있을 때, 사람들이 초기에 가지고 있던 가설과 부합하는 결과는 좀 더 주목을 받고 후속 의사결정에 미치는 영향이 더 크다. 반면에 초기에 가지고 있던 가설에 부합하지 않는 결과는 소음으로 치부되어 주목을 끌지 못하게 된다. 그리하여 사람들은 행동과 그 결과를 통하여 배우는 것이 적어진다(Klayman, 1988; Broniarczyk and Alba, 1994).

Krishnan et al.(2002)은 이러한 심리학분야의 연구에 기초하여 시장에서의 경쟁이 의사결정에 미치는 영향을 검증하였다. 구체적으로 제품의 원가를 더욱 정확하게 추정하는 것을 지원하기 위해서 원가에 관한 정보를 얼마나 수집하여야 하는가에 관한 사람들의 의사결정에 시장의 경쟁이 미치는 영향을 예측하였다. Krishnan et al.(2002)의 실험에서 참가자들은 제품의 원가를 추정하기 위하여 미리 정해진 가격에 원가정보를 얼마만큼 구입하여야 하는지를 결정하여야 했다. 정보를 더 많이 구입하면 제품의 원가를 더 정확하게 추정하게 된다. 그런 다음에 피험자들은 추정된 제품의 원가를 활용하여 제품의 생산량과 제품의 원가를 절감하기 위한 활동에 어느 수준으로 투자할 것인지에 관한 의사결정을 내린다(과업을 단순화하고 의사결정의 결과인 이익이 정보를 구매하는 의사결정에 의해서만 결정되도록 하기 위하여 실험에서는 이 두 가지 의사결정을 자동화하였다.). 실험의 참가자들은 세 종류의 시장, 즉 독점시장, 과점시장 그리고 네 개의 기업이 경쟁하는 시장에서 원가정보를 구매하는 의사결정을 각각 10회 연속으로 하고 개별 의사결정이 끝날 때마다 이익에 관한 피드백을 받았다. 일부 피험자들에게는 (처음에는 독점시장, 그리고 나서 과점, 네 기업이 경쟁하는 순서로) 경쟁의 강도가 심해졌고, 다른 피험자들은 (반대의 순서대로 시장이 변화하여) 경쟁이 강도가 감소하는 경험을 하였다.

Krishnan et al.(2002)은 Hansen(1998)의 모형에서 차용한 의사결정상황을 설정하였는데, 이 모형에서 제품의 원가를 더욱 정확하게 추정한 값은 독점시장의 경우에 가장 높고, 과점시장의 경우에 가장 낮으며, 네 기업이 경쟁하는 시장에서는 중간을 유지하였다. 이처럼 U자 모양을 이루는 함수가 나타나는 이유는 두 개의 서로 상반되는 힘 사이의 균형이 이동하기 때문이다. 제품의 원가를 정확하게 추정하면 얻는 이득은 경쟁이 심화되면서 증가한다. 그 이유는 제품의 생산량에 대한 의사결정을 더 잘 내리는 것이 경쟁이 심화되면서 더욱 중요해지기 때문이다. 그러나 이와 동시에 제품의 원가를 정확하게 추정하면 얻는 이득은 일정한 규모의 시장에서 경쟁이 심화되면서 감소한다. 그 이유는 새로운 경쟁자가 시장에 진입한 결과 각 기업별 매출수량의 감소가 투자로 인한 고정원가를 보상할 총공헌이익을 감소시키기 때문이다. 따라서 투자가 축소되고 이를 정확하게 선택한다고 해도 이익에 미치는 영향력은 더 적어진다.

이처럼 U자 형태의 함수는 사람들이 갖고 있는 순진한 이론인 제품의 원가를 정확하게 파악하면 얻는 이득이 경쟁에 따라 단조롭게 증가하는 함수라는 가설과 갈등을 야기한다. 순진한 이론은 상당히 많은 영향력을 행사하는 것처럼 보이는데, 그 이유는 Hansen(1998)의 모형에 대한 최적의 해법이 지나치게 복잡해서 (세 단계 귀납적으로 추론하여 베이지안-내쉬-쿠르노 균형(Bayesian-Nash-Cournot equilibrium)에 도달하도록 되어서) 직관적으로 쉽게 처리할 수 없기 때문이다.

Krishnan et al.(2002)은 실험의 참가자들이 네 기업이 경쟁하는 시장에서 이미 경험을 쌓은 경우에 과점시장에서 결과(이익)에 대한 피드백을 받으면 빠르게 학습할 것이라고 예상하였다. 왜냐하면 — 순진한 이론과 부합하게도 — 원가 추정을 개선하기 위하여 지출하는 경제학적으로 최적인 금액은 네 기업이 경쟁하는 시장보다 과점시장에서 더 적기 때문이다. 반면에 실험의 참가자들이 이미 독점시장에서 경험을 쌓은 경우에는 과점시장에서의 정확성은 더 감소할 것이라고 예상된다. 왜냐하면 피험자들은 경쟁이 심화됨에 따라 제품원가의 정확성이 증가해야 할 필요가 있을 것이라고 예상하기 때문이며, 이러한 가정과 부합하지 않는 결과에 대한 피드백을 처리하는 데 어려움을 겪기 때문이다. 예상대로 Krishnan et al.(2002)은 실험을 통해 독점시장 다음에 과점시장을 경험하는 경우보다 네 기업이 경쟁하는 시장 다음에 과점시장을 경험하는 경우에 사람들이 원가정보를 과잉 구매하는 정도가 더 크다는 증거를 보고하였다. [07]

Frederickson et al.(1999)과 Krishnan et al.(2002)은 변화(즉, Frederickson et al.(1999)의 연구에서와 같이 평가자에서 피평가자로 그 역할이 바뀌는 경우와 Krishnan et al.(2002)의 연구에서와 같이 어느 한 경쟁 수준에서 다른 경쟁 수준으로 변화하는 경우)에 적응하는

07 Krishnan et al.(2002)은 직전의 자료구입 의사결정을 통제한 후, 개인의 실험 전 이론에 관한 정보를 수집하여 이러한 이론이 과점시장에서 초기 의사결정의 성과에 미치는 영향을 검증하였다. 실험의 결과, 참가자들이 적정한 양보다 많은 자료를 구입하려는 정도는 정확한 원가회계 정보의 중요성과 경쟁 사이에 양의 상관관계가 있다는 믿음과 비례하였다. 그러므로 이러한 결과는 변화에 대한 단순한 저항보다는 경쟁에 관한 순진한 이론에 의해 결정되는 것으로 보인다.

평균적 의사결정행동에 초점을 맞추었다. Dearman and Shields(2005)는 변화에 적응하여 사람들이 성취하는 성과가 변동하는 근원에 대한 정보를 제공한다.

Dearman and Shields(2005)는 Libby and Luft(1993)가 개발한 판단의 성과에 대한 모형을 이용하였다. 이 모형에 따르면 판단과 의사결정의 성과는 지식, 동기 및 능력에 의존할 것으로 예상된다. Dearman and Shields(2005)는 원가회계 방식을 변화시킨 후에 제품의 가격을 설정하는 과업을 수행하는 의사결정의 성과는 일반적인 문제해결 능력, 내적 동기화, 그리고 적합한 원가회계 지식의 세 가지 요소가 상호작용하는 함수라고 예측하였다. 특히 비교적 높은 수준의 일반적인 문제해결 지식, 내적 동기화 *그리고* 적합한 원가회계 지식을 보유하고 있는 피험자들만이 제품가격을 결정하는 자신들의 의사결정모형에서 모수를 적절한 방향으로 조정할 것이라고 예측하였다. 즉, 조업도에 기준한 원가회계시스템이 활동기준 원가시스템으로 변화하는 것에 맞추어 또는 그 반대로 변화하는 것에 맞추어 모수를 조정할 것이라고 예측하였다.

실험의 결과는 이러한 예측과 일치하였다. 원가계산 방식이 변화할 때 실험의 참가자들 중 세 가지 요소 모두 높은 수준에 도달하지 못한 피험자들은 자신들의 주관적 의사결정모형에서 모수를 조정하지 않거나 그릇된 방향으로 조정을 하였다. 이러한 결과는 최소한 이와 같은 상황에서는 의사결정의 성과를 높이기 위한 근본 자원으로서의 동기부여가 높다고 해서 능력이 많거나 과업에 적합한 지식이 많은 것을 효과적으로 대체(또는 그 반대 방향으로 대체)할 수는 없다는 것을 알려 주고 있다.

이 절에서 논의한 거의 모든 연구들이 경제학적으로 부정적인 결과를 초래하는 주관적인 추정의 편향에 초점을 맞추고 있지만, 긍정적인 결과 또한 가능하다. 예를 들면, Coletti et al.(2005)의 연구는 협력을 해야 하는 상황에서 협동적인 행동을 통해 이익에 공헌하는 편향도 있다는 실험실에서의 증거를 제시하고 있다. 심리학분야의 연구는 다른 사람의 행동을 그들이 처한 상황보다는 그들의 처신 탓으로 더 많이 귀속시키는 불균형적인 경향을 기록하고 있다(Fiske and Taylor, 2008). 이러한 연구와 일치하게 Coletti et al.(2005)은 실험의 참가자들은 다른 참가자들이 이전에 보여준 협동적인 행동은 사실 관리회계통제시스템(상황)이 작동하기 (또는 부재하기) 때문에 유도된 협동적 행동이었음에도 불구하고 그들은 이러한 행동을 다른 참가자들이 신뢰할 수 있는 본성(성질) 덕분이라고 생각하는 경향이 있을 것이라고 예측하고 그 결과를 연구의 첫 번째 실험에서 발견하였다.

두 번째 실험에서는 각 피험자가 다른 피험자와 짝을 이루어 잠재적인 협력자로서의 역할을 맡았다. 이들은 협동 프로젝트에 높은 수준 또는 낮은 수준의 자원을 투입할 것인지 결정하여야 한다. 협동 프로젝트에 대하여 높은 수준의 투자를 하고 잠재적 협력자 역시 높은 수준의 투자를 한다면 높은 보상을 받게 되지만 잠재적 협력자가 낮은 수준의 투자를 하게 되면 수익은 '0'이 된다. 두 협력자가 협동 프로젝트에 똑같이 낮은 수준의 투자를 한다면 실험의 참가자들은 중간 정도의 보상을 받을 수 있다. 따라서 피험자들의 보상은 죄수의 딜레마(prisoner's dilemma)에서와 같이 구성되어 있어서 파레토 최적(Pareto optimum)은 두 사람이 협력하는 것이다. 즉, 이 상황에서는 두 피험자 모두 협동 프로젝트에 높은 수준의 투자를 하는 것이다. 그러나 내쉬 균형점(Nash equilibrium)은 두 참가자 모두 낮은 수준의 투자를 하는 것이다.

이 실험에서 초기에 관리회계통제시스템이 협동 프로젝트에 높은 수준의 투자를 유도하는 상황이 하나 있었다. 이 상황에서는 첫 번째 실험에서와 같이 실험의 참가자들이 결과적으로 이루어진 협동을 잠재적 협력자들의 신뢰할 수 있는 본성(성질) 덕분이라고 생각하였다. 그러므로 이들은 자신들의 협력자를 신뢰하는 경향이 있었고 관리회계통제시스템이 제거된 후에도 계속해서 (협력적인) 높은 수준의 투자를 유지하였다. 비록 관리회계통제시스템이 제거된 후에는 평균적인 신뢰도의 수준과 투자의 수준이 저하되기는 하였지만, 관리회계통제시스템이 처음부터 없는 상황에 참가한 피험자들보다는 높은 수준을 유지하였다. 협동을 하여야 효율적인(Pareto-superior) 결과(높은 보상)가 만들어지기 때문에 이와 같은 귀인 편향(attribution bias)은 경제적으로 유리한 결과를 가져올 수 있다.

6.6 요약(Summary)

관리회계와 관련된 의사결정의 성과는 정보의 획득에 의존한다. 의사결정자는 주관적 의사결정모형의 주요한 변수 및 모수의 정확한 값을 요구한다. 대량의 정보가 조직내부의 문서 그리고/또는 경험으로부터 얻을 수 있는 것이 보통이지만, 이러한 정보를 획득하고 처리하는 것은 인지적 측면에서 대가가 크다. 그러므로 인간은 모든 적합한 정보를 문서에서 획득하지는 않는다. 또한 모든 적합한 정보를 기억에서 인출하거나 부호화하지는 않는다(Shields, 1980; Cardinaels and Labro, 2008). 개인의 정보선택과정이 반드시 적절하지는 않으며 그 결과 정보를 쉽게 얻을 가능성이 — 그래서 정보선택의 수요가 — 높을 때 그들의 의사결정 성과는 감소한다.

정보의 선택은 주관적으로 모수를 추정할 때에도 중요한 역할을 한다. 지식에 의해 유도되며 때로는 회계정보가 제공되는 양식과 상호작용하는 선택적 주의(selective attention)는 일부 정보가 동일하게 적합성을 가진 다른 정보보다 주관적 모수 추정과정에서 더 정확하게 처리된다는 것을 의미한다. 그 결과 일부 주관적 의사결정모형에서는 모수의 편향된 추정을 초래하기도 한다(Luft and Shields, 2001; Dearman and Shields, 2001; Farrell et al., 2007; Cardinaels, 2008). 이질적인 개인들 중 일부의 의사결정자들에게 지식은 적합성을 가진 일부 정보를 새로운 상황에서 덜 현저해 보이게 만들거나 해석하기에 덜 명확하게 만들 수도 있기 때문에 그 영향은 항상 긍정적인 것만은 아니다(Frederickson et al., 1999; Krishnan et al., 2002). 새로운 상황에 맞추어 성공적으로 조절하려면 고도의 능력과 지식 및 동기부여가 요구된다.

많은 관리회계의 연구문헌이 모수나 변수를 편향되지 않게 추정하면 더 많은 화폐적 보상액을 기대할 수 있으리라고 가정한다. 만일 이러한 보상이 동기부여를 매우 잘한다면, 충분한 능력과 적절한 지식을 보유한 개인은 자신들의 주관적 추정을 향상시킬 것이다. 그러나 편향되지 않은 추정과 더 많은 보상에 대한 이러한 가정이 항상 타당한 것은 아니다. Coletti et al.(2005)은 이와 반대되는 예를 제시했다. 즉, 개인이 서로의 성격을 잘못 추정하였을 때 더 많은 보상을 받은 것이다. 다시 말하면 상대의 신뢰성을 과신하였을 때에 그렇지 않았을 때보다 협력이 증대되고, 그 결과 협동 프로젝트에서 더 많은 보상을 받게 된다.

Chapter

07

결론
Conclusion

Chapter **07**

결론(Conclusion)

심리학에 기초한 관리회계연구를 검토한 결과 다양한 연구를 수행할 수 있는 기회가 있다는 것이 밝혀졌다. 여기에서는 이러한 기회를 세 가지로 요약한다. 첫째, 심리학에 기초한 기존의 관리회계연구는 관리회계분야에서 강건한 예측능력이 있음을 증명한 심리학적 모형과 경제학에 기초한 연구들을 종합할 수 있는 기회를 파악한다. 둘째, 관리회계연구의 추가적인 주제는 기존의 연구에서 모습을 드러내고 있다. 이러한 발견은 현재 진행 중이며 앞으로 더 조사할 가치가 있는 발견이다. 셋째, 이 논문은 관리회계와 관련하여 심리학에 기반한 연구가 적게 이루어진 의사결정의 분야를 파악하는 데 도움이 되도록 구성되어 있다. 즉, 우리가 보유하고 있는 관리회계와 관련된 의사결정의 심리학적 지식에 잠재적으로 중요한 차이가 있음을 의미한다.

7.1 기존의 연구: 주된 연구주제(Existing Research: Main Themes)

이 논문에서 검토한 첫 번째 주요 연구주제는 관리회계(예: 목표예산)가 프레이밍과 기준점을 만들어 낼 수 있고 이는 화폐적 보상의 가치평가에 영향을 미친다는 것이다. 인간은 자동으로 가치, 예를 들면 500달러의 현금 예상지급액의 가치를 읽어서 알려 줄 효용 측정기를 내장하고 있지 않기 때문에, 단지 외생적으로 주어지고 안정적으로 작동하는 것이 아닌 전후의 상황에 따라 구축되는 가치평가(선호)를 활용하는 경우가 종종 있다. 관리회계는 화폐적 보상의 예상액을 프레이밍하고 보상의 가치를 평가하는 방법에 대한 암시를 제공함으로써 이러한 가치평가를 구축하는 데에 일정한 역할을 할 수 있다. 예를 들면, 다른 모든 조건이 같다면, 위험한 투자안과 보상계획에 대한 개인의 선택은 인센티브계약에 대한 묘사 또는 예산의 목표를 이용한 기준점의 이동에 의하여 영향을 받을 수 있다.

둘째, 비화폐적 보상이 관리회계와 영향을 주고받는다. 사회적 관계는 시장에서 이름을 감추고 하는 거래보다 조직에서 생활하는 데 더 큰 역할을 하는 것이 보통이고, 따라서 관리회계와 관련된 의사결정을 내리는 데 사회적 규범이 일정한 지침을 줄 수 있다. Elster(1989, p. 121)가 관찰한 것처럼 "일터는 규범이 인솔하는 활동의 온상이다." 관리회계는 사회적 선호와 규범에 영향을 주기도 하고 받기도 한다. 때로는 이러한 사회적 보상이 고도의 협동심을 끌어내어 화폐적 보상만으로는 원가-효익 측면에서 도저히 끌어낼 수 없는 파레토(Pareto) 최적보다 우월한 결과를 도출해 내기도 한다(예: Evans et al., 2001). 그러나 사회적 영향이 늘 이로운 것만은 아니다. 예를 들면, 자기중심적으로 공정성에 대한 상호모순적인 해석을 하면 내부대체가격에 대한 협상에서 마비가 초래되기도 한다(Luft and Libby, 1997). 마찬가지로 자신들이 훌륭한 원가관리자라는 믿음에 기초한 자존감을 유지하려는 개인의 욕구는 제품의 원가가 높다는 피드백을 무시하도록 유도하기도 한다. 결과적으로 제품의 가격을 너무 낮게 책정하여 자존감을 제품원가에 덜 의지하는 경쟁자보다 이익을 적게 낼 수도 있다(Bloomfield and Luft, 2006).

셋째, 관리회계와 관련된 의사결정의 주관적 모형은 종종 예측가능하리만큼 단순한 구조를 갖고 있다. 이러한 구조는 관리회계와 관련된 의사결정의 성과에 영향을 미치고 또 관리회계에 의하여 영향을 받기도 한다. 주관적 의사결정은 커다란 의사결정 과업을 단숨에 해결하기보다는 부분적인 의사결정으로 나누어 순차적으로 풀어나갈 수 있다. 예를 들면, 장기간의 총원가를 최소화하는 경우 장기적 관점에서 해결하려고 어느 한 기간에 높은 원가를 용인하기보다는 단기간으로 나누어 각 기간의 원가를 최소화하는 전략을 택할 수도 있다(Gonzalez et al., 2002). 주관적인 의사결정모형에는 사람이 관찰하는 현상계의 구조보다 적은 수의 변수와 관계가 포함되는 경우가 종종 있다. 특히 실제 구조가 복잡할 때에는 더욱 그렇다. 의사결정자가 자본투자와 같은 복합적인 의사결정 과업을 해결할 때에는 준거점 설정 후 조정과 같은 휴리스틱을 가끔 이용하기도 한다(Sterman, 1989a). 또한 보상적 의사결정모형에서 요구되는 바람직한 속성의 맞교환을 회피하려는 경향이 있다.

그 대신 속성 간의 우선순위를 정하는 비보상적 모형을 이용하는데, 순차적으로 속성을 제외시킨다. 이렇게 하면 한 속성에 먼저 주의를 기울인 후 다음 속성으로 주의를 옮겨갈 수 있다. 예를 들면, Kachelmeier et al.(2008)의 실험에서 참가자들이 산출수량과 창의성의 조합에 따라 보상을 받게 되었을 때, 그들은 이 두 목표 사이에 최적의 맞교환을 찾아내지 않았고 그 대신 창의성을 먼저 제외기준으로 이용한 후에 이를 바탕으로 산출수량을 극대화하려 노력하는 것으로 보였다.

넷째, 정보를 획득하고 모수 및 변수의 가치를 주관적으로 추정하여 학습하려는데 제한(limitations on learning)이 있다. 제한된 학습은 관리회계에 영향을 미친다. 예를 들면, 제품의 원가를 계산하기 위하여 개인이 과거의 경험에 대한 기억에 의존하여 활동시간을 추정할 때이다(Cardinaels and Labro, 2008). 역으로, 관리회계가 개인의 주의, 기억 그리고 주관적 정보처리활동의 다른 요소에 영향을 미쳐 학습을 제한하거나 편향시킬 수 있다. 예를 들면, 하급자의 성과를 평가하기 위하여 활용할 수 있는 관리회계정보가 개인의 처리능력이나 의지보다 더 많으면 많을수록 정보의 획득에 더욱 선택적인 경향을 보인다. 선택적 획득이 항상 적정한 것은 아니기 때문에 평가에 활용할 수 있는 정보가 충분히 증가하면 하급자 평가의 평균적 정확성은 감소하게 된다(Shields, 1983). 그러나 학습에서 일어나는 편향이 늘 비싼 대가를 치르는 것은 아니다. 예를 들면, 공동작업자의 내재적 믿음에 대한 과대평가가 관리회계통제시스템에 의하여 유도된 경우에는 신뢰를 생성하게 되고 나아가 이익을 창출하는 협동이 되기도 한다.

7.2 새롭게 부상하는 연구주제(Emerging Themes)

심리학에 기초한 관리회계의 연구에서 반복적으로 관찰되는 현상들은 관리회계와 관련된 의사결정에 관한 두 가지의 연구주제를 추가로 제시하고 있다. 첫 번째로 관찰되는 것은 주관적인 관리회계관련 의사결정모형의 제한된 이질성(limited heterogeneity)이다. 두 번째로 관찰되는 것은 주관적 의사결정과정이 직관적인가 혹은 신중한가의 정도에 차이가 있다는 것이다. 이 두 종류의 관찰 결과가 관리회계에 중요한 시사점을 주기는 하지만, 기존의 연구가 이러한 시사점을 광범위하게 탐구하지는 않았으며 이에 관한 연구가설을 거의 제안하지 않았다. 여기에서는 이처럼 반복적으로 관찰되는 현상이 제안하는 미래 연구의 가능성을 개략적으로 살펴보기로 한다.

7.2.1 제한된 이질성(Limited Heterogeneity)

관리회계와 관련하여 개인의 주관적인 의사결정행동을 다룬 연구들에서 암묵적으로 설정한 모형들은 하나의 특정한 방식에 집중되어 있는 것도 아니고 그렇다고 광범위하고 다양한 개인적 형태에 따라 산재되어 있는 것도 아니다. 그 대신 아주 특색 있는 두세 종류의 주관적 의사결정모형에 의해 관찰된 행동을 설명하곤 한다. 예를 들면, Ball et al.(1998)과 Gonzalez et al.(2002)이 다룬 선형계획문제에 관한 연구에서 거의 모든 실험참가자의 주관적 의사결정은 두 가지 모형으로 설명할 수 있다. 이와 마찬가지로 Lewis et al.(1980)이 다룬 차이분석 과업에 관한 연구에서 실험참가자 중 80%는 사전적 확률과 의사결정의 오류비용을 생략한 주관적 의사결정모형을 활용하였고, 나머지 20%는 이 두 가지를 주관적 의사결정모형에 포함시켰다. Krishnan et al.(2005)의 연구에서는 실험참가자의 절반이 대리인모형의 완벽한 정성적 버전(qualitative version)과 일치하는 의사결정을 내렸다. 반면에 절반에 약간 안 되는 숫자의 참가자들은 조금 훼손된 대리인모형과 일치하는 의사결정을 내렸다. 즉, 인과적 추론과정의 마지막 연결고리가 생략되어서 성과측정치에 부여된 가중치를 설정함에 있어 한쪽으로 편향된 의사결정에 도달하였다.

제한된 이질성은 개인의 목적에 관한 연구에서도 관찰된다. Evans et al.(2001)의 실험 1에 참여하여 대리인의 역할을 맡은 참가자들은 제품원가에 관하여 자신들이 갖고 있는 사적인 정보를 왜곡함으로써 화폐적 보상액을 증가시킬 수 있었다. 그런데 원가보고서를 살펴보면 25%는 완벽하게 정직한 보고서이며, 27%는 정직성을 고려하지 않고 화폐적 보상액을 극대화한 보고서이고, 나머지 48%는 적당히 왜곡한 보고서이었다. 두 번째 실험에서 다섯 가지 요인을 왜곡하면 받을 수 있는 화폐적 보상을 증가시켜도 이러한 비율에는 의미 있는 변화가 없었다.

Camerer(2006, p. 192)는 행동경제학 연구분야에서 좀 더 주목받아 마땅한 이질성(heterogeneity)에 관하여 두 종류의 질문을 파악하였다.

첫째, 대리인은 어느 정도나 이질적인가? 그리고 이 이질성은 어느 정도나 탐지할 수 있는가? (이 질문이 중요한 이유는 이질성이 조직 내 분업, 인적 자본과 전문성의 개발, 그리고 합리적인 · 제한적으로 합리적인 대리인과 시장의 상호작용을 일으키는 동인이기 때문이다.)

둘째, 이질적인 대리인들을 어떻게 하면 제도적으로 선별하고, 시장에서 개인의 비합리성을 대체하고 공급 측면에서 조직의 산출물을 만들어 낼 수 있는가?

이러한 질문들은 관리회계분야의 연구에도 시사점을 주고 있다. 그 중 하나는 좀 더 많은 연구가 관찰된 행동의 분포를 보고하여야 (그리고 충분한 이론적 근거가 축적되는 시기에 이러한 행동을 예측하여야) 한다는 것이다. 일부 연구들(예: Evans et al., 2001)은 그렇게 하고 있지만 많은 연구들은 그렇지 않다. 또한 평균값과 표준편차만을 보고하는 경우에는 종종 가치 있는 정보를 잃거나 숨길 수도 있다. 관리회계적 변수(예: 보고 형식, 인센티브 계획)의 영향이 평균적으로 (무작위적으로 넓게 분산된 예외적인 관찰치가 존재하고 커다란 표준편차를 초래하는) 0의 값을 가진다는 것은 대부분의 의사결정자들에게 이러한 변수가 미치는 영향이 사실상 없거나 미약할지도 모른다는 것을 의미한다. 또 다른 가능성은 이러한 변수가 연구 표본의 절반에서는 양(+)의 효과를 나타내고, 나머지 절반에서는 음(−)의 효과를 나타내는 것일 수도 있다(따라서 평균값이 '0'이고 표준편차가 커지게 된다.). 물론 일부 의사결정자에게는 아무런 영향이 없을 수도 있다. 이러한 두 가지 상황은 이론적으로나 실무적으로 매우 다른 상황이며 구별되어야 한다.

두 번째 시사점은 제한된 이질성의 영향을 직접 다룬 연구들에 주어지는 많은 기회들이다. 예를 들면, 여러 기능부서의 구성원들로 조직된 팀의 경우 각 구성원들은 서로 이질적인 심적 모형을 팀의 의사결정과정에 도입할 가능성이 있다. 관리회계는 이러한 개인들에게 증거자료와 의사결정모형에 대한 묘사를 공유하게 하여 개인들로 하여금 서로 다른 심적 모형을 조정하는 것은 언제인가? 그리고 그렇게 하지 않는 것은 언제인가? 개인들은 이질적인 심적 모형에 근거하여 정보를 서로 다르게 해석하거나 다르게 주목하기 때문에 언제 조정하고 언제 조정하지 않는가는 가치 있는 질문이 된다.

또 다른 예로는 (아마도 '더 합리적인' 개인들이 개발한) 관리회계실무가 조직 내에서 '덜 합리적인' 개인들이 가진 편향을 어떻게 중화시키는가이다. Heath et al.(1998)은 조직 내에서 시행되는 많은 실무관행들을 '조직 내 인지 수선(organizational cognitive repairs)'의 개념[01](즉, 주관적 의사결정의 공통적인 단점을 방지하거나 수정하는 방법)에 의해 설명될 수 있다고 주장한다. 예를 들면, 제안된 프로젝트에 대한 부정적인 증거를 강조하는 최고경영자의 정책이 아랫사람들이 책임져야 할 프로젝트의 재무적 성공에 대한 과도한 낙관주의를 중화시킬 수도 있다(과도한 낙관주의에 관한 증거와 영향에 관하여는 Bloomfield and Luft(2006)와 Tayler(2010)의 연구를 참조할 것).

7.2.2 신중한 의사결정과 직관적 의사결정(Deliberative and Intuitive Decision Making)

관리회계와 관련된 의사결정은 신중한 (의식적으로 통제함) 의사결정이거나 직관적인 (자동적이거나 직감에 따름) 의사결정일 수 있다.

01 Heath et al.(1998)은 '인지 수선(cognitive repairs)'이 Thaler and Sunstein(2008)의 연구에서 제안된 '옆구리 쿡 찌르기(nudges)'(의사결정의 편향을 줄이기 위하여 설계된 조직 내의 관행)와 같다고 하였다.

직관적 의사결정은 보다 신중한 의사결정처럼 전형적으로 체계화된 형태를 보여주기는 하지만, 다양한 변수들이 직관적 의사결정에 어떻게 영향을 주는지 개인이 완벽하게 알아차리고 있는 것 같지는 않다. 신중함과 직관이 혼합된 의사결정과정은 심리학에서 주장하는 이중처리과정(dual-process) 이론과 일치한다. 이 이론에 따르면 인지는 두 가지 시스템에서 일어날 수 있다(Kahneman, 2003a,b; Evans, 2008). 인지시스템 1(직관형이라고도 함)은 무의식적이고, 자동화되어 있으며, 노력을 적게 들이고, 빠르며, 능력의 한계에 제한받지 않고, 병행처리가 가능하다. 정보를 매우 빠른 속도로 처리할 수 있지만 준거점 또는 프레이밍과 같은 변수에 의해 쉽게 영향을 받는다. 반면에 인지시스템 2(신중형)는 의식적이고, 통제받고 있으며, 노력이 많이 필요하고, 느리며, 능력의 한계에 제한을 받으며, 순차적이다. 때때로 신중한 인지는 프레이밍효과를 줄이거나 제거할 수도 있다. 예를 들면, 개인이 프레이밍효과를 파악하고 따라서 효과를 감소시킬 수 있는 선택을 할 이성적 논리를 명확하게 개발할 때에 그러하다(Miller and Fagley, 1991; Levin et al., 1998). 신중한 의사결정은 느리고 처리능력의 한계에 제한을 받기 때문에 직관적 의사결정보다 더 나은 성과를 늘 보장하는 것은 아니다. 더구나 신중한 의사결정은 더 나은 의사결정 성과를 보장하는 모든 경우에 자동적으로 촉발되는 것은 아니다. 또한 촉발되었다고 해서 휴리스틱의 영향을 항상 제거하는 것은 아니다. 예를 들면, 준거점 설정 후 조정 때문에 생기는 판단의 편향을 제거하려는 의도적인 시도는 그다지 성공적이지는 않은 경향이 있다(Chapman and Johnson, 2002).

신중함과 직관적 의사결정의 인과관계는 관리회계의 연구와 실무에 중요한 시사점을 주고 있다. 관리회계의 교육과 조직 내의 정책은 전형적으로 신중한 의사결정을 가정하고/또는 권장하고 있다. 의사결정 보조시스템은 직관적 의사결정 또는 신중한 의사결정의 오류를 더 좋은 신중한 의사결정으로 대체하는 것을 목표로 하고 있다. 그러나 의사결정의 실무는 종종 직관의 영역으로 남겨져 있으며(Wailgum, 2009), 의사결정 보조시스템에 대한 감사분야의 연구에 따르면 개인은 자신들의 직관적 의사결정 방식과 일치하지 않는 보조시스템을 회피하거나 우회한다(Messier Jr., 1995). 아직까지는 다양한 의사결정 및 의사결정 상황에서의 신중함과 직관적 처리과정의 실제 배합 또는 바람직한 배합에 관하여 알려진 바가 거의 없다. 관리회계는 신중한 의사결정과 직관적 의사결정 과정에서 차별적인 영향을 미칠 것으로 보여진다. 예를 들면, 직관적 의사결정은 준거점 설정하기와 프레이밍효과를 만들기도 하고 의사결정자에게 이러한 효과에 대하여 주의하도록 환기를 하였을 때 그 효과가 감소한다(Tversky and Kahneman, 1986; Epley and Gilovich, 2005). 그러나 관리회계분야의 연구는 이 문제를 아직 다루고 있지 않다.

7.3 심리학에 기초한 관리회계연구 중 연구가 더욱 필요한 분야(Gaps in Psychology-Based MA Research)

이 논문에서 파악한 네 가지 주요 연구주제와 새로이 떠오르는 두 가지 주제가 심리학에 기초한 관리회계연구의 모든 가능성을 망라하는 것은 물론 아니다. 관리회계와 관련된 의사결정에 관한 지금까지의 정보를 검토해 보면 연구가 더욱 필요한 최소 세 분야가 명확하게 보인다. 첫째, 이 논문에서 검토한 전형적인 연구논문들은 비교적 단순한 단수의 의사결정(예를 들면, 특정한 모수의 추정 또는 변수의 선택)을 다루고 있다. 이러한 의사결정은 좀 더 크고 복합적인 의사결정 과업의 일부분일 가능성이 있다. 개인이 복합적인 의사결정 과업을 어떻게 작은 부분으로 나누고 작은 부분들 사이의 관계를 구조화하는지에 관하여, 그리고 관리회계가 이러한 과정과 어떤 영향을 주고받는지에 관하여 우리가 아는 것은 거의 없다. 5.1에서는 매우 많은 주관적 의사결정모형의 구조에 관하여 비교적 소수의 연구문헌을 다루었는데, 이들 대부분은 회계학분야 이외의 학술지에 발표된 것들이다. 관리회계분야의 연구논문 중 일부는 모의실험을 통하여 원가시스템의 설계(Balakrishnan et al., 2008) 또는 원가기준 판매가격 결정과 조업도 결정(이 분야의 논문을 검토한 Balakrishnan and Sivaramakrishnan(2002)을 참조할 것)과 같이 크고 복합적인 의사결정 과업을 수행하는 휴리스틱모형의 성과를 검증하였다. 그러나 아직도 실무에서 어떤 휴리스틱이 활용되는지, 관리회계가 휴리스틱의 선택에 어떻게 영향을 미치는지 그리고 그 결과는 무엇인지 등에 관해서 우리가 배워야 할 것이 많이 남아 있다.

둘째, 눈에 뜨이게 연구가 더욱 필요한 분야는 정보의 획득에 관한 연구이다(6.1과 6.2 참조). 현재의 관리회계가 제공하는 다량의 정보와 여러 기능부서의 구성원들로 조직된 팀 등 변화하는 환경에서 개인이 겪는 다양한 경험을 고려하면 조직 내 정보시스템으로부터 정보를 선택적으로 획득하고, 기억에서 선택적으로 경험을 인출하여 부호화(coding)하는 것은 의사결정에 중요한 영향을 미치는 것으로 보인다. 심리학분야의 연구에 따르면 개인은 기존의 믿음을 확인하기 위하여 정보를 선택적으로 획득하며 이러한 선택성이 의식적으로 신중한 것은 아니라고 한다(Nickerson, 1998). 정보의 선택적 (때로는 편향된) 획득을 일으키는 다양한 인지 메커니즘을 이해하는 것은 원한다면 구할 수 있는 폭넓은 관리회계정보를 개인이 활용하는 (또는 활용하는 데 실패하는) 과정을 이해하는 데 있어 매우 중요하다.

셋째, 연구가 더욱 필요한 분야는 심리학적 이론에 바탕하되 실험실 밖에서 이루어진 관리회계의 연구가 최근에는 거의 없는 분야이다. 이러한 연구들이 만일 있었다면 자본시장에서 데이터베이스에 기록된 자료를 이용한 연구, 현장연구 그리고 조사연구 등의 설명력에 가치를 제공하였을 것이다. 예를 들면 Ittner et al.(2003a)은 대형은행의 균형성과표에서 재무적 성과측정치와 비재무적 성과측정치들에 대한 인센티브에 부여된 가중치를 결정하는 데 있어 경제학에 기초한 두 가지 연구가설과 심리학에 기초한 여섯 가지 연구가설을 검증하였다. 경제학적 가설 하나와 심리학적 가설 하나가 다른 이론적 근거에서 동일한 예측을 하고 있었으며 연구결과가 예측과 일부 일치하였다. 다른 경제학적 가설들은 지지되지 않았다. 나머지 다섯 개의 심리학적 가설 중 세 개는 지지되었고 두 개는 일부 지지되었다. Ittner et al.(2003a)은 이 결과를 보고 "…… 연구결과에 따르면 일부 특정한 상황에서 측정에 관한 실무관행을 이해하는 데에는 심리학적 이론에 근거한 설명이 경제학적 이론에 의한 설명보다 더 적합하거나 동일한 것 같다."고 결론지었다.

현장연구와 실험연구에 의한 심리학적 이론의 검증 결과는 동일하지는 않더라도 종종 비슷하다. Locke(1986)는 1960~1980년대 사이에 발표된 사회심리학에 기초하여 다양한 주제(예: 목표의 설정, 참여 등)를 다룬 경영학분야의 현장연구와 실험실연구를 검토하였다. 잘 설계된 실험실연구에서 검증한 결과가 보여준 영향의 방향성, 그리고 이러한 영향의 통계적 유의성과 실무적 의미는, 비록 모수의 값이 여러 상황에서 정확하게 같지는 않더라도, 일반적으로 현장에서 재생된다고 결론지었다.

이 논문에서 검토한 심리학적 이론을 현장연구에서 검증한 결과(예: 사회적 선호, 휴리스틱, 편향)를 실험실 실험의 결과와 종합적으로 비교한 것은 아니지만, 훌륭하게 진행된 실험실연구의 결과는 현장상황에서도 되풀이될 것이라는 증거가 있다. 행동경제학과 행동재무관리분야의 실험실 실험과 현장연구의 결과는 상당히 수렴하고 있음을 알 수 있다(Barberis and Thaler, 2003; Camerer et al., 2004; Hirshleifer, 2001). 관리회계분야에서는 이렇게 수렴하는 예가 아직 드물기는 하지만 최근에 등장하기 시작하였다. 예를 들면, Hossain and List(2009)는 첨단기술을 사용하는 제조공정 현장에서는 인센티브에 대한 프레이밍 효과(3.1의 보너스 vs. 벌칙 효과에 대한 논의 참조)가 지속적이라는 증거를 제시하였다. 이러한 맥락에서 Bandiera et al.(2005)의 현장연구도 Towry(2003)의 실험연구와 매우 유사한 결과를 보고하였다(4.4 참조). Towry(2003)의 실험연구에서 소유주에 맞선 대리인들의 담합을 방지하려고 설계한 인센티브 계획이 두 가지 조건을 충족되는 경우에 실패하였다. 첫째는 순수하게 이기적인 대리인들에 의하여 담합의 균형이 유지될 수 없는 상황에서도 인센티브 계획이 담합을 하면 경제적 보상이 이루어지는 경우이다. 둘째는 일터에서 동료 작업자들 사이의 사회적 정체성이 확고한 경우이다. 실험실 밖에서 심리학적 이론을 더 많이 활용하여 의사결정을 검증하는 것은 관리회계에 대한 우리의 이해를 증진시키는 데 있어 상당한 잠재력을 발휘할 수 있다.

7.4 요약(Summary)

이 논문에서 검토한 연구 중 절반 정도는 지난 10년간 발표된 논문들이며 나머지 절반은 그 전 30년 동안에 발표되었다. 후자는 좀더 순수하게 인지적인 연구(예: 정보의 검색 또는 변수의 선택)라고 볼 수 있는 반면, 전자는 관리회계연구의 영역을 확장하여 선호, 보상의 가치평가, 그리고 선호와 가치평가 현상의 기저에 있는 감정을 포함시켰다. 예를 들면, 3장에서 살펴본 프로스펙트이론의 가치함수에 근거한 연구들은 보상이 유보되거나 보상을 받을 때 "…… 우리가 경험하는 감정의 밀도와 강도에 대한 예상을 반영한다"(Kahneman, 2003a, p. 1457). 그리고 4장에서 요약한 것처럼 공정성효과를 창출하는 데 강력한 역할을 한다(Barclay et al., 2005).

최근이 연구들이 몰두했던 화두는 심리학에 기초한 관리회계연구들의 성장과 역동성이다. 이러한 연구의 흐름은 실무와 이론 모두에서 지난 몇 년 간 일어난 혁신에 의하여 자극을 받았다. 실무적으로는 새로운 원가시스템과 전략적 성과측정시스템과 같은 관리회계의 혁신이 번창하면서 심리학에 기초한 연구만이 그 답을 제공하는 데 공헌할 수 있는 연구과업을 만들어 내었다. 이론적으로는 행동경제학의 번창이 경제학적 모형의 분석력을 심리학에서 논의되는 인간의 인지, 동기부여 및 사회적 상호작용 등의 세련된 이해와 결합시키는 데 도움을 주었다. 결과적으로 이 논문에서 검토한 대로 네 가지 주제로 분류할 수 있는 강건한 관리회계연구의 흐름이 형성되었다. 이는 프레이밍과 준거점, 비화폐적 (사회적) 보상, 단순화된 의사결정모형의 구조, 그리고 학습의 제한이다. 관리회계가 더 많은 연구를 진행해야 하지만 아직 연구가 많이 이루어지지 못한 분야에서는 의사결정의 심리학적 모형의 도움을 받아 앞으로 더 연구할 수 있는 기회를 제공한다.

Appendix

관리회계분야에서 활용하는 경제학적 모형
Economic Models of MA

부록

관리회계분야에서 활용하는 경제학적 모형 (Economic Models of MA)

경제학이론에 따르면 관리회계는 두 가지 중요한 역할을 조직 내에서 수행한다(Demski and Feltham, 1976; Sprinkle and Williamson, 2007). 계획(planning) 기능 또는 의사결정을 촉진시키는(decision-facilitating) 기능의 측면에서 관리회계는 의사결정 전의 불확실성을 감소시키기 위한 정보를 제공한다. 이로 인해 의사결정자에게 보다 높은 기대효용을 가져다주는 의사결정을 가능하게 하여 준다. 통제(control) 기능 또는 의사결정 자체에 영향을 미치는(decision-influencing) 기능의 측면에서는 관리회계가 일부 구성원들이 다른 구성원들의 행동을 감독하고 측정하고 평가하고 보상할 수 있는 정보를 제공함으로써 조직 내의 여러 구성원들의 이해관계를 일치시키도록 도와준다.

이 부록에서는 관리회계와 관련된 두 개의 의사결정 과업에 관한 경제학적 모형을 제시하기로 한다. 제품의 원가정보에 근거하여 제품의 가격과 생산계획을 동시에 정하는 의사결정은 계획(의사결정 촉진 기능)을 위하여 관리회계정보를 활용하는 예이고, 인센티브 보상계획을 설계하는 것은 통제(의사결정에 영향을 미치는 역할)를 위한 활용의 예이다.

의사결정을 촉진시키는 기능의 예: 원가를 기준으로 제품의 조업도를 계획하고 가격을 결정하기(An Example of Decision Facilitation: Cost-Based Product-Capacity Planning and Pricing)

제품의 생산능력을 결정하고 제품의 가격을 결정하는 것은 의사결정을 촉진하기 위하여 관리회계정보를 활용하는 중요한 예이다. Balakrishnan and Sivaramakrishnan(2002)은 경제학적 측면에서 이러한 의사결정에 관리회계정보를 최적으로 활용하는 것을 검토하고 분석하였다. 이 연구에서는 가정과 정보에 대한 요구사항을 조금씩 변화시켜 의사결정의 복잡성과 난이도가 다른 모형을 개발하였다. 여기에서는 Balakrishnan and Sivaramakrishnan(2002)이 제시한 다른 모형의 특징들까지 포함하는 종합모형에 초점을 맞추기로 한다([도표 A-1] 참조).

[도표 A-1]의 종합모형에서는 독점기업[01]의 시장을 가정하거나 수요가 가격의 확률함수임을 가정하고 있다. 수요함수의 절편으로 표시되는 제품의 가격, 생산된 각 제품별 수량, 그리고 그때그때 필요할 때

01 이 모형의 일부 다른 형태에서는 기업이 경쟁시장에서 가격수락자(price-taker)가 되는 것을 허용한다.

| 도표 A-1 | Balakrishnan and Sivaramakrishnan(2002)의 종합모형(Grand Model)

$$\underset{P_{it}, R_{jt}, L_j}{\text{Max}} \ E[\sum_t (\sum_i [P_{it} - v_i](A_i + \varepsilon_{it} - B_i P_{it}) - \sum_j \Theta_j \ c_j \ R_{jt})] - T \sum_j c_j L_j \qquad \text{(A.1)}$$

Subject to:

$$\sum_1 m_{ij}(A_i + \varepsilon_{it} - B_i P_{it}) - R_{jt} - L_j \leq 0 \qquad \forall j, t, \qquad \text{(A.2)}$$

$$(A_i + \varepsilon_{it} - B_i P_{it}) \geq 0 \qquad \forall i, t,$$

$$P_{it} \geq 0 \qquad \forall i, t,$$

범례:

E = 기대값

P_{it} = t기간의 i제품 가격

v_i = i제품의 단위당 변동원가

A_i = t기간의 i제품 시장의 크기

ε_{it} = t기간의 i제품에 대한 잔차항

B_i = i제품의 수요탄력성

Θ_j = 자원 j를 한 단위 긴급하게 구매함에 따른 가격 프리미엄

c_j = 조업도를 계획하는 시점에서 자원 j를 구입하는 경우의 기간별 단위원가

R_{jt} = 자원 j를 t기간에 긴급하게 구매하는 수량

T = 조업을 위한 자원이 지속되는 기간의 수

L_j = 기업이 보유하고 있는 자원 j가 조업에 투입된 단위

m_{ij} = i제품 한 단위에 소비된 자원 j의 조업수량

마다 획득하는 조업도 수량은 매 기간마다 변동할 수 있지만 투입요소의 가격과 수요함수의 기울기는 여러 기간 내내 상수이다. 이 모형은 재고자산이 없으며 기업은 Leontief 기술(고정된 투입 비율)을 보유하고 있다고 가정하고 있다. 이 모형에서 총공헌이익을 극대화하기 위해서는 의사결정자가 최적의 제품가격(P_{it})과 초기의 조업도(L_j), 그리고 필요할 때마다 획득할 증분 조업능력(R_{jt})을 다음과 같이 선택하여야

한다.

① 각 자원 j의 고정조업능력(L_j)을 추정한다.

② 고정 자원 j를 추가로 구입하기 위한 단위당 원가(c_j)를 추정한다.

③ 제품 i와 자원 j에 대하여 제품 i를 생산하기 위하여 필요한 조업도 자원 j의 수량(m_{ij})을 추정한다.

④ 각 제품 i의 단위당 변동원가(v_i)를 추정한다.

⑤ 수요의 확률적 요소(ε_{it})를 고려하여 각 제품 i에 대한 수요를 가격에 대한 함수의 형태($=A_i+\varepsilon_{it}-B_iP_i$)로 추정한다.

⑥ 필요할 때마다($\varepsilon_j c_j$) 구입하는 자원 j의 추가 조업능력에 대하여 자원 j의 단위당 원가를 추정한다.

⑦ 이상에서 정해진 정보를 종합하여 자원의 제약조건에 따라 총공헌이익을 극대화하는 방식으로, 즉 이차함수를 푸는 방식으로 제품의 가격(P_{it}), 초기 조업도(L_j), 그리고 필요할 때마다 구매하는 증분 조업도(R_{jt})를 선택한다.

의사결정에 영향을 미치는 예: 성과측정치에 대한 인센티브에 부여한 가중치(An Example of Decision-Influencing: Incentive Weights on Performance Measures)

대리인이론에서 인센티브 보상은 대리인(agent)이 소유주(principal)를 위하여 일하도록(또는) 소유주에게 이익이 되는 행동을 하도록 유도하는 데 있어 중요한 역할을 한다. Feltham and Xie(1994)는 대리인이 소유주의 총기대보수에 영향을 미치는 복수의 행동 중에서 선택할 수 있을 때 체결하는 인센티브계약에 관한 이론적 대리인모형을 개발하였다([도표 A−2][02] 참조). 이 모형은 소유주가 위험에 대하여 중립적이며 대리인은 위험회피적(음의 지수함수 형태인 효용함수)이라고 가정한다. 또한 소유주의 기대보수액을 증가시키는 대리인의 행동은 대리인의 입장에서 사적인 직접원가를 발생시킨다고 가정한다. 이 모형은 소유주의 총보수가 계약에서 규정할 수 있는 정보가 아니며, 소유주는 대리인의 행동을 관찰할 수 없고 행동에 관한 계약사항을 규정할 수 없으며, 각 성과측정치에 대한 기대수준과 대리인의 행동 사이에는 선형적 관계가 존재한다고 가정한다. 이 모형에서는 대리인이 성과측정치와 대리인의 총보수에 다른 영향을 미치는 여러 행동에 노력을 배분할 수 있다.

| 도표 A-2 | Feltham and Xie(1994)의 방정식(방정식의 번호는 Feltham and Xie(1994)의 연구와 동일함)

$$y = \mu a + \varepsilon \quad (A.3)$$

$$\omega(y) = \beta + v^t y \quad (A.4)$$

$$V(\alpha, v, \eta) \equiv B(\alpha) - \left[\frac{1}{2rv^t} \Sigma v + C(\alpha)\right] \quad (A.5)$$

$$\alpha = \mu^t v \quad (A.6)$$

$$v^{\dagger} = Q\mu b \quad (A.7)$$

$$\alpha^{\dagger} = \mu^t v = Db \quad (A.8)$$

$$V(\eta) = \frac{1}{2b^t} Db \quad (A.9)$$

범례:

y = 공개적으로 보고된 성과측정치의 벡터

02 Datar et al.(2001) 역시 이 문제에 관한 모형을 제공하고 있는데, 그들의 모형은 측정치에 부여한 가중치에 초점을 맞추고 있다. 반면에 Feltham and Xie(1994)는 측정치의 가치에 더 초점을 맞추어 분석하고 있다. 그러나 두 모형에서 인지적 요구사항은 동일하다.

μ = 성과측정치의 모수(민감도)의 매트릭스

a = 대리인 행동의 벡터

ε = 무작위 오류의 평균값이 0인 정규분포의 벡터

w = 임금지급액

V = 소유주(principal)의 기대잉여(expected surplus)(즉, 소유주가 기대하는 총보수 금액에서 대리인의 사적 원가를 차감한 것)

β = 보상에서 차지하는 고정적 요소

v = 성과측정치 한 단위당 지급된 가격

η = 성과측정시스템(=μ, Σ)

$B(a)$ = 소유주가 기대하는 총보수 금액

r = 대리인의 절대적인 위험회피

C(a) = 행동 a가 실행되면 발생하는 대리인의 개인적인 직접원가

Σ = 성과측정치의 정확도와 측정치의 오류 공분산을 나타내는 분산 · 공분산 매트릭스

$Q \equiv [\mu\mu^t + r\Sigma]^{-1}$

b = 대리인의 행동이 소유주의 기대 총보수액에 미치는 영향을 나타내는 계수의 벡터

$D \equiv \mu^t Q \mu$

이 모형에서의 가정에 따르면 성과측정치에 부여되는 가중치 중 경제적으로 최적인 것은 측정치의 세 가지 속성에 의존하게 된다. 이는 민감도(sensitivity), 정확도(precision) 및 일치도(congruity)이다. 대리인의 행동이 측정치에 미칠 영향의 기대값이 더 클 때 이 측정치는 더욱 민감하다고 한다. 통제불가능한 사건(즉, 대리인의 행동 이외의 사건)에 의한 변동이 적을 때 이 측정치는 더욱 정확하다고 한다. 성과측정치를 보다 증가시키려는 대리인의 행동이 소유주의 총보수 역시 증가시킬 때 이 측정치는 더욱 일치한다고 한다.

경제적으로 최적인 계약의 속성을 규명하기 위하여 Feltham and

Xie(1994)는 일곱 개의 방정식을 전개하였다(식 A.3~A.9).[03] 이 방정식들은 어떤 정보가 필요한지를 파악하고 성과측정치에 부여할 경제적 측면에서의 최적의 가중치를 결정하는 데 이 정보를 어떻게 이용할 것인지를 파악하기 위한 것이다. 이 방정식들이 [도표 A-2]에 열거되어 있는데, 방정식의 추정에 필요한 정보를 파악하고 최적의 인센티브계약을 결정하기 위하여 해법을 구하는 과정을 제시하고 있다. 식 (A.3)은 대리인의 행동과 성과측정치의 기대 수준 사이의 선형적 관계를 명시하고 있다. 식 (A.4)는 인센티브 금액이 성과측정치의 선형함수가 되도록 외생적으로 제한하고 있다. 식 (A.5)는 소유주의 기대잉여(expected surplus)가 대리인의 행동 a, 각각의 측정기준별 성과에 따라 대리인에게 지급하는 금액 v, 그리고 정보시스템 η(성과측정치 민감도의 매트릭스 μ와 성과측정치 오류의 분산과 공분산의 매트릭스 Σ)의 함수임을 표시하고 있다. 식 (A.6)은 대리인의 행동이 성과측정치 한 단위당 보수액과 각 측정치의 민감도의 함수임을 표시하고 있다. 식 (A.7)과 식 (A.8)은 자신의 기대총보수액을 극대화하여야 하는 소유주의 문제에 대한 해법을 명시하고 있다. 식 (A.9)는 차선의 기대잉여(second-best expected surplus)를 명시하고 있다.

최적의 인센티브계약을 정하기 위하여 소유주가 해야 할 일은 다음과 같다.

① 극대화하여야 할 목표(예를 들면, 부(wealth)의 기대값)를 선택한다.

03 Feltham and Xie(1994)의 논문에서 식(A.1)과 (A.2)는 각각 1차 미분 조건과 최선의 계약하에서의 기대잉여액(expected surplus)이다.

② 목표에 영향을 미치는 대리인의 행동에 관한 정보를 제공할 수 있는 성과측정치를 파악한다.
③ 대리인의 행동을 각 성과측정치(민감도)와 소유주가 기대하는 총 보수금액에 연계시킬 모수를 추정한다.
④ 대리인의 행동에 대한 지표로서의 각 성과측정치에 대한 오류를 추정한다.
⑤ 성과측정치의 오류 사이의 상관관계를 추정한다.
⑥ 선택한 성과측정치를 극대화하면 소유주의 목표도 역시 극대화되는 정도(일치성(congruity))를 추정한다.
⑦ 대리인이 수락할 만한 유보임금(reservation wage)을 추정한다.
⑧ 성과측정치에 대한 균형가중치를 선택한다.

대리인이 해야 할 일은 다음과 같다.
① 외부의 기회가 갖는 가치(유보임금)를 파악한다.
② 제안된 계약조건하에서 일정 범위의 기대보수액을 달성하기 위하여 필요한 노력을 추정하고 자신의 행동 이외의 요소에 의하여 야기되는 기대보수액의 분산을 추정한다.
③ 인센티브계약이 (위험과 노력을 고려할 때) 최선의 대안보다 더 나은 보수를 제공하는지를 판단한다. 만일 그렇지 않다면 계약을 거절한다. 만일 그렇다면 계약을 수락한다.
④ 계약을 수락한다면 노력 대비 최상의 위험조정기대수익을 가져다 줄 행동을 선택한다.

■ 참고문헌(References) ■

Adams, J. (1965), 'Inequity in social exchange'. In: L. Berkowitz (ed.): *Advances in Experimental Social Psychology*, vol. 2. New York: Academic Press.

Akerlof, G. A. (1982), 'Labor contracts as partial gift exchange'. *Quarterly Journal of Economics* 97(4), 543 – 569.

Amabile, T. (1996), *Creativity in Context: Update to the Social Psychology of Creativity*. Boulder, CO: Westview Press.

Anderson, J. (2000), *Learning and Memory*. New York: John Wiley and Sons, second edition.

Anderson, J. (2005), *Cognitive Psychology and Its Implications*. New York: Worth Publishers, sixth edition.

Antle, R. and A. Smith (1986), 'An empirical investigation of the relative performance evaluation of corporate executives'. *Journal of Accounting Research* 24 (1), 1–39.

Argyris, C. (1952), *The Impact of Budgets on People*. New York: Controllership Foundation.

Ariely, D., G. Loewenstein, and D. Prelec (2006), 'Tom Sawyer and the construction of value'. *Journal of Economic Behavior and Organization* 60(1), 1 – 10.

Ashton, R. (1976), 'Deviation–amplifying feedback and unintended consequences of management accounting systems'. *Accounting, Organizations and Society* 1(4), 289 – 300.

Awasthi, V. and J. Pratt (1990), 'The effects of monetary incentives and effort on decision performance: The role of cognitive characteristics'. *The Accounting Review* 65(4), 797–811.

Balakrishnan, R. and K. Sivaramakrishnan (2002), 'A critical overview of the use of full-cost data for planning and pricing'. *Journal of Management Accounting Research* 14, 3–31.

Balakrishnan, R., S. Hansen, and E. Labro (2008), 'Heuristics for refining and evaluating product costing systems'. Working Paper.

Baldwin, A. (1969), 'A cognitive theory of socialization'. In: D. Goslin (ed.): *Handbook of Socialization Theory and Research*. Chicago: Rand McNally.

Ball, C., H. Langholtz, J. Auble, and B. Sopchak (1998), 'Resource allocation strategies: A verbal protocol analysis'. *Organizational Behavior and Human Decision Processes* 76(1), 70–88.

Bandiera, O., I. Barankay, and I. Rasul (2005), 'Social preferences and the responses to incentives: Evidence from personnel data'. *The Quarterly Journal of Economics* 120(3), 917–962.

Banker, R., H. Chang, and M. Pizzini (2004), 'The balanced scorecard: Judgmental effects of performance measures linked to strategy'. *The Accounting Review* 79(1), 1–23.

Barberis, N. and R. Thaler (2003), 'Survey of behavioral finance'. *Handbook of the Economics of Finance*. Elsevier.

Barclay, L. J., D. P. Skarlicki, and S. D. Pugh (2005), 'Exploring the role of emotions in injustice perceptions and retaliation'. *Journal of Applied Psychology* 90(4), 629–643.

Baron, J. (1988), *Thinking and Deciding*. Cambridge: Cambridge University Press.

Baron, J. and M. Spranca (1997), 'Protected values'. *Organizational Behavior and Human Decision Processes* 70 (1), 1–16.

Bazerman, M., J. Curhan, D. Moore, and K. Valley (2000), 'Negotiation'. *Annual Review of Psychology* 51, 279 - 313.

Becker, S., J. Ronen, and G. Sorter (1974), 'Opportunity costs — An experimental approach'. *Journal of Accounting Research* 12(2), 317 - 329.

Birnberg, J. G., M. D. Shields, and S. M. Young (1990), 'The case for multiple methods in empirical management accounting research (with an illustration from budget setting'. *Journal of Management Accounting Research* 2, 33–66.

Birnberg, J., J. Luft, and M. Shields (2007), 'Psychology theory in management accounting research'. In: C. Chapman, A. Hopwood, and M. Shields (eds.): *Handbook of Management Accounting Research*, vol. 1. Oxford: Elsevier.

Blinder, A., E. Canetti, D. Lebow, and J. Rudd (1998), *Asking About Prices: A New Approach to Understanding Price Stickiness*. New York: Russell Sage Foundation.

Bloomfield, R. and J. Luft (2006), 'Responsibility for cost management hinders learning to avoid the winner's curse'. *The Accounting Review* 81(1), 29 - 47.

Bol, J. C. (2011), 'The determinants and performance effects of managers' performance evaluation biases'. *The Accounting Review* 86 (5), 1549–1575.

Bolton, G. (1991), 'A comparative model of bargaining: Theory and evidence'. *American Economic Review* 81(5), 1096 - 1136.

Boltz, M. (1998), 'The processing of temporal and nontemporal information in the remembering of event durations and musical structure'. *Journal of Experimental Psychology: Human Perception and Performance* 24(4), 1087 – 1104.

Bonner, S. (1994), 'A model of the effects of audit task complexity'. *Accounting, Organizations and Society* 19(3), 213 – 234.

Bonner, S. (2008), *Judgment and Decision Making in Accounting*. Upper Saddle River, NJ: Pearson Prentice Hall.

Bonner, S. and N. Pennington (1991), 'Cognitive processes and knowledge as determinants of auditor expertise'. *Journal of Accounting Literature* 10, 1 – 50.

Brehmer, B., J. Kuylenstierna, and J. Liljergren (1974), 'Effects of function form and cue validity on the subjects'hypotheses in probabilistic inference tasks'. *Organizational Behavior and Human Performance* 11(3), 338 – 354.

Broniarczyk, S. and J. Alba (1994), 'Theory versus data in prediction and correlation tasks'. *Organizational Behavior and Human Decision Processes* 57(1), 117 – 139.

Brown, J. D. and R. J. Rogers (1991), 'Self–serving attributions: The role of physiological arousal'. *Personality and Social Psychology Bulletin* 17(5), 501 – 506.

Brown, W. and M. Boltz (2002), 'Attentional processes in time perception: Effects of mental workload and event structure'. *Journal of Experimental Psychology* 28(3), 600 – 615.

Buchheit, S. (2004), 'Fixed cost magnitude, fixed cost reporting format, and competitive pricing decisions: Some experimental evidence'. *Contemporary Accounting Research* 21(1), 1 – 24.

Camerer, C. (2000), 'Prospect theory in the wild: Evidence from the field'. In: D. Kahneman and A. Tversky (eds.): *Choices, Values, and Frames*. Cambridge: Cambridge University Press.

Camerer, C. (2006), 'Behavioral economics'. In: R. Blundell, W. K. Newey, and T. Persson (eds.): *Advances in Economics and Econometrics: Theory and Applications, Ninth World Congress*, vol. II. Cambridge: Cambridge University Press.

Camerer, C., G. Loewenstein, and M. Rabin (2004), *Advances in Behavioral Economics*. Princeton: Princeton University Press.

Campbell, W. K. and C. Sedikides (1999), 'Self-threat magnifies the self-serving bias: a meta-analytic integration'. *Review of General Psychology* 3(1), 23–43.

Cardinaels, E. (2008), 'The interplay between cost accounting knowledge and presentation formats in cost-based decision-making'. *Accounting, Organizations and Society* 33(6), 582–602.

Cardinaels, E. and E. Labro (2008), 'On the determinants of measurement error in time-driven costing'. *The Accounting Review* 83(3), 735–757.

Chang, L., M. Cheng, and K. Trotman (2008), 'The effect of framing and negotiation partner's objective on judgments about negotiated transfer prices'. *Accounting, Organizations and Society* 33(7–8), 704–717.

Chapman, C., A. Hopwood, and M. Shields (eds.) (2007a), *Handbook of Management Accounting Research* Volume 1. Oxford: Elsevier.

Chapman, C., A. Hopwood, and M. Shields (eds.) (2007b), *Handbook of Management Accounting Research* Volume 2. Oxford: Elsevier.

Chapman, C., A. Hopwood, and M. Shields (eds.) (2009), *Handbook of Management Accounting Research* Volume 3. Oxford:

Elsevier.

Chapman, G. B. and E. J. Johnson (2002), 'Incorporating the irrelevant: Anchors in judgments of belief and value'. In: T. Gilovich,

Chen, C. X., M. G. Williamson, and F. H. Zhou (2012), 'Reward system design and group creativity: An experimental investigation'. *The Accounting Review* 87 (6), 1885–1911.

Chenhall, R. and D. Morris (1991), 'The effect of cognitive style and sponsorship bias on the treatment of opportunity costs in resource allocation decisions'. *Accounting, Organizations and Society* 16(1), 27 – 46.

Chow, C. W. (1983), 'The effects of job standard difficulty and compensation schemes on performance: an exploration of linkages'. *The Accounting Review* 58 (4), 667–685.

Chow, C. W. and W. S. Waller (1985), 'The self–selection and motivational effects of standard-based employment contracts: a framework and some empirical evidence'. *The Accounting Review* 60 (3), 458–476.

Coletti, A. L., K. L. Sedatole, and K. L. Towry (2005), 'The effect of control systems on trust and cooperation in a collaborative environment'. *The Accounting Review* 80(2), 477 – 500.

Concurrentialiste, Le (2014), 'Behavioral economics in US (antitrust) scholarly papers'. https://leconcurrentialiste.com/2014/04/23/behavioral-economics-in-u-s-antitrust-scholarly-papers/. Accessed 25 May 2016.

Datar, S., S. C. Kulp, and R. A. Lambert (2001), 'Balancing performance measures'. *Journal of Accounting Research* 39(1), 75 – 92.

Deane, D., K. Hammond, and D. Summers (1972), 'Acquisition and application of knowledge in complex inference tasks'. *Journal of Experimental Psychology* 92(1), 20 – 26.

Dearman, D. and M. D. Shields (2001), 'Cost knowledge and cost based judgment performance'. *Journal of Management Accounting Research* 13, 1 – 18.

Dearman, D. and M. D. Shields (2005), 'Reducing accounting fixation: Determinants of cognitive adaptation to variation in accounting method'. *Contemporary Accounting Research* 22(2), 351 – 384.

Della Vigna, S. (2009), 'Psychology and economics: Evidence from the field'. *Journal of Economic Literature* 47(2), 315 – 372.

Demski, J. (2007), 'Analytic modeling in management accounting research'. In: C. Chapman, A. Hopwood, and M. Shields (eds.): *Handbook of Management Accounting Research*. Oxford: Elsevier.

Demski, J. and G. Feltham (1976), *Cost Determination: A Conceptual Approach*. Ames, Iowa: Iowa State University.

Demski, J. S. and G. A. Feltham (1978), 'Economic incentives in budgetary control systems'. *The Accounting Review* 53 (2), 336–359.

Diehl, E. and J. D. Sterman (1995), 'Effects of feedback complexity on dynamic decision making'. *Organizational Behavior and Human Decision Processes* 62(2), 198 – 215.

Drake, A. R. and S. F. Haka (2008), 'Does ABC information exacerbate hold–up problems in buyer–supplier negotiations'. *The Accounting Review* 83(1), 29 – 60.

Dunning, D., J. A. Meyerowitz, and A. D. Holtzman (1989), 'Ambiguity and self–evaluation: The role of idiosyncratic trait definitions in self–serving assessments of ability'. *Journal of Personality and Social Psychology* 57(6), 1082–1090.

Eccles, R. G. (1985), *The Transfer Pricing Problem: A Theory for Practice*. Lexington, Mass: Lexington Books.

Einhorn, H. J. and R. M. Hogarth (1981), 'Behavioral decision theory: Processes of judgment and choice'. *Annual Review of Psychology* 32, 53–88.

Elster, J. (1989), *The Cement of Society: A Study of Social Order*. New York: Cambridge University Press.

Epley, N. and T. Gilovich (2005), 'When effortful thinking influences judgmental anchoring: Differential effects of forewarning and incentives on self–generated and externally provided anchors'. *Journal of Behavioral Decision Making* 18, 199–212.

Epley, N. and T. Gilovich (2006), 'The anchoring–and–adjustment heuristic: Why the adjustments are insufficient'. *Psychological Science* 17(4), 311–318.

Ericsson, K. and H. Simon (1993), *Protocol Analysis: Verbal Reports as Data*. Cambridge, MA: MIT Press.

Evans, J. (2008), 'Dual–processing accounts of reasoning, judgment, and social cognition'. *Annual Review of Psychology* 59, 255–278.

Evans, J., R. Hannan, R. Krishnan, and D. Moser (2001), 'Honesty in managerial reporting'. *The Accounting Review* 76(4), 537–559.

Farrell, A., J. Luft, and M. Shields (2007), 'Accuracy in judging the nonlinear effects of cost and profit drivers'. *Contemporary Accounting Research* 24(4), 1139–1169.

Fehr, E. and A. Falk (2002), 'Psychological foundations of incentives'. *European Economic Review* 46(4–5), 687–724.

Feltham, G. and J. Xie (1994), 'Performance measure congruity and diversity in multi–task principal/agent relations'. *The Accounting Review* 69(3), 429 – 453.

Fiedler, K. and T. Armbruster (1994), 'Two halves may be more than one whole: Category–split effects on frequency illusions'. *Journal of Personality and Social Psychology* 66(4), 633 – 645.

Fischer, P. and S. Huddart (2008), 'Optimal contracting with endogenous social norms'. *American Economic Review* 98(4), 1459 – 1475.

Fisher, J., J. Frederickson, and S. Peffer (2000), 'Budgeting: An experimental investigation of the effects of negotiation'. *The Accounting Review* 75(1), 93 – 114.

Fisher, J., J. Frederickson, and S. Peffer (2002a), 'The effect of information asymmetry on negotiated budgets: An empirical investigation'. *Accounting, Organizations and Society* 27(1 – 2), 27 – 43.

Fisher, J., J. Frederickson, and S. Peffer (2006), 'Budget negotiations in multi–period settings'. *Accounting, Organizations and Society* 31(6), 511 – 528.

Fisher, J., L. Maines, S. Peffer, and G. Sprinkle (2002b), 'Using budgets for performance evaluation: Effects of resource allocation and horizontal information asymmetry on budget proposals, budget slack, and performance'. *The Accounting Review* 77(4), 847 – 865.

Fiske, A. (1991), *Structures of Social Life: The Four Elementary Forms of Human Relations — Communal Sharing, Authority Ranking, Equality Matching, Market Pricing*. New York: Free Press.

Fiske, S. and S. Taylor (2008), *Social Cognition: From Brains to*

Culture. Boston: McGraw-Hill.

Folger, R. and E. Kass (2000), 'Social comparison and fairness: A counterfactual simulations perspective'. In: J. Suls and L. Wheeler (eds.): *Handbook of Social Comparison: Theory and Research*. New York: Kluwer Academic/Plenum Publishers.

Franciosi, R., P. Kujal, R. Michelitsch, V. Smith, and G. Deng (1995), 'Fairness: Effect on temporary and equilibrium prices in posted-offer markets'. *Economic Journal* 105(July), 938-950.

Francis, G. and C. Minchington (1999), 'Quantitative skills: Is there an expectation gap between the education and practice of management accountants?'. *Accounting Education* 8(4), 301-319.

Frederickson, J. R. (1992), 'Relative performance information: The effects of common uncertainty and contract type on agent effort'. *The Accounting Review* 67(4), 647-669.

Frederickson, J. R., S. Peffer, and J. Pratt (1999), 'Performance evaluation judgments: Effects of prior experience under different performance evaluation schemes and feedback frequencies'. *Journal of Accounting Research* 37(1), 151-165.

Frederickson, J. R. and W. Waller (2005), 'Carrot or stick? Contract frame and use of decision-influencing information in a principal-agent setting'. *Journal of Accounting Research* 43(5), 709-733.

Friedman, L. and B. Neumann (1980), 'The effects of opportunity costs on project investment decisions: A replication and extension'. *Journal of Accounting Research* 18(2), 407.

Fudenberg, D. (2006), 'Advancing beyond *Advances in Behavioral Economics*'. *Journal of Economic Literature* 44(September),

694 – 711.

Gächter, S., H. Orzen, E. Renner, and C. Starmer (2009), 'Are experimental economists prone to framing effects? A natural field experiment'. *Journal of Economic Behavior & Organization* 70(3), 443 – 446.

Gaertner, L., C. Sedikides, J. L. Vevea, and J. Iuzzini (2002), 'The "I," the "we,"and the "when": A meta–analysis of motivational primacy in self–definition'. *Journal of Personality and Social Psychology* 83(3), 574 – 591.

Gilovich, T., D. Keltner, and R. Nisbett (2006), *Social Psychology*. New York: W. W. Norton & Company.

Goldstein, W. and R. Hogarth (1997), *Research on Judgment and Decision Making*. Cambridge: Cambridge University Press.

Gonzalez, R., H. Langholtz, and B. Sopchak (2002), 'Minimizing cost in resource–allocation decisions'. *Organizational Behavior and Human Decision Processes* 89(2), 1032 – 1057.

Green, T., W. Newsom, and S. Jones (1977), 'A survey of the application of quantitative techniques to production/operations management in large corporations'. *Academy of Management Journal* 20(4), 669 – 676.

Greenberg, J. (1987), 'A taxonomy of organizational justice theories'. *Academy of Management Review* 12(1), 9 – 22.

Greenberg, J. (1990a), 'Individual theft as a reaction to underpayment inequity: The hidden costs of pay cuts'. *Journal of Applied Psychology* 75(5), 561 – 568.

Greenberg, J. (1990b), 'Organizational justice: Yesterday, today, and tomorrow'. *Journal of Management* 16(2), 399 – 432.

Greenberg, J., C. Ashton–James, and N. Ashkanasy (2007), 'Social comparison processes in organizations'. *Organizational Behavior and Human Decision Processes* 102(1), 22 – 41.

Griffin, D. and D. Kahneman (eds.): *Heuristics and Biases: The Psychology of Human Judgment*. Cambridge: Cambridge University Press.

Hales, J. and M. G. Williamson (2010), 'Implicit employment contracts: The limits of management reputation for promoting firm productivity'. *Journal of Accounting Research* 48(1), 51 – 80.

Hammond, K. and D. Summers (1965), 'Cognitive dependence on linear and nonlinear cues'. *Psychological Review* 72(3), 215 – 224.

Hammond, K. and T. Stewart (eds.) (2001), *The Essential Brunswik: Beginnings, Explications, Applications*. Oxford: Oxford University Press.

Hannan, L. (2005), 'The combined effect of wages and firm profit on individual effort'. *The Accounting Review* 80(1), 167 – 188.

Hannan, L., F. Rankin, and K. Towry (2006), 'The effect of information systems on honesty in managerial reporting: A behavioral perspective'. *Contemporary Accounting Research* 23(4), 885 – 918.

Hannan, L., R. Krishnan, and A. Newman (2008), 'The effects of disseminating relative performance feedback in tournament and individual performance compensation plans'. *The Accounting Review* 83(4), 893 – 913.

Hannan, L., G. P. McPhee, A. H. Newman, and I. D. Tafkov (2013), 'The effect of relative performance information on performance and effort allocation in a multi–task environment'. *The Accounting Review* 88 (2), 553–575.

Hansen, S. (1998), 'Cost analysis, cost reduction and competition'. *Journal of Management Accounting Research* 10, 181 – 204.

Haslam, N. (2004), *Relational Models Theory*. Mahwah, NJ: Lawrence Erlbaum.

Heath, C., R. P. Larrick, and J. Klayman (1998), 'Cognitive repairs: How organizational practices can compensate for individual shortcomings'. *Research in Organizational Behavior* 20, 1 – 37.

Heinle, M., C. Hofmann, and A. H. Kunz. 2012. 'Identity, incentives, and the value of information'. *The Accounting Review* 87 (4), 1309–1334

Hemmer, T. (2004), 'Lessons lost on linearity: A critical assessment of the general usefulness of LEN models in compensation research'. *Journal of Management Accounting Research* 16, 149 – 162.

Hirshleifer, D. (2001), 'Investor psychology and asset pricing'. *Journal of Finance* 56(4), 1533 – 1597.

Hogarth, R. (1987), *Judgment and Choice*. New York: John Wiley, second edition.

Hoskin, R. (1983), 'Opportunity cost and behavior'. *Journal of Accounting Research* 21(1), 78 – 95.

Hossain, T. and J. List (2009), 'The behavioralist visits the factory: Increasing productivity using simple framing manipulations'. National Bureau of Economic Research Working Paper 15623.

Ittner, C. D. and D. F. Larcker (1998), 'Are nonfinancial measures leading indicators of financial performance? An analysis of customer satisfaction'. *Journal of Accounting Research* 36(Supplement), 1 – 35.

Ittner, C. D., D. F. Larcker, and M. Meyer (2003a), 'Subjectivity and the weighting of performance measures: Evidence from a balanced scorecard'. *The Accounting Review* 78(3), 725–758.

Ittner, C. D., D. F. Larcker, and T. Randall (2003b), 'Performance implications of strategic performance measurement in financial services firms'. *Accounting, Organizations and Society* 28(7–8), 715–741.

Janis, I. and L. Mann (1977), *Decision Making: A Psychological Analysis of Conflict, Choice, and Commitment*. New York: The Free Press.

Kachelmeier, S. J. and K. Towry (2002), 'Negotiated transfer pricing: Is fairness easier said than done?'. *The Accounting Review* 77(3), 571–593.

Kachelmeier, S. J., B. E. Reichert, and M. G. Williamson (2008), 'Measuring and motivating quantity, creativity, or both'. *Journal of Accounting Research* 46(2), 341–373.

Kahneman, D. (2003a), 'Maps of bounded rationality: Psychology for behavioral economics'. *The American Economic Review* 93(5), 1449–1475.

Kahneman, D. (2003b), 'A perspective on judgment and choice'. *American Psychologist* 58(9), 697–720.

Kahneman, D. and A. Tversky (2000), *Choices, Values, and Frames*. New York: Cambridge University Press.

Kahneman, D. and S. Frederick (2002), 'Representativeness revisited: Attribute substitution in intuitive judgment'. In: T. Gilovich, D. Griffin, and D. Kahneman (eds.): *Heuristics and Biases: The Psychology of Intuitive Judgment*. Cambridge: Cambridge University Press.

Kahneman, D., J. L. Knetsch, and R. H. Thaler (1986), 'Fairness and the assumptions of economics'. *The Journal of Business* 59(4, part 2), S285 - S300.

Kaplan, R. S. and D. P. Norton (2001), *The Strategy-Focused Organization*. Boston: Harvard Business School Press.

Kaplan, R. S. and D. P. Norton (2004), *Strategy Maps: Converting Intangible Assets into Tangible Outcomes*. Boston: Harvard Business School Press.

Karelaia, N. and R. M. Hogarth (2008), 'Determinants of linear judgment: A meta-analysis of lens model studies'. *Psychological Bulletin* 134(3), 404 - 426.

Karmin, C. (2008), *Biography of the Dollar*. New York: Three Rivers Press.

Kathawala, Y. (1988), 'Applications of quantitative techniques in large and small organizations in the United States: An empirical analysis'. *Journal of the Operations Research Society* 39(11), 981 - 989.

Kelly, K. (2010), 'Accuracy of relative weights on multiple leading performance measures: effects on managerial performance and knowledge'. *Contemporary Accounting Research* 27 (2), 577-608.

Kennedy, J. (1995), 'Debiasing the curse of knowledge in audit judgment'. *The Accounting Review* 70(2), 249 - 273.

Keren, G. and P. Roelofsma (1995), 'Immediacy and certainty in intertemporal choice'. *Organizational Behavior and Human Decision Processes* 63(3), 287 - 297.

Kida, T., K. Moreno, and J. Smith (2001), 'The influence of affect on managers'capital-budgeting decisions'. *Contemporary Accounting Research* 18(3), 477 - 494.

Klayman, J. (1988), 'On the how and why of (not) learning from outcomes'. In: B. Brehmer and C. Joyce (eds.): *Human Judgment: The SJT View*. New York: Elsevier Science.

Kramer, R. (1999), 'Trust and mistrust in organizations: Emerging perspectives, enduring questions'. *Annual Review of Psychology* 46, 183 - 207.

Krishnan, R., J. Luft, and M. Shields (2002), 'Competition and cost accounting: Adapting to changing markets'. *Contemporary Accounting Research* 19(2), 271 - 302.

Krishnan, R., J. Luft, and M. Shields (2005), 'Effects of accounting method choices on subjective performance-measure weighting: Experimental evidence on precision and error covariance'. *The Accounting Review* 80(4), 1163 - 1192.

Kuang, X. and D. V. Moser (2009), 'Reciprocity and the effectiveness of optimal agency contracts'. *The Accounting Review* 84(5), 1671 - 1694.

Kunda, Z. (1990), 'The case for motivated reasoning'. *Psychological Bulletin* 108(3), 480 - 498.

Lam, S. (1993), 'Applications of quantitative techniques in Hong Kong: An empirical analysis'. *Asia Pacific Journal of Management* 10(2), 229 - 236.

Lambert, R. (2007), 'Agency theory and management accounting'. In: C. Chapman, A. Hopwood, and M. Shields (eds.): *Handbook of Management Accounting Research,* vol. 1. Oxford: Elsevier.

Langholtz, H., C. Gettys, and B. Foote (1993), 'Resource-allocation behavior under certainty, risk, and uncertainty'. *Organizational Behavior and Human Decision Processes* 54(2), 203 - 224.

Langholtz, H., C. Gettys, and B. Foote (1994), 'Resource-allocation behavior in benign and harsh environments'. *Organizational Behavior and Human Decision Processes* 58(1), 28–50.

Langholtz, H., C. Gettys, and B. Foote (1995), 'Are resource fluctuations anticipated in resource allocation tasks?'. *Organizational Behavior and Human Decision Processes* 64(3), 274–282.

Langholtz, H., J. Ball, B. Sopchak, and J. Auble (1997), 'Resourceallocation behavior in complex but commonplace tasks'. *Organizational Behavior and Human Decision Processes* 70(3), 249–266.

Leary, M. and R. Kowalski (1990), 'Impression management: A literature review and two-component model'. *Psychological Bulletin* 107(1), 34–47.

Leary, M., B. Gallagher, E. Fors, N. Buttermore, E. Baldwin, K. Kennedy, and A. Mills (2003), 'The invalidity of disclaimers about the effects of social feedback on self-esteem'. *Personality & Social Psychology Bulletin* 29(5), 623–636.

Lerner, J. and P. Tetlock (1999), 'Accounting for the effects of accountability'. *Psychological Bulletin* 125(2), 255–275.

Levin, I., S. Schneider, and G. Gaeth (1998), 'All frames are not equal: A typology and critical analysis of framing effects'. *Organizational Behavior and Human Decision Processes* 76(2), 149–188.

Lewis, B., M. Shields, and S. M. Young (1983), 'Evaluating human judgments and decision aids'. *Journal of Accounting Research* 21(1), 271–285.

Libby, R. and J. Luft (1993), 'Determinants of judgment performance in accounting settings: Ability, knowledge, motivation and environment'. *Accounting, Organizations and Society* 18(5), 425 – 450.

Libby, T., S. Salterio, and A. Webb (2004), 'The balanced scorecard: The effects of assurance and process accountability on managerial judgment'. *The Accounting Review* 79(4), 1075 – 1094.

Lichtenstein, S. and P. Slovic (eds.) (2006), *The Construction of Preferences*. New York: Cambridge University Press.

Lind, E., L. Kray, and L. Thompson (1998), 'The social construction of injustice: Fairness judgments in response to own and others' unfair treatment by authorities'. *Organizational Behavior and Human Decision Processes* 75(1), 1 – 22.

Lipe, M. and S. Salterio (2000), 'The balanced scorecard: Judgment effects of common and unique performance measures'. *The Accounting Review* 75(3), 283 – 298.

Locke, D. and G. Latham (2002), 'Building a practical useful theory of goal setting and task motivation: A 35–year Odyssey'. *American Psychologist* 57(9), 705 – 717.

Locke, E. (ed.) (1986), *Generalizing from Laboratory to Field Settings*. Lexington Books, Lexington, MS.

Loewenstein, G. (1988), 'Frames of mind in intertemporal choice'. *Management Science* 34(2), 200 – 214.

Lopes, L. (1987), 'Between hope and fear: The psychology of risk'. *Advances in Experimental Social Psychology* 20, 255 – 295.

Lopes, L. (1990), 'Re–modeling risk aversion: A comparison of Bernoullian and rank dependent value approaches'. In: G. V. Furstenberg (ed.): *Acting Under Uncertainty: Multidisciplinary Conceptions*. Boston: Kluwer Academic Publishers.

Lopes, L. (1995), 'On modeling risky choice: Why reasons matter'. In: J. Caverni, M. Bar-Hillel, F. Barron, and H. Jungermann (eds.): *Contributions to Decision Making — 1*. Amsterdam: Elsevier.

Lopes, L. and G. Oden (1999), 'The role of aspiration level in risky choice: A comparison of cumulative prospect theory and SP/A theory'. *Journal of Mathematical Psychology* 43(2), 286 - 313.

Luce, M. F. (1998), 'Choosing to avoid: Coping with negatively emotion-laden consumer decisions'. *Journal of Consumer Research* 24(4), 409 - 433.

Luce, M. F., J. R. Bettman, and J. W. Payne (2001), *Emotional Decisions: Tradeoff Difficulty and Coping in Consumer Choice*. Chicago: University of Chicago Press.

Luft, J. (1994), 'Bonus and penalty incentives: Contract choice by individuals'. *Journal of Accounting and Economics* 18(2), 181 - 206.

Luft, J. (1997), 'Fairness, ethics and the effects of management accounting on transaction costs'. *Journal of Management Accounting Research* 9, 199 - 216.

Luft, J. (2016), 'Management accounting in the laboratory and in social context: Four contrasts, 1975-2014'. *Accounting, Organizations, and Society* 49 (1), 9-20.

Luft, J. and M. Shields (2001), 'Why does fixation persist? Experimental evidence on the judgment performance effects of expensing intangibles'. *The Accounting Review* 76(4), 561 - 587.

Luft, J. and M. Shields (2003), 'Mapping management accounting: Graphics and guidelines for theory-consistent empirical research', *Accounting, Organizations and Society* 28(2-3), 169-249.

Luft, J. and M. Shields (2007), 'Mapping management accounting: Graphics and guidelines for theory–consistent empirical research'. In: C. Chapman, A. Hopwood, and M. Shields (eds.): *Handbook of Management Accounting Research*, vol. 1. Oxford: Elsevier.

Luft, J. and R. Libby (1997), 'Profit comparisons, market prices and managers'judgments about negotiated transfer prices'. *The Accounting Review* 72(2), 217 – 229.

Ma, C. (1988), 'Unique implementation of incentive contracts with many agents'. *The Review of Economic Studies* 55(4), 555 – 572.

MacCrimmon, K. and D. Wehrung (1986), *The Management of Uncertainty*. New York: The Free Press.

Magee, R. and J. Dickhaut (1978), 'Effects of compensation plans on heuristics in cost variance investigations'. *Journal of Accounting Research* 16(2), 294 – 314.

March, J. (1994), *A Primer on Decision Making: How Decisions Happen*. New York: The Free Press.

March, J. and Z. Shapira (1987), 'Managerial perspectives on risk and risk taking'. *Management Science* 33(11), 1404 – 1418.

March, J. and Z. Shapira (1992), 'Variable risk preferences and the focus of attention'. *Psychological Review* 99(1), 172 – 183.

Markman, A. (1999), *Knowledge Representations*. Mahwah, NJ: Lawrence Erlbaum.

Markman, A. and D. Gentner (2001), 'Thinking'. *Annual Review of Psychology* 52, 223 – 247.

Markman, A. and D. Medin (1995), 'Similarity and alignment in choice'. *Organizational Behavior and Human Decision Processes* 63(2), 117 – 130.

McGraw, A. and P. Tetlock (2005), 'Taboo trade-offs, relational framing, and the acceptability of exchanges'. *Journal of Consumer Psychology* 15(1), 2 - 15.

McKinnon, S. M. and W. B. Bruns (1992), *The Information Mosaic*. Boson: Harvard Business School Press.

Messick, D. M. and K. P. Sentis (1979), 'Fairness and preference'. *Journal of Experimental Social Psychology* 15(4), 418 - 434.

Messier Jr, W. F. (1995), 'Research in and development of audit decision aids'. In: R. H. Ashton and A. H. Ashton (eds.): *Judgment and Decision Making Research in Accounting and Auditing*. Cambridge: Cambridge University Press.

Metcalfe, J. (1998), 'Cognitive optimism: Self-deception or memory based heuristic processing?'. *Personality and Social Psychology Review* 2(2), 100 - 110.

Miller, D. and M. Ross (1975), 'Self-serving biases in the attribution of causality: Fact or fiction?'. *Psychological Bulletin* 82(2), 213 - 225.

Miller, P. and N. Fagley (1991), 'The effects of framing, problem variations, and providing rationale on choice'. *Personality and Social Psychology Bulletin* 17(5), 517 - 522.

Moers, F. (2005), 'Discretion and bias in performance evaluation: the impact of diversity and subjectivity'. *Accounting, Organizations and Society* 30 (1), 67-80.

Moreno, K., T. Kida, and J. Smith (2002), 'The impact of affective reactions on risky decision making in accounting contexts'. *Journal of Accounting Research* 40(5), 1331 - 1349.

Murphy, K. (1992), *Honesty in the Workplace*. Monterey, CA: Brookes/Cole Publishing Co.

Myers, I. and P. Myers (1980), *Manual: A Guide to Use of the Myers-Briggs Type Indicator*. Palo Alto, CA: Consulting Psychologists Press.

Naudé, P., D. Band, S. Stray, and T. Wegner (1997), 'An international comparison of management's use of quantitative techniques, and the implications for MBA teaching'. *Management Learning* 28(2), 217–233.

Neale, M. and M. Bazerman (1985), 'The effects of framing and negotiator overconfidence on bargaining behaviors and outcomes'. *Academy of Management Journal* 28(1), 34–49.

Neumann, B. and L. Friedman (1978), 'Opportunity costs: Further evidence through an experimental replication'. *Journal of Accounting Research* 16(2), 400–410.

Newell, A. and H. Simon (1972), *Human Problem Solving*. Englewood Cliffs, NJ: Prentice–Hall.

Nickerson, R. S. (1998), 'Confirmation bias: A ubiquitous phenomenon in many guises'. *Review of General Psychology* 2(2), 195–220.

Paich, M. and J. D. Sterman (1993), 'Boom, bust, and failure to learn in experimental markets'. *Management Science* 39(12), 1439–1458.

Payne, J., J. Bettman, and E. Johnson (1993), *The Adaptive Decision Maker*. New York: Cambridge University Press.

Peters, J. (1993), 'Decision making, cognitive science and accounting: An overview of the intersection'. *Accounting, Organizations and Society* 18(5), 383–405.

Rabin, M. (1993), 'Incorporating fairness into game theory and economics'. *American Economic Review* 83(5), 1281–1302.

Rabin, M. (1998), 'Psychology and economics'. *Journal of Economic*

Literature 36(1), 11–46.

Rankin, F., S. Schwartz, and R. Young (2008), 'The effect of honesty on superior authority on budget proposals'. *The Accounting Review* 83(3), 1083–1099.

Rowe, C. (2004), 'The effect of accounting report structure and team structure on performance in cross-functional teams'. *The Accounting Review* 79(4), 1153–1180.

Rowe, C., J. Birnberg, and M. Shields (2008), 'Effects of organizational process change on responsibility accounting and managers' revelations of private knowledge'. *Accounting, Organizations, and Society* 33(2–3), 164–198.

Sawers, K. (2005), 'Evidence of choice avoidance in capital-investment judgements'. *Contemporary Accounting Research* 22(4), 1063–1092.

Schlenker, B. and B. Pontari (2000), 'The strategic control of information: Impression management and self-preservation in daily life'. In: A. Tesser, R. Felson, and M. Suls (eds.): *Psychological Perspectives on Self and Identity*. Washington D.C.: American Psychological Association.

Schraagen, J., S. Chipman, and V. Shalin (2000), *Cognitive Task Analysis*. Mahwah, N.J.: Lawrence Erlbuam Associates.

Schroder, H., M. Driver, and S. Streufert (1967), *Human Information Processing*. New York: Holt, Rinehard & Winston.

Shapira, Z. (1986), 'Risk in managerial decision making'. Working paper. Hebrew University.

Shapira, Z. (1995), *Risk Taking: A Managerial Perspective*. New York: Russell Sage Foundation.

Shelley, M. and T. Omer (1996), 'Intertemporal framing issues in management compensation'. *Organizational Behavior and Human Decision Processes* 66(1), 42–58.

Shields, M. (1980), 'Some effects of information load on search patterns used to analyze performance reports'. *Accounting, Organizations and Society* 5(4), 429–442.

Shields, M. (1983), 'Effects of information supply and demand on judgment accuracy: Evidence from corporate managers'. *The Accounting Review* 58(2), 284–303.

Simon, H. (1979), *Models of Thought*. New Haven: Yale University Press.

Slovic, P. (1995), 'The construction of preference'. *American Psychologist* 50(5), 364–371.

Slovic, P. and D. MacPhillamy (1974), 'Dimensionality commensurability and cue utilization in comparative judgment'. *Organizational Behavior and Human Performance* 11(2), 172–194.

Sprinkle, G. and M. Williamson (2007), 'Experimental research in management accounting'. In: C. Chapman, A. Hopwood, and M. Shields (eds.): *Handbook of Management Accounting Research*, vol. 1. Oxford: Elsevier.

Sprinkle, G., M. Williamson, and D. Upton (2008), 'The effort and risk taking effects of budget-based contracts'. *Accounting, Organizations and Society* 33(4–5), 436–452.

Stanovich, K. and R. West (1999), 'Discrepancies between normative and descriptive models of decision making and the understanding/acceptance principle'. *Cognitive Psychology* 38(3), 349–385.

Sterman, J. (1989a), 'Misperceptions of feedback in dynamic decision making'. *Organizational Behavior and Human Decision Processes* 43(3), 301–335.

Sterman, J. (1989b), 'Modeling managerial behavior: Misperceptions of feedback in a dynamic decision making experiment'. *Management Science* 35(3), 331–339.

Sterman, J. (2000), *Business Dynamics: Systems Thinking and Modeling for a Complex World*. New York: McGraw Hill.

Sterman, J., N. Repenning, and F. Kofman (1997), 'Unanticipated side effects of successful quality programs: Exploring a paradox of organizational improvement'. *Management Science* 43(4), 503–521.

Sternberg, R. and L.-F. Zhang (2001), *Perspectives on Thinking, Learning and Cognitive Styles*. Mahwah, NJ: Laurence Erlbaum.

Tan, H.-T. and A. Kao (1999), 'Accountability effects on auditors' performance: The influence of knowledge, problem-solving ability, and task complexity'. *Journal of Accounting Research* 37(1), 209–223.

Tayler, W. (2010), 'The balanced scorecard as a strategy evaluation tool: The effects of implementation involvement and a causal-chain focus'. *The Accounting Review* 85(3), 1095–1117.

Taylor, S., L. Peplau, and D. Sears (2006), *Social Psychology*. Upper Saddle River, NJ: Prentice Hall, eleventh edition.

Tenbrunsel, A. and D. Messick (1999), 'Sanctioning systems, decision frames, and cooperation'. *Administrative Science Quarterly* 44(4), 684–707.

Thaler, R. and C. Sunstein (2008), *Nudge: Improving Decisions About Health, Wealth, and Happiness*. New Haven: Yale University Press.

Thomas, T. (forthcoming). 'Motivating revisions of management accounting systems: an examination of organizational goals and accounting feedback'. *Accounting, Organizations and Society*.

Thompson, L. and G. Loewenstein (1992), 'Egocentric interpretations of fairness and interpersonal conflict'. *Organizational Behavior and Human Decision Processes* 51(2), 176–197.

Towry, K. (2003), 'Control in a teamwork environment: The impact of social ties on the effectiveness of mutual monitoring contracts'. *The Accounting Review* 78(4), 1069–1095.

Tversky, A. and D. Kahneman (1986), 'Rational choice and the framing of decisions'. *Journal of Business* 59(4, part 2), S251–S278.

Tversky, A. and E. Shafir (1992), 'Choice under conflict: The dynamics of deferred decision'. *Psychological Science* 3(6), 358–361.

Vera–Muñoz, S. (1998), 'The effects of accounting knowledge and context on the omission of opportunity costs in resource–allocation decisions'. *The Accounting Review* 73(1), 47–72.

Vera–Muñoz, S., W. Kinney, and S. Bonner (2001), 'The effects of domain experience and task presentation format on accountants' information relevance assurance'. *The Accounting Review* 76(3), 405–429.

Wailgum, T. (2009), 'To hell with business intelligence: 40 percent of execs trust gut'. CIO.com Jan 12, 2009. http://advice.cio.com/thomas_wailgum/to_hell_with_business_intelligence_40_percent_of_execs_trust_ gut?page=0%2C1, accessed February 22, 2010.

Walster, E., E. Berscheid, and G. Walster (1973), 'New directions in equity research'. *Journal of Personality and Social Psychology* 25(2), 151–176.

Weber, E. and E. Johnson (2009), 'Mindful judgment and decision making'. *Annual Review of Psychology* 60, 53–85.

Wendt, A. (1999), *Social Theory in International Politics*. Cambridge: Cambridge University Press.

Witkin, H. and D. Goodenough (1981), *Cognitive Styles: Essence and Origin*. New York: International University Press.

Witkin, H., R. Dyk, H. Fatherson, D. Goodenough, and S. Karp (1962), *Psychological Differentiation: Studies of Development*. New York: John Wiley.

Zhang, Y. (2008), 'The effects of perceived fairness and communication on honesty and collusion in a multi-agent setting'. *The Accounting Review* 83(4), 1125–1146.

Zhang, Y. and A. Fischbach (2005), 'The role of anticipated emotions in the endowment effect'. *Journal of Consumer Psychology* 15(4), 316–324.

Zuckerman, M. (1979), 'Attribution of success and failure revisited, or: The motivational bias is alive and well within attribution theory'. *Journal of Personality* 47(2), 245–287.

■ 찾아보기(Index) ■

[국문]

[영문]

S

T

V

W

[저자소개]

■ **Joan Luft**

Eli Broad Professor of Accounting, Michigan State University
Cornell University(Ph.D.)
AOS, AR, BRIA, CAR, JAE, JAE 등의 학술지에 다수의 논문 게재

■ **Michael D. Shields**

Schaberg Endowed Chair in Accounting, Michigan State University
University of Pittsburgh(Ph.D.)
AOS, AR, BRIA, CAR, JAR, JMAR 등의 학술지에 다수의 논문 게재

[역자소개]

■ **도상호**

연세대학교 경영학과 및 대학원(경영학사, 경영학석사)
University of Pittsburgh(Ph.D.)
한국관리회계학회장 역임
현) 계명대학교 회계학과 교수

"A similarity strategy for decisions involving sequential events," *AOS* 등 다수의 논문

■ **윤종철**

연세대학교 경영학과(경영학사)
동국대학교 대학원(경영학박사)
현) 계명대학교 회계학과 조교수

관리회계연구와 심리학모형의 활용

2016년 8월 20일 1판 1쇄 인쇄
2016년 8월 25일 1판 1쇄 발행

저 자 | Joan Luft, Michael D. Shields
역 자 | 도상호 · 윤종철
발행인 | 이수영
발행처 | 도서출판 청람
서울시 마포구 독막로 288(대흥동, 세양상가 109호)
전 화 | 02)3272-2601(대)~2
팩 스 | 02)3272~2603
이메일 | crbooks@daum.net
홈페이지 | http://www.crbooks.co.kr
등 록 | 2000년 8월 26일 제6-0509호

ISBN 978-89-5972-545-8 93320 [정가 19,000원]